明清小品丛刊

[明] 张岱 著
夏咸淳 程维荣 校注

# 陶庵夢憶 西湖夢尋

上海古籍出版社

**图书在版编目(CIP)数据**

陶庵梦忆；西湖梦寻／(明)张岱著；夏咸淳，程维荣校注.—上海：上海古籍出版社，2001.5(2023.8 重印)
(明清小品丛刊)
ISBN 978-7-5325-2868-4

Ⅰ①陶… ②西… Ⅱ.①张… ②夏… ③程… Ⅲ.小品文—作品集—中国—明代 Ⅳ.I264.8

中国版本图书馆 CIP 数据核字(2001)第 05874 号

明清小品丛刊
**陶庵梦忆　西湖梦寻**
[明]张　岱　著
夏咸淳　程维荣　校注
上海古籍出版社出版发行
(上海市闵行区号景路 159 弄 1-5 号 A 座 5F　邮政编码 201101)
(1) 网址：www.guji.com.cn
(2) E-mail: guji1@guji.com.cn
(3) 易文网网址：www.ewen.co
苏州市越洋印刷有限公司印刷
开本 850×1168　1/32　印张 10.375　插页 2　字数 223,000
2001 年 5 月第 1 版　2023 年 7 月第 16 次印刷
印数：79,201—84,300
ISBN 978-7-5325-2868-4

I·1431　定价：35.00 元

# 出版说明

中国古典散文，自先秦发源，中经汉魏六朝、唐宋，发展到明清，已经进入了其终结期。这一时期，尤其是晚明阶段，伴随着时代社会的发展，文坛也出现了新的变化。这一时期的散文园地，虽然没有再出现过像先秦诸子、唐宋八家那样的天才巨子，但也是作者众多、名家辈出；虽然没有再出现过《庄子》、《韩非子》一类以思理见胜的议论文，《左传》、《史记》一类以叙述见长的史传文，以及韩柳欧苏散文一类文质兼胜的作品，但也有新的开拓和发展，散文的题材更加丰富，形式更加自由，从对政治、历史和社会现实的关注，更多地转向对人生处世、生活情趣的关注，从而形成了又一个以文体为特征命名的发展时期，这就是文学史上习称的明清小品文。

小品的名称并不自明清始。"小品"一词，来自佛学，本指佛经的节本。《世说新语·文学》："殷中军（浩）读小品，下二百签，皆是精微。"刘孝标注云："释氏《辨空》，经有详者焉，有略者焉；详者为大品，略者为小品。"可见，"小品"本来是就"大品"相对而言，是篇幅上的区分，而不是题材或体裁的区分。小品一词，后来运用到文学领域，同样也没有严格的明确的定义，凡是短篇杂记一类文章，均可称之为小品。题材的包容和体裁的自由，可以说是小品文的主要特点。准确地说，“小品”是一种“文类”，可以包括许多具体的文体。事实上，在明人的小品文集中，许多文体，如尺牍、游记、日记、序跋，乃至骈文、辞赋、小说等几乎所有的文体，都可以成为“小品”。明人王思任的《谑庵文饭小品》，就包括了几乎所有的散文、韵文的文体。尽管如此，从阅读和研究的习惯来说，小品文还是有比较宽泛的界定，通常所称的小品文，主要还是就文体而言，指篇幅短小、文辞简约、情趣盎然、韵味隽永的散文作品。

小品文作为一种文体的兴盛，在明清时期，主要在晚明阶段。而小品文的渊源，则仍可追溯到先秦时期。《论语》、《孟子》、《庄子》等书中一些精采的短章片断，可以看作是后世小品文的滥觞。六朝文人的一些书信、笔记之类，如《世说新语》中所记的人物言行，“简约玄淡，真致不穷”（胡应麟《少室山房类稿·读〈世说新语〉》），更是绝佳的小品之作。唐代小品文又有长足发展。柳宗元的“永州八记”，堪称山水小品中的精品。晚唐时期，陆龟蒙、皮日休、罗隐等人的小品文，刺时讽世，尖锐深刻，在衰世的文坛上独树一帜，“正是一塌糊涂的泥塘里的光彩和锋芒”（鲁迅《小品文的危机》）。宋代文化得到空前的发展，出现了不少百科全书式的文化巨人，而其中代表宋代文化最高成就的苏轼，就是一位小品文的巨匠。苏轼自由不羁的性格，多方面的文化素养，使小品文这种文体在他手中运用自如，创作出大量清新俊逸之作，书画题跋这一体裁更是达到了极致。以致明人把他推为小品文的正宗，编有《苏长公小品》。宋代兴起的大量笔记，不少具有很高的文学价值，也为小品文的兴盛起了推波助澜的作用。

把小品文作为一种文体加以定名，并有大量作家以主要精力创作小品文，从而使小品文创作趋于繁荣，还得到晚明阶段。这一阶段，不仅有不少作家把自己的著作径以“小品”命名，如朱国祯的《涌幢小品》、陈继儒的《晚香堂小品》、王思任的《谑庵文饭小品》等；还出现了不少以“小品”为名的选本，如王纳谏编《苏长公小品》、华淑编《闲情小品》、陈天定编《古今小品》、陆云龙编《皇明十六家小品》等。而作为小品文达到鼎盛阶段标志的，还得推当时出现的许多具有很高文学成就的小品文作家，如以袁宗道、袁宏道、袁中道“三袁”和江盈科为代表的“公安派”作家，钟惺、谭元春为代表的“竟陵派”作家，以及同时或稍后的屠隆、汤显祖、张大复、陈继儒、李日华、吴从先、刘侗、张岱等，均有小品文著述传世。晚明小品文的主要特点在于独抒性灵，不拘格套，在艺术上极富创造性。晚明小品虽然在思想内涵和历史深度方面，无法与先秦两汉散文、唐宋散文等相比；但在反映时代思潮、探寻人生真谛方面，同样达到了时代的高度。

晚明小品文的兴盛，是与当时的社会现实、社会风尚和思潮的影响分不开的。晚明个性解放的思潮、市民意识的增强，是晚明小品文兴盛的重要原因。明亡之后，天翻地覆的巨变使社会思潮产生了新的变化，晚明的社会思潮和文学风尚得到了新的审视；同时，随着清王朝专制统治的加强和正统文学思潮的冲击，小品文的创作也趋于衰微。但仍有一部分作家仍然继承了晚明文学的传统，创作出既有晚明文学精神又具时代特色的小品文，如李渔的《闲情偶寄》、张潮的《幽梦影》、余怀的《板桥杂记》、冒襄的《影梅庵忆语》、沈复的《浮生六记》等，或以其潇洒的情趣，或以其真挚的情怀，为后人所激赏。

明清小品文不仅是中国古典散文终结期时的遗响，而且也是古典散文向现代散文转换中的重要一环，对后世产生了重要影响。“五四”新文学运动的不少散文作家都喜爱晚明小品，周作人在《中国新文学的源流》一书中甚至认为晚明文学运动与“五四”新文学运动有些相似之处。20世纪30年代的中国文坛上，更曾掀起过一阵晚明小品的热潮。以林语堂为代表的作家大力提倡小品与幽默，强调自我，主张闲适，甚至认为“中国现代文学唯一之成功，小品文之成功也”（林语堂《人间世》发刊词）。在当时内忧外患的形势下，林语堂等人的观点无疑是不合时宜的，因而理所当然地受到了鲁迅先生的批评。但鲁迅先生对小品文本身以及晚明文学的代表袁宏道等并不持否定态度，而是认为“小品文大约在将来也可以存在于文坛，只是以‘闲适’为主，却稍不够”（《一思而得》）。鲁迅先生是把战斗的小品比作“匕首”与“投枪”，他晚年以主要精力创作杂文，正是重视小品文作用的表现。进入90年代以后，随着思想的解放和物质生活的改善，文坛上又出现了一阵小品随笔热，明清小品的价值在尘封半个世纪之后重又为人们所发现，并开始得到实事求是的评估。为了使广大读者对明清小品有比较全面的认识，给广大读者提供较好的阅读文本，我们特出版了这套《明清小品丛刊》。

本丛刊精选明清具有较大影响和具有较高欣赏价值的小品文集。入选本丛刊者，系历史上曾单独成集者，不收今人选本。入选的小品文集一般根据通行本加以校勘，所据版本均在前言中予以注明。一般不出校记，重要异文则在注中注明。由于明清小品文作者多率性而作，又多引用前人诗文及典故，所论又多切合当时社会风尚，为给读者阅读提供参考和帮助，特对入选的小品文予以简注，对文中出现的人名、地名、典故、术语加以简明的注释，语词一般不注。明清小品文集的校注工作是一项尝试，疏误之处当在所不免，殷切地期待着读者的批评与指正。

上海古籍出版社

# 前　言

## （一）

张岱，一名维城，字宗子，号石公、陶庵、蝶庵、天孙、六休居士，山阴（今浙江绍兴）人。祖籍四川绵竹，故又自称"蜀人"、"古剑"。生于万历二十五年（1597），卒年诸说不一，据商盘《越风》张岱小传推算，当在康熙二十八年（1689），享年九十三岁。

张岱出身世代簪缨之家。高祖张天复、曾祖张元忭、祖父张汝霖，相继登进士，三代荣显，学问与文章有名当世。尔后张门仕宦不兴，张岱之父张耀芳久困场屋，年逾五十始授兖州鲁王府长史，这样重振门庭的希望便落在张岱这个嫡长子身上。他幼而颖异，六岁即善属对，被舅父夸为"今之江淹"，及长，才艺富赡，兴趣广泛，自云"好精舍，好美婢，好娈童，好美食，好骏马，好华灯，好烟火，好梨园，好鼓吹，好古董，好花鸟，兼以茶淫橘虐，书蠹诗魔"（《自为墓志铭》）。又喜游历，长期盘桓于江南繁华之地，到过南京、杭州、苏州、扬州等名城。他还广交才士名流，各色市井人物，深受市民文化的熏陶。天启、崇祯时期，明朝统治已濒临天崩地坼的边缘。张岱目击时艰，志存“补天”，拼力角逐科举，但屡试屡败，连个举人的功名也未获得，遂愤而绝弃举业，专力潜心于书史，意欲效法马、班，继承先人遗志，修撰一部明史巨著。不久，明朝在甲申之变中灭亡了，刚在江南建立起来的福王、鲁王小朝廷也接连崩溃。顺治三年(1646)，绍兴沦陷，张岱拒绝臣服清廷，携家逃往嵊县西白山中，时年适逢五十。从此，张家由世族豪门骤然沦为普通民户，生活非常艰难，“布衣蔬食，常至断炊”，以至垂暮之年依旧一贫如洗。康熙十七年(1678)，张岱八十二岁，有除夕之诗云：“烧钱饯穷鬼，酹酒腊文心。”明亡三十余年，张岱一直为“穷鬼”所困扰，而“文心”依然活泼旺盛。在此期间，不但实现了几代人的宏愿，修成明史巨著《石匮书》，而且还写定其他多种著述。

明清之际是社会历史、文化学术发生剧变的时代，这个时代造就了一批包括张岱在内的大思想家、大学问家、大文学家、大艺术家，他们具有坚贞的气节，丰富的阅历，渊博的学识，精深的造诣。张岱著作等身，存世者与亡佚者总计不下四十种，涉及的领域包括天文、历法、历史、地理、医药、文字、音韵、经学等等，其墓碑题作“有明著述鸿儒”，名副其实，当之无愧。张岱在学识、气节、历练等方面不比其他大师逊色，而思想之鲜活，才艺之美富，则是他的特殊优势。清初一些学术大家对洋溢着人文精神的晚明新思想新文学颇有成见，甚至视为洪水猛兽，以为明朝不亡于“流寇”，不亡于党争，而亡于学术，亡于阳明心学，特别是李贽等人“异端”之学，因而排抵不遗余力。张岱不然，他对晚明异端之学和公安派、竟陵派新文学均予吸纳，又能自出手眼，博采百家；既迎纳晚明新学之潮，又深探传统儒学之根。故其学坚实深厚，洒脱灵动，鲜有明末文士浮躁浅薄的陋习和清初儒者厌新复旧的弊病。张岱欣赏“慧业文人”，自己也属此中人，不但善文章，工诗词，而且通晓戏曲、音乐、造园、绘画、书法、篆刻，以及美食茶道，古董珍玩，花鸟虫鱼等等，凡百诸艺，几乎样样在行。若论文学成就，以散文为独绝，人称“绝世散文家”。作为明代散文史上的殿军，他善于以冷静客观的态度，辩证地分析和总结明代文学创作的得失利弊，取诸家之长而弃其短，撷公安、竟陵之英华，集晚明小品之大成，将情与理、雅与俗、灵与朴、生与熟、小与大、整与散、疏与密种种相反相成的美学因素较为完美地统一起来，从而形成自己独特的艺术风格，“人且望而知为陶庵”（《琅嬛文集·又与毅孺八弟》）。对于张岱的散文造诣，其友王雨谦是这样评价的：“盖其为文，不主一家，而别以成其家，故能醇乎其醇，亦复出奇尽变，所谓文中之乌获，而后来之斗杓也。”（《琅嬛文集序》）以文章泰斗许之，并非言过其实的溢美之词。

## （二）

现存张岱散文集有三种，即《琅嬛文集》、《陶庵梦忆》和《西湖梦寻》。后二种系随笔，入清不久已有刊本行世，流传较广，《琅嬛文集》直到清末始有刻本。《陶庵梦忆》，八卷，收文一百二十余篇，篇幅简短，长文很少，最短者不满百字，积而成书，短隽有味，代表晚明小品的极致。作者借鉴宋人《东京梦华录》、《武林旧事》、《梦粱录》诸书，以回忆录的形式追述往昔繁华。唯宋人之书犹守“风土记”、“岁时记”的编撰规制，重视故实的考述，而《陶庵梦忆》纯属随笔小品，记叙编次，自由随意，“遥思往事，忆即书之”，“不次岁月”，“不分门类”(《梦忆自序》)，带有强烈的主观色彩，也更具文学性。书中所载多琐屑之事，涉及城市胜概、山川景物、风俗人情、文学艺术各个方面，人物多为市井众生和文艺界名流，若画师、琴师、工匠、花匠、艺妓、优伶、说书先生、杂技演员等等，皆为之传神写照。其事碎，其人杂，其篇散，而神气未尝不完聚。全书字里行间洋溢着一种鲜活的人文气息，闪耀着新兴市民文化色彩，表现了作者对这种新文化新世相的欢迎赏悦和深深追怀，而不仅仅在于寄托故国之思易代之悲。读解《陶庵梦忆》必须把握这一主脉，方能探其底蕴而赏其真趣。

张岱喜美食，精茶道，他坦诚告白，年轻时嘴极馋，想方设法采购南货北果、山珍海味，“远则岁致之，近则月致之，日致之，耽耽逐逐，日为口腹谋”(《方物》)。不仅遍尝美味佳肴，而且深知食品烹饪法、点心制作法、水果保鲜收藏法。他是美食家，饮食文化学者，有别于一般但知大嚼狂饮的饕餮之徒。张岱尤精茶艺，善辨泉水、产地、品种，了解制茶的各道工序，即所谓“扚法、掐法、挪法、撒法、扇法、炒法、焙法、藏法”等等，致令著名茶艺专家闵汶水也自叹弗如：“予年七十，精赏鉴者，无客比。”(《闵老子茶》)《陶庵梦忆》中有许多描述食事茶事的小品文，如《乳酪》、《蟹会》、《露兄》、《兰雪茶》、《鹿苑寺方柿》、《闵老子茶》等，或清逸馨远，或腴艳甘流，给人以知识和美感，为中国美食文学之奇葩。张岱对饮食男女人之大欲均持肯定态度，在《陶庵梦忆》中津津乐道口腹之欲，也大胆记述色与性。他坦白承认自己“好美婢，好娈童”，出入妓院，与南京秦淮名妓顾眉、董白、李十、杨能、王月生等往还，称其为“姬侍”；尤其赏叹王月生，形容她的面色“如建兰初开”，纤足“如出水红菱”，性格“如孤梅冷月，含冰傲霜”(《王月生》)，搜尽美词献给这位青楼女子。更为难能可贵的是，他在灯红酒绿欢声笑语中窥见妓女们的悲惨命运，肉体和精神上的痛楚，一一形诸笔端。《二十四桥风月》绘影绘声地描述扬州“歪妓”徙倚巷口寂寞无聊的情状，又揣想“夜分不得不去，悄然暗摸如鬼，见老鸨，受饿受笞，俱不可知矣”，此情此景断非浪荡子轻薄儿所能想见。《扬州瘦马》则以小说家的手腕活龙活现揭示扬州地区收养贫家少女再转卖客商官绅作妾的陋俗，刻画市侩牙婆之流以吮吸“瘦马”膏血来养肥自己的丑恶嘴脸。这些生动逼真的世情风俗画卷，显示了张岱这位写实主义大师敏锐的洞察力和高超的表现力。

人的情欲，需要多种多样，非止于食色二端。张岱怀着浓厚的兴趣，运用欢快灵动的笔墨，展示明季社会丰富多彩的文化生活和民间娱乐活动，既有缙绅士大的诸种清娱，如戏曲、音乐、园林、书画、古董、珍玩，也有民间里巷的各种游乐，如烟火、灯彩、龙舟、演武、蹴鞠诸戏。逢到节日盛会，便会出现人山人海、万众狂欢的场景，阔人穷人，雅人俗人，各得其乐，作者以绚烂活泼的笔墨描绘出晚明社会一道非常别致的文化风景线，反映了社会文化需求的快速增长，社会文化心态的放佚和活跃。《陶庵梦忆》中这类文章最多，精彩纷呈，情趣盎然，充分表露出作者的奇情藻思。

《陶庵梦忆》除重视表现人的情欲之外，又热情赞述人的才智和技艺，书中形形色色的人物，既是具有七情六欲的世俗众生，也是具有某种特殊智能和技艺的奇士异人。在张岱师长辈名士中,如黄汝亨(字寓庸)"交际酬酢,八面应之,耳聆客言,目睹来牍,手书回札,口嘱傒奴,杂沓于前,未尝少错"(《奔云石》)。邹迪光(号愚公)精悉诗文书画、戏曲歌舞,又深于构园叠石,"其园亭实有思致文理者为之"(《愚公谷》)。范允临(字长白)虽长相奇丑,而才情美富,"冠履精洁","丝竹摇飏",园亭精致,"尽可自名其家"(《范长白》)。在与张岱过从甚密的友人中,陈章侯、姚简叔、曾波臣工于画,彭天锡、祁止祥、刘晖吉精于戏,王侣鹅、王本吾、尹尔韬深于琴,金乳生之深耽园艺,闵汶水之妙解茶道,其才艺皆卓卓可称。张岱与各行各业的民间艺人关系密切,交谊甚深,对其才艺备极赞赏,称竹刻艺人濮仲谦"技艺之巧,夺天工焉"(《濮仲谦雕刻》),称评书艺人柳敬亭"描写刻画,微入毫发"(《柳敬亭说书》),称女伶朱楚生"科白之妙,有本腔不能得十分之一者","虽昆山名教师细细摹拟,断不能加其毫末也"(《朱楚生》),称灯彩艺人夏尔金"剪采为花,巧夺天工,罩以冰纱,有细笼芍药之致"(《世美堂灯》)。人是万物的精灵,赞美人的智慧、才能、技巧,是张岱散文的一个突出主题。其对象以文艺为重点,兼及民间百戏乃至各种"奇技淫巧";既取名士文人,并包市井细民俗子。在张岱笔下,人的内涵较之传统观念更加丰富,体现出晚明文化精神对人的新发现和对人的尊重。

《陶庵梦忆》所取地域背景,除北方山东兖州、泰安几个府县外,主要是绍兴、宁波、嘉兴、杭州、南京、镇江、苏州、扬州等江南名城,这是全国经济最发达、城市最繁华的地区。但是,在甲申之变中,在清兵入关以后,由于大规模战争的破坏和清朝民族压迫政策的摧残,江南经济和文化急速衰败,昔日繁华,荡为轻烟,鞠为茂草。在社会大震荡中,张氏家族也由荣显骤然降为贫贱。张岱因此而生沧桑感、幻灭感，“因想余生平，繁华靡丽，过眼皆空，五十年来，总成一梦”(《梦忆序》)，深怀国破家亡之痛，荆棘铜驼之悲，也包含对明季黑暗现实的忧愤。不过所寄情思的重点则在对前朝繁华靡丽的城市生活和自由活泼的文化氛围的追怀和眷念，基调奔放明快，绚烂奇丽，虽然也夹杂感伤的成分。张岱作为大学者、大史家，对明季黑暗现实和腐败政治有清醒的认识，并予以无情的揭露和抨击，而对当时经济和城市的繁荣，思想文化的活跃，则取欢迎赞赏态度，这和某些清初大儒在反思历史经验时，每每把明朝的灭亡归咎于异端邪说的泛滥，从而导致人心放荡，礼法毁弃的保守观点，有很大区别。在明末清初群星灿烂的时代，张岱是最富人文精神的作家之一。

《扬州清明》一文末尾，透露了作者的内心独白：“南宋张择端作《清明上河图》，追摹汴京景物，有西方美人之思，而余目盱盱，能无梦想！”非但扬州清明之丽景，一切江南江北之繁华景象新奇人物都令他魂牵梦绕，情见乎词，于是给后世留下了《陶庵梦忆》这部五色纷披的晚明城市风俗长卷。如果说《清明上河图》是中国绘画史风俗图之瑰宝，那么，《陶庵梦忆》则是中国文学史风俗记之绝唱。

## (三)

《西湖梦寻》五卷，成于清康熙十年(1671)，作者时年七十五岁。《四库全书总目》史部地理类著录，其提要云：“是编乃于杭州兵燹之后，追记旧游，以北路、西路、南路、中路、外景五门，分记其胜。每景首为小序，而杂采古今诗文列于其下。岱所自作尤夥，亦附著焉。其体例全仿刘侗《帝京景物略》，其诗文亦全沿公安、竟陵之派。”“全沿”云云，含有轻蔑之意，但也道出张岱与公安、竟陵的联系。刘侗是竟陵派继钟惺、谭元春之后又一位巨擘，约长张岱三岁，二人曾有交往，《西湖梦寻》在体例和文字风格上与《帝京景物略》也有相仿之处。此外，《西湖梦寻》还从嘉靖间名士杭人田汝成《西湖游览志》中转录征引了不少材料，包括掌故旧闻和描写湖山的精彩句段。但这部书的独创成就和鲜明个性仍灼然可见，它不仅汇录了嘉靖以前歌咏、记叙西湖的诗文、传说、史实，而且补充了明末清初的新材料，大都得之作者亲见亲闻，至于识见之特异，情致之深永，写景之清逸，叙事之轻灵，更是独树一帜。这是一部介绍西湖掌故、地理，近乎地志、杂史性质的著作，同时也是一部特为西湖“传神写照”具有很高文学成就的山水记和风俗记。

张岱一生与西湖结下不解之缘，曾多次在此栖居、读书、游览。他观赏西湖山水有其独特的审美眼光，强调领略山水的自然状态，即所谓“幽致”、“幽赏”、“真性情”。所以，他主张游湖宜避烦嚣，选择幽僻的去处，认为“雪巘古梅，何逊烟堤高柳；夜月空明，何逊朝花绰约；雨色空濛，何逊晴光滟潋”（《明圣二湖》）。而粗俗、浅薄、豪奢之辈不知此理，以追逐热闹秾华为乐，昧于山水真趣，“其于西湖之性情，西湖之风味，实有未曾梦见者在也”。他游湖，具有一种“深静”、“灵敏”的审美心胸，厌嚣杂而喜幽绝，曾于严冬腊月，大雪三日，驾一小舟，独往湖心亭看雪；又于夜深人静，纵舟湖上，酣睡十里荷花之中。游西溪时，忽动栖隐之心，“余谓西湖真江南锦绣之地，入其中者，目厌绮丽，耳厌笙歌，欲寻深溪盘谷，可以避世如桃源菊水者，当以西溪为最”(《西溪》)。因此所作山水小景，为西湖传神写照，总有一种“空灵晶映之气”。张岱对人间生活“极爱繁华”，而于山水则喜幽寂，是真得山水之趣者。山水以保持自然形态为贵，一涉繁华嚣杂便失却本真，观赏价值也大大降低。

《西湖梦寻》广记山水林壑自然景观之美，也记园林别墅、亭台楼阁、寺观祠庙人文景观之盛；既写建筑物本体结构形制的精巧美观，尤其注重描述选址的得当，取景的巧妙。园林别墅只讲精致华饰是不够的，还须以拙朴取胜，带有野趣，以求得与自然环境的统一。张岱非常赞赏自已在莲花峰下所建的青莲山房，“跨曲涧，深岩峭壁，掩映林峦间”，择地绝佳，内部结构曲折华美，“精思巧构，大类迷楼”，但外面的布置极简朴，“以石屑砌坛，柴根编户，富贵之中，又着草野”。青莲山房内华外朴，华藏于朴，而湖心亭则金碧辉煌，飞彩流丹于澹澹烟波之间，毫无遮拦，“游人望之，如海市蜃楼，烟云吞吐，恐滕王阁、岳阳楼俱无甚伟观也”。此亭非但没有破坏自然景观，反而使湖山大为增色。在杭州西湖建筑史上，也有大兴土木破坏生态环境的恶性事件。九里松原是清凉世界，“苍翠夹道，藤萝冒涂，走其下者，人面皆绿”。后来南宋理宗为爱妃在此建功德院，“巧丽冠于诸刹”，“经始时，望青采斫，勋旧不保，鞭笞追逮，扰及鸡豚”，从此万绿化为乌有，“昔日曾传九里松，后闻建寺一朝空”。在中国历史上，开山伐林，建宫殿，修寺院，造陵墓，严重破坏自然景观和生态环境的史实，不胜枚举，九里松的毁灭仅是一例。强调建筑艺术与生态环境、人文景观与自然景观的和谐统一，这是张岱建筑思想的精髓。

张岱是记叙人物掌故、世情风俗的高手，观人察物，每具只眼。《西湖梦寻》广采白居易、苏轼、林逋等唐宋名贤，黄汝亨、包应登、徐渭等明代才士的遗闻佚事，其人风流文采，跃然纸上。《灵隐寺》记住持具德和尚以大愿力举大工程，惨淡经营，调度有方，使毁圮的名刹顿复旧观，诗云："公侯福德将相才，罗汉神通菩萨慧。"《云栖》记明末四大高僧之一的莲池大师虽持戒极严，"峭似高峰冷似冰"，但思想活泼，机锋四溢，"平居笑谈谐谑，洒脱委蛇，有永公清散之风，未尝一味槁木死灰"。《小青佛舍》记美慧多才的小青误落富家作妾，被大妇百般凌逼致死，作者为之洒一掬泪，凄惋之音缭绕纸墨之间。对历史上的大奸臣如贾似道等，给予严正的指斥，同时也如实承认其人确有"谲智"和才艺，"贾秋壑为误国奸人，其于山水、书画、古董，凡经鉴赏，无不精妙"，"贾虽奸雄，威令必行，亦有快人处"(《大佛头》)。张岱重视才智技艺的思想在《西湖梦寻》中也得到充分表现。

《西湖梦寻》还以客观叙述的方法，记杭州历史掌故，绘西湖风俗图卷，不加褒贬之词，而存讽规之意。如《苏公堤》叙崇祯间杭州知府刘梦谦在苏堤大举盛会，张灯结彩，纵饮高歌，穷奢极侈，劳民伤财，后被撤职查办。作者的批判态度不言自明。有时略作议论，妙语隽言，机智幽默。《五云山》主要记山水胜概，附载商贾至山顶真际寺向五福神借纸钱，以祈发财，许愿"获利则加倍还之"，可是到期大都不还，所以神龛前"楮镪恒缺"。作者于是打趣说，"即尊神放债，亦未免穷愁，为之掀髯一笑"，嘲讽世风浇薄令人绝倒。

《西湖梦寻》共收八十余篇文章，多为短篇，千字以上绝少，却包罗了西湖山水、园林、名胜、古迹、风俗、人物方方面面，万象纷呈。笔墨简练而清深，细致而淡远，识见与情致往往达于幽独而远出凡庸，宛如一幅精美清逸的绘画长卷。《西湖梦寻》与《陶庵梦忆》都以“梦”命题，是为张岱散文之双璧，二书寄托着作者深沉真挚的情思，透露出晚明新时代浓浓的人文气息，集中体现了张岱的散文成就。张岱也因之跻身于袁宏道、钟惺、刘侗诸家之列，成为晚明小品圣手之一。

## (四)

《陶庵梦忆》与《西湖梦寻》有多种版本，此次整理，《陶庵梦忆》以清咸丰《粤雅堂丛书》本为底本，参校清乾隆《砚云甲编》本，并据以补入《鲁王》、《苏州白兔》、《草妖》、《祁世培》四篇。

我研读张岱始于八十年代初，十余年间，陆续校点、注释、撰写了几种著作，其中有《明末奇才——张岱论》(上海社会科学院出版社)、《张岱诗文集》(上海古籍出版社)、《张岱散文选集》(百花文艺出版社)、《张岱》(春风文艺出版社)，均觉欠然。不期有两本小书竟引起日本汉学界耆宿松枝茂夫先生的注意，幸蒙获赐其所注《陶庵梦忆》(日本岩波书店出版)，时在一九九一年孟冬，先生已届八十六岁高龄。岁月如驰，奄忽九载，先生无恙乎？将登期颐矣。先生所赐书使我获益良多，不能不记一笔。我曾有志于毕力笺释《陶庵梦忆》，而精力总不能集中，以至延宕多年，未能专心致志从事这项工作，现在只能以此简注本而应出版之需。

《西湖梦寻》系由程维荣先生注释，以《武林掌故丛编》本为底本，参校他本，不出校记，注文一般从简。

这里注释的张岱著作二种，参考了其他相关著述，并承上海古籍出版社高克勤、李保民先生大力扶助，在此一并深致铭谢。

夏咸淳

二〇〇〇年五月

# 目录



## 陶庵梦忆

卷七

## 西湖梦寻

# 陶◇庵◇梦◇忆

# 自 序

陶庵国破家亡，无所归止，披发入山，骇骇为野人[①]。故旧见之，如毒药猛兽，愕窒不敢与接。作自挽诗[②]，每欲引决，因《石匮书》未成[③]，尚视息人世。然瓶粟屡罄，不能举火，始知首阳二老，直头饿死，不食周粟[④]，还是后人妆点语也。饥饿之余，好弄笔墨，因思昔人生长王、谢[⑤]，颇事豪华，今日罹此果报：以笠报颅，以篑报踵，仇簪履也；以衲报裘，以苎报絺，仇轻暖也；以藿报肉，以粝报粻，仇甘旨也；以荐报床，以石报枕，仇温柔也；以绳报枢，以瓮报牖，仇爽垲也[⑥]；以烟报目，以粪报鼻，仇香艳也；以途报足，以囊报肩，仇舆从也[⑦]。种种罪案，从种种果报中见之。

鸡鸣枕上，夜气方回，因想余生平，繁华靡丽，过眼皆空，五十年来，总成一梦。今当黍熟黄粱[⑧]，车旅蚁穴[⑨]，当作如何消受？遥思往事，忆即书之，持向佛前，一一忏悔。不次岁月，异年谱也；不分门类，别志林也[⑩]。偶拈一则，如游旧径，如见故人，城郭人民，翻用自喜[⑪]，真所谓痴人前不得说梦矣[⑫]。

昔有西陵脚夫[⑬]，为人担酒，失足破其瓮，念无以偿，痴坐伫想，曰："得是梦便好。"一寒士乡试中式，方赴鹿鸣宴[⑭]，恍然犹意非真，自啮其臂曰："莫是梦否？"一梦耳，惟恐其非梦，又惟恐其是梦，其为痴人则一也。余今大梦将寤，犹事雕虫[⑮]，又是一番梦呓。因叹慧业文人[⑯]，名心难化，政如邯郸梦断，漏尽钟鸣，卢生遗表，犹思摹拓二王，以流传后世⑰，则其名根一点⑱，坚固如佛家舍利，劫火猛烈，犹烧之不失也。

① 辄辄：同“骇骇”，战战兢兢。 ② 自挽诗：陶渊明有《挽歌诗》三首，张岱曾仿而和之。 ③《石匮书》：二百二十卷，纪传体明史巨著，张岱撰。始创于崇祯元年，成于顺治十年，“五易其稿，九正其讹。” ④“始知”三句：首阳二老，指伯夷、叔齐，曾阻拦周武王伐纣，殷亡，隐居首阳山，以野菜充饥，不食周粟。 ⑤ 王、谢：指晋代两大豪门望族。王，指王导；谢，指谢安。 ⑥ 爽垲：明亮、干燥。 ⑦ 舆从：车马随从。 ⑧ 黄粱：即“黄粱一梦”。喻荣华富贵虚幻破灭。相传唐代卢生于邯郸旅店遇道士吕翁，翁授以枕。生梦入枕中历尽人间富贵。及醒，黄粱尚未煮熟。见唐沈既济《枕中记》。 ⑨ 蚁穴：谓淳于棼梦入蚁穴，至槐安国，招为驸马，享尽荣华，后战败被迁回。事见唐李公佐《南柯太守传》。 ⑩ 志林：分门别类的杂记。宋人有《东坡志林》。 ⑪“城郭”二句：用丁令威事，谓丁令威出家学道，后化鹤归辽，集于华表柱，自云：“有鸟有鸟丁令威，去家千年今始归。城郭如故人民非，何不学仙冢累累。”见《搜神后记》。 ⑫“真所谓”句：据《冷斋夜话》卷七载，唐代僧伽戏言自己姓名、籍贯，文人李邕信以为真，为之作传。其荒诞无实，如对痴人说梦。又见《五灯会元》。 ⑬ 西陵：即西兴，镇名，在萧山县西，钱塘江的一处渡口。 ⑭ 鹿鸣宴：科举时考试揭榜后举行的宴会，由地方长官宴请主考学政及中式诸生。唐代宴乡贡时须唱《诗·小雅·鹿鸣》之章，故称。 ⑮ 雕虫：微不足道的小技，指词章。《法言·吾子》：“雕虫篆刻”，“壮夫不为”。 ⑯ 慧业：佛家谓人生来禀有智慧的业缘。《南史·谢灵运传》：“得道应需慧业文人。”
⑰“政如”五句：事见汤显祖戏曲《邯郸记》，谓卢生临死时作遗表给皇帝，表示还有心摹写王羲之、王献之父子的书法。政，同“正”。
⑱ 名根：佛家将眼、耳、鼻、舌、身、意称为六根，是产生感觉和意识的依据。这里的名根，指产生好名思想的根源。

# 卷 一

## 钟 山

钟山上有云气[①],浮浮冉冉,红紫间之,人言王气,龙蜕藏焉[②]。高皇帝与刘诚意、徐中山、汤东瓯定寝穴[③],各志其处,藏袖中,三人合,穴遂定。门左有孙权墓[④],请徙。太祖曰:"孙权亦是好汉子,留他守门。"及开藏,下为梁志公和尚塔[⑤],真身不坏,指爪绕身数匝。军士辇之,不起。太祖亲礼之,许以金棺银椁,庄田三百六十,奉香火,舁灵谷寺塔之[⑥]。今寺僧数千人,日食一庄田焉。陵寝定,闭外羡,人不及知。所见者,门三,飨殿一,寝殿一,后山苍莽而已。

壬午七月,朱兆宣簿太常[⑦],中元祭期[⑧],岱观之。飨殿深穆,暖阁去殿三尺,黄龙幔幔之。列二交椅,褥以黄锦孔雀翎,织正面龙,甚华重。席地以毡,走其上必去舄轻趾。稍咳,内侍辄叱曰:"莫惊驾!"近阁下一座,稍前,为硕妃[⑨],是成祖生母[⑩]。成祖生,孝慈皇后妊为己子[⑪],事甚秘。再下,东西列四十六席,或坐或否。祭品极简陋。朱红木簋[⑫]、木壶、木酒樽,甚粗朴。簋中肉止三片,粉一铗,黍数粒,东瓜汤一瓯而已。暖阁上一几,陈铜炉一,小筯瓶二,杯棬二。下一大几,陈太牢一、少牢一而已[⑬]。他祭或不同,岱所见如是。先祭一日,太常官属开牺牲所中门,导以鼓乐旗帜,牛羊自出,龙袱盖之。至宰割所，以四索缚牛蹄。太常官属至，牛正面立，太常官属朝牲揖，揖未起，而牛头已入燖所⑭。燖已，舁至飨殿。次日五鼓，魏国至⑮，主祀。太常官属不随班，侍立飨殿上。祀毕，牛羊已臭腐不堪闻矣。平常日进二膳，亦魏国陪祀，日必至云。

戊寅，岱寓鹫峰寺⑯，有言孝陵上黑气一股，冲入牛斗，百有余日矣。岱夜起视，见之。自是流贼猖獗，处处告警。壬午，朱成国与王应华奉敕修陵⑰，木枯三百年者尽出为薪，发根，隧其下数丈，识者为伤地脉，泄王气。今果有甲申之变⑱，则寸斩应华亦不足赎也。孝陵玉石二百八十二年，今岁清明，乃遂不得一盂麦饭，思之猿咽。

① 钟山：又名金陵山、圣游山、蒋山、紫金山，在南京中山门外，山势险峻，蜿蜒如龙。明太祖朱元璋陵寝位于南麓独龙阜玩珠峰下。② 龙蜕：龙骨，盖化石之类。　③ 高皇帝：指明太祖朱元璋。　刘诚意：刘基，字伯温，浙江青田人。明初官御史中丞兼太史令，封诚意伯。　徐中山：徐达，字天德，濠州（今安徽凤阳）人。明初骁将，初封魏国公，死后追封中山王。　汤东瓯：汤和，字鼎臣，濠州（今安徽凤阳）人。明初将领，初封信国公，死后追封东瓯王。　④ 孙权墓：三国时吴主孙权之墓，在钟山南麓独龙阜。　⑤ 志公：宝志，又作保志，世称志公，梁代高僧，江苏句容人。本姓朱，深受梁武帝尊崇。　⑥ 灵谷寺：在钟山东南。梁天监十三年(514)，葬宝志和尚于独龙阜，建开善精舍，造志公塔。北宋大中祥符年间，改称太平兴国禅寺。明洪武十四年(1381)在独龙阜建明孝陵，遂迁寺与塔于此。　⑦ 太常：官名。秦置奉常，汉景帝时改称太常，为九卿之一，掌郊庙礼乐等。历代沿置，清末始废。　⑧ 中元：中元节，阴历七月十五日，俗传为地官赦罪之日，人家多持斋诵经，祭奠祖先。　⑨ 碽妃：明太祖妃碽氏，传为高丽人。　⑩ 成祖：明成祖朱棣，朱元璋第四子，年号永乐。　⑪ 孝慈

皇后：朱元璋皇后马氏，卒葬孝陵，谥孝慈。 ⑫ 簋：盛食物的圆形器具。 ⑬ 太牢：古代祭祀时牛、羊、猪三牲齐备或单用牛，称太牢；仅用羊、猪或只用羊，称少牢。 ⑭ 焊：沉肉于汤使熟，以献作祭品。 ⑮ 魏国：徐达子孙的一支，封魏国公，其自承宗至弘基六世，皆守备南京，领军府事，弘基累加太傅。此魏国即指徐弘基。 ⑯ 鹫峰寺：在白鹭洲东北，建于明天顺间。 ⑰ 朱成国：朱能从朱棣起兵有功，封成国公，子孙世袭其封号，皆守备南京。此成国指其后裔朱纯臣，崇祯时受倚重，后为李自成所杀。 王应华：浙江提学副使。 ⑱ 甲申之变：指崇祯十七年甲申(1644)，李自成率起义军攻入北京，推翻明朝。

# 报恩塔

中国之大古董，永乐之大窑器，则报恩塔是也[①]。报恩塔成于永乐初年，非成祖开国之精神、开国之物力、开国之功令，其胆智才略足以吞吐此塔者，不能成焉。

塔上下金刚佛像千百亿金身。一金身，琉璃砖十数块凑砌成之，其衣褶不爽分，其面目不爽毫，其须眉不爽忽，斗笋合缝，信属鬼工。闻烧成时，具三塔相，成其一，埋其二，编号识之。今塔上损砖一块，以字号报工部[②]，发一砖补之，如生成焉。

夜必灯，岁费油若干斛。天日高霁，霏霏霭霭，摇摇曳曳，有光怪出其上，如香烟缭绕，半日方散。永乐时，海外夷蛮重译至者百有馀国[③]，见报恩塔，必顶礼赞叹而去，谓四大部洲所无也[④]。

① 报恩塔：在南京聚宝门(今中华门)外报恩寺内，始建于三国吴赤乌年间，明永乐十年重建，藏有舍利，后毁于战火。 ② 工部：指南京工部衙门，掌工程建筑。 ③ 重译：谓远方殊俗，道路绝远，言语不通，需辗转翻译。 ④ 四大部洲：佛经谓须弥山四方咸海中有四洲，即东胜身洲、南赡部洲、西牛货洲、北俱卢洲。借指域外各国。

## 天台牡丹

天台多牡丹①，大如拱把，其常也。某村中有鹅黄牡丹，一株三干，其大如小斗，植五圣祠前。枝叶离披，错出檐甃之上，三间满焉。花时数十朵，鹅子、黄鹂、松花、蒸栗，萼楼穰吐②，淋漓簇沓。土人于其外搭棚演戏四五台，婆娑乐神。有侵花至漂发者③，立致奇祟。土人戒勿犯，故花得蔽芾而寿④。

① 天台：即天台山，在浙江天台县北。 ② 穰吐：丰盛貌。 ③ 漂发：意为触动伤及毫发。 ④ 蔽芾：茂盛貌。《诗·召南·甘棠》："蔽芾甘棠，勿剪勿伐。"

## 金乳生草花

金乳生喜莳草花①。住宅前有空地，小河界之。乳生濒河构小轩三间，纵其趾于北②，不方而长，设竹篱经其左。北临街，筑土墙，墙内砌花栏护其趾。再前，又砌石花栏，长丈馀而稍狭。栏前以螺山石垒山披数折[3]，有画意。

草木百馀本，错杂莳之，浓淡疏密，俱有情致。春以罂粟、虞美人为主，而山兰、素馨、决明佐之；春老，以芍药为主，而西番莲、土萱、紫兰、山矾佐之[4]。夏以洛阳花、建兰为主[5]，而蜀葵、乌斯菊、望江南、茉莉、杜若、珍珠兰佐之[6]。秋以菊为主，而剪秋纱、秋葵、僧鞋菊、万寿芙蓉、老少年、秋海棠、雁来红、矮鸡冠佐之[7]。冬以水仙为主，而长春佐之[8]。其木本，如紫白丁香、绿萼玉楪蜡梅、西府、滇茶[9]，日丹、白梨花，种之墙头屋角，以遮烈日。

乳生弱质多病，早起不盥不栉，蒲伏阶下，捕菊虎[10]，芟地蚕[11]，花根叶底，虽千百本，一日必一周之。瘗头者火蚁[12]，瘠枝者黑蚰[13]，伤根者蚯蚓、蜒蝣[14]，贼叶者象干、毛猬[15]。火蚁，以鲞骨鳖甲置旁，引出弃之；黑蚰，以麻裹筯头，捋出之；蜒蝣，以夜静持灯灭杀之；蚯蚓，以石灰水灌河水解之；毛猬，以马粪水杀之；象干虫，磨铁线，穴搜之。事必亲历，虽冰龟其手，日焦其额，不顾也。青帝喜其勤[16]，近产芝三本，以祥瑞之。

① 金乳生：人名，擅长园艺的花匠。《越中园亭记》："金乳生，植草花数百本，多殊方异种，虽老圃不能辨识，四时烂熳如绣。" ② 纵其趾：拓展宅基。 ③ 山披：倚墙壁、围栏垒制的一种假山。 ④ 西番莲，又名铁线莲。 山矾：一名芸香、七里香，叶如冬青，花白而小。 ⑤ 洛阳花：又称锦团石竹，多年生草本，花出枝杪，五色俱备。 ⑥ 乌斯菊：或即西番菊，多年生藤本。 ⑦ 剪秋纱：一名汉宫秋，叶似春罗而微深有尖。 ⑧ 长春：一名金盏草，茎上开花。 ⑨ 紫白丁香：丁香花有紫、白二种，清香袭人。 绿萼：凡梅花跗蒂皆绛紫

色,此独纯绿,枝梗亦青,为梅中高品。　玉楪:又作玉蝶,花头大而微红。　西府:即西府海棠,其木坚而多节,红紫色。　⑩ 菊虎:一种小天牛,五六月间出现成虫,咬破菊茎,幼虫蛀食茎心为害。⑪ 地蚕:一名土蛹,为食菜蔬之叶、伤菊之根的害虫。　⑫ 瘥头:谓使菊头枯萎。　火蚁:即蚍蜉,大蚂蚁。　⑬ 黑蚰:一种害菊之虫。⑭ 蜒蝣:又作蜒蚰,俗称鼻涕虫,形似去壳蜗牛,为农作物害虫。⑮ 象干:即造桥虫,似蚕而青,食叶害虫。　毛猬:刺毛虫。⑯ 青帝:司春之神。

## 日　月　湖

宁波府城内,近南门,有日月湖①。日湖圆,略小,故日之;月湖长,方广,故月之。二湖连络如环,中亘一堤,小桥纽之。

日湖有贺少监祠②。季真朝服拖绅,绝无黄冠气象③。祠中勒唐玄宗《饯行》诗以荣之。季真乞鉴湖归老④,年八十馀矣。其《回乡》诗曰:"幼小离家老大回,乡音无改鬓毛衰。儿孙相见不相识,笑问客从何处来?"八十归老,不为早矣,乃时人称为"急流勇退",今古传之。季真曾谒一卖药王老,求冲举之术⑤,持一珠贻之。王老见卖饼者过,取珠易饼,季真口不敢言,甚懊惜之。王老曰:"悭吝未除,术何由得?"乃还其珠而去。则季真直一富贵利禄中人耳!《唐书》入之《隐逸传》,亦不伦甚矣。

月湖一泓汪洋,明瑟可爱,直抵南城。城下密密植桃柳,四围湖岸,亦间植名花果木以萦带之。湖中栉比者,皆士夫园亭,台榭倾圮,而松石苍老。石上凌霄藤有斗大者,率百年以上物也。四明缙绅[6],田宅及其子,园亭及其身,平泉木石[7],多暮楚朝秦。故园亭亦聊且为之,如传舍衙署焉。屠赤水娑罗馆[8],亦仅存娑罗而已,所称“雪浪”等石,在某氏园久矣。

清明日,二湖游船甚盛,但桥小,船不能大。城墙下址稍广,桃柳烂漫,游人席地坐,亦饮亦歌,声存西湖一曲。

① 日月湖:日湖和月湖的合称。日湖亦名南湖,月湖亦名西湖。 ② 贺少监:贺知章,字季真,越州永兴(今浙江萧山)人。累官至太子宾客、秘书监,性放诞嗜酒,善草隶。唐玄宗天宝初,请为道士还乡。 ③ 黄冠:道士所戴。 ④ 鉴湖:在浙江绍兴西南,又名镜湖、长湖、庆湖。 ⑤ 冲举之术:飞升成仙之术。 ⑥ 四明:旧时浙江宁波府别称,因境内有四明山得名。 ⑦ 平泉木石:唐李德裕在洛阳平泉建别墅,谓“以吾平泉一草一木与人者,非吾子孙也”。德裕去世不久,其子即遭杀身之祸,平泉胜地遂荒芜。 ⑧ 屠赤水:屠隆,字长卿,号赤水,浙江鄞县人。晚明文学家。 娑罗馆:屠隆所建别墅。

## 金山夜戏

崇祯二年中秋后一日[1],余道镇江往兖[2]。日晡,至北固[3],舣舟江口。月光倒囊入水,江涛吞吐,露气吸之,噀天为白。余大惊喜。移舟过金山寺,已二鼓矣。经龙王堂,入大殿,皆漆静。林下漏月光,疏疏如残雪。

余呼小仆携戏具,张灯火大殿中,唱韩蕲王金山及长江大战诸剧[4]。锣鼓喧填,一寺人皆起看。有老僧以手背挼眼翳,翕然张口,呵欠与笑嚏俱至。徐定睛视,为何许人,以何事何时至，皆不敢问。剧完，将曙，解缆过江。山僧至山脚，目送久之，不知是人是怪是鬼。

① 崇祯二年：公元1629年。 ② 兖：兖州，在今山东省境内。 ③ 北固：山名。在今江苏镇江东北。以北峰三面临江，地形险要，故称"北固"。 ④ 韩蕲王：韩世忠，字良臣，绥德（今陕西）人。南宋抗金名将。死后追封蕲王。曾率八千人阻止十万金兵渡江，与兀术大战黄天荡，达四十八日。明人传奇《双烈记》演其事。 金山：又名金鳌岭、浮玉山，在镇江西北，濒临长江。

## 筠芝亭

筠芝亭[①]，浑朴一亭耳。然而亭之事尽，筠芝亭一山之事亦尽。吾家后此亭而亭者，不及筠芝亭；后此亭而楼者、阁者、斋者，亦不及。总之，多一楼，亭中多一楼之碍；多一墙，亭中多一墙之碍。太仆公造此亭成[②]，亭之外更不增一椽一瓦，亭之内亦不设一槛一扉，此其意有在也。

亭前后，太仆公手植树皆合抱，清樾轻岚，滃滃翳翳，如在秋水。亭前石台，猎取亭中之景物而先得之。升高眺远，眼界光明。敬亭诸山，箕踞麓下；溪壑萦回，水出松叶之上。台下右旋，曲磴三折，老松偻背而立。顶垂一干，倒下如小幢；小枝盘郁，曲出辅之，旋盖如曲柄葆羽[③]。癸丑以前[④]，不垣不台，松意尤畅。

① 筠芝亭：张岱高祖张天复建，叔祖张懋之改建，位于绍兴卧龙山右岭下。 ② 太仆公：即张天复，字复亨，号内山。嘉靖进士，官至云南按察司副使，太仆寺卿。 ③ 葆羽：车盖羽扇，古代仪仗。 ④ 癸丑：万历四十一年(1613)。

# 砎 园

砎园①，水盘据之，而得水之用，又安顿之若无水者。寿花堂，界以堤，以小眉山，以天问台，以竹径，则曲而长，则水之。内宅，隔以霞爽轩，以酣漱，以长廊，以小曲桥，以东篱，则深而邃，则水之。临池，截以鲈香亭、梅花禅，则静而远，则水之。缘城，护以贞六居，以无漏庵，以菜园，以邻居小户，则闷而安，则水之用尽。而水之意色，指归乎庞公池之水②。庞公池，人弃我取，一意向园，目不他瞩，肠不他回，口不他诺，龙山夔蚭③，三折就之，而水不之顾。人称砎园能用水，而卒得水力焉。大父在日④，园极华缛。有二老盘旋其中，一老曰："竟是蓬莱阆苑了也！"一老啡之曰："个边那有这样！"

① 砎园：张岱祖父张汝霖于天启元年(1621)归乡养病时所建园林。祁彪佳《越中园亭记》："张肃之先生晚年筑室于龙山之旁，而开园其左，有鲈香亭临王公池上。凭窗眺望，收拾龙山之胜殆尽。寿花堂、霞爽轩、酣漱阁，皆在水石萦回、花木映带处。" ② 庞公池：在卧龙山之西，旧为王公池，宋皇祐间王逵知越州(今绍兴)时建。详卷七《庞公池》。 ③ 龙山：即卧龙山，在绍兴城中，盘旋回绕，形若卧龙，故名。夔蚭：蜿蜒游动貌。 ④ 大父：即作者祖父张汝霖，字肃之，号雨若，

又号矿园居士。万历进士。历官广昌知县,兵部主事、参议。

# 葑门荷宕

天启壬戌六月二十四日①,偶至苏州,见士女倾城而出,毕集于葑门外之荷花宕②。楼船画舫,至鱼艬小艇,雇觅一空。远方游客有持数万钱无所得舟,蚁旋岸上者。余移舟往观,一无所见。宕中以大船为经,小船为纬,游冶子弟,轻舟鼓吹,往来如梭。舟中丽人,皆倩妆淡服,摩肩簇舄,汗透重纱。舟楫之胜以挤,鼓吹之胜以集,男女之胜以溷,歊暑燂烁③,靡沸终日而已。

荷花宕经岁无人迹,是日,士女以鞋靸不至为耻。袁石公曰④:"其男女之杂,灿烂之景,不可名状。大约露帏则千花竞笑,举袂则乱云出峡,挥扇则星流月映,闻歌则雷辊涛趋⑤。"盖恨虎丘中秋夜之模糊躲闪⑥,特至是日而明白昭著也。

① 天启壬戌:公元1622年。 ② 葑门:江苏吴县城东门。 ③ 歊暑燂烁:暑气蒸郁炙人。歊,气向上冲。燂,炙烤。 ④ 袁石公:袁宏道,字中郎,号石公。万历进士,知吴县,官至吏部郎中。引文见袁宏道《锦帆集·荷花荡》。 ⑤ 雷辊:雷声如滚动的车轮所发出的巨响。 ⑥"盖恨"句:详见卷五《虎丘中秋夜》一文。

# 越俗扫墓

越俗扫墓①，男女袨服靓妆，画船箫鼓，如杭州人游湖，厚人薄鬼，率以为常。二十年前，中人之家尚用平水屋帻船，男女分两截坐，不坐船，不鼓吹。先辈谑之曰："以结上文两节之意。"后渐华靡，虽监门小户，男女必用两坐船，必巾，必鼓吹，必欢呼畅饮。下午必就其路之所近，游庵堂寺院及士夫家花园。鼓吹近城，必吹《海东青》、《独行千里》，锣鼓错杂。酒徒沾醉，必岸帻嚣嚎，唱无字曲，或舟中攘臂，与侪列厮打。自二月朔至夏至，填城溢国，日日如之。

乙酉方兵划江而守②，虽鱼艖菱舠，收拾略尽。坟垅数十里而遥，子孙数人挑鱼肉楮钱，徒步往返之，妇女不得出城者三岁矣。萧索凄凉，亦物极必反之 。

① 越俗扫墓：《绍兴府志》卷一八："清明日，人家插柳祀墓，后数日，或偕少长行赏郊外，曰踏青。亦有盛声乐，移舟名胜地，为终日游者。亦袭下湖之名，每景色晴霁，澄湖曲川，画船相尾，罗绮繁华，与桃李相穿映。"　② 乙酉：清顺治二年(1645)。　方兵：方国安部下士兵。国安，字磐石，浙江诸暨人，少无赖。顺治二年，鲁王监国，封镇东侯，率军守钱塘江，不战而溃，自焚其营，后降清被诛。

# 奔云石

南屏石无出“奔云”右者[①]。“奔云”得其情，未得其理。石如滇茶一朵，风雨落之，半入泥土，花瓣棱棱，三四层折。人走其中，如蝶入花心，无须不缀也。

黄寓庸先生读书其中[②]，四方弟子千馀人，门如市。余幼从大父访先生，先生面黧黑，多髭须，毛颊，河目海口，眉棱鼻梁，张口多笑。交际酬酢，八面应之，耳聆客言，目睹来牍，手书回札，口嘱傒奴，杂沓于前，未尝少错。客至，无贵贱，便肉便饭食之，夜即与同榻。余一书记往，颇秽恶，先生寝食之不异也。余深服之。

丙寅至武林[③]，亭榭倾圮，堂中窀先生遗蜕，不胜人琴之感[④]。余见“奔云”黝润，色泽不减，谓客曰：“愿假此一室，以石磲门，坐卧其下，可十年不出也。”客曰：“有盗。”余曰：“布衣褐被，身外长物则瓶粟与残书数本而已。王弇州不曰‘盗亦有道’也哉[⑤]？”

① 南屏：南屏山，在杭州西湖南路，峰峦耸秀，怪石玲珑，峻壁横坡，宛若屏障。 ② 黄寓庸：黄汝亨，字贞父，号寓庸，仁和(今浙江杭州)人。万历进士，官至江西布政司参议。 ③ 丙寅：即天启六年(1626)。 武林：杭州之别称。 ④ 人琴之感：对逝者的伤悼之情。《晋书·王徽之传》：献之卒，徽之“取献之琴弹之，久而不调，叹曰：‘呜呼子敬，人琴俱亡！’” ⑤ 王弇州：王世贞，字元美，号弇州山人，江

苏太仓人。嘉靖进士，累官南京刑部尚书。为明文坛“后七子”领袖。

## 木 犹 龙

木龙出辽海[①]，为风涛漱击，形如巨浪跳蹴，遍体多著波纹。常开平王得之辽东[②]，辇至京。开平第毁，谓木龙炭矣。及发瓦砾，见木龙埋入地数尺，火不及，惊异之，遂呼为龙。不知何缘出易于市，先君子以犀觥十七只售之[③]，进鲁献王[④]，误书“木龙”犯讳，峻辞之，遂留长史署中。

先君子弃世，余载归，传为世宝。丁丑诗社[⑤]，恳名公，人赐之名，并赋小言咏之。周墨农字以“木犹龙”[⑥]，倪鸿宝字以“木寓龙”[⑦]，祁世培字以“海槎”[⑧]，王士美字以“槎浪”[⑨]，张毅儒字以“陆槎”[⑩]，诗遂盈帙。

木龙体肥痴，重千余斤，自辽之京、之兖、之济，由陆。济之杭，由水。杭之江、之萧山、之山阴、之余舍，水陆错。前后费至百金，所易价不与焉。呜呼，木龙可谓遇矣！余磨其龙脑尺木[⑪]，勒铭志之，曰：“夜壑风雷，骞槎化石[⑫]；海立山崩，烟云灭没；谓有龙焉，呼之或出。”又曰：“犹龙张子，尺木书铭；何以似之？秋涛夏云。”

① 木龙：即木犹龙，一种化石。　辽海：此指辽东半岛周边的海域。　② 常开平王：常遇春，怀远（今属安徽）人。明开国功臣，封开平王。　③ 先君子：指作者父张耀芳，字尔弢，号大涤。事详《琅嬛文集·家传》。　④ 鲁献王：朱寿鋐，明宗室，藩国在山东兖州。寿鋐

于万历二十九年封献王，张岱父曾任鲁藩长史。 ⑤ 丁丑：崇祯十年(1637)。 ⑥ 周墨农：作者之友，收藏家。 ⑦ 倪鸿宝：倪元璐，字玉汝，号鸿宝，浙江上虞人。官至户部尚书，兼翰林学士。李自成陷北京，元璐取帛自缢死。 ⑧ 祁世培：祁彪佳，字宏吉，号世培，山阴(今浙江绍兴)人。福王时出任右佥都御史，巡抚江南。清兵陷杭州，绝食死。 ⑨ 王士美：王业洵，字士美，明浙江余姚人。刘宗周弟子，善琴。 ⑩ 张毅儒：张弘，字毅儒，张岱族弟，曾入复社。⑪ 尺木：传说龙头上有一物如博山炉，名尺木，龙无此物不能升天。见《酉阳杂俎》。 ⑫ 骞槎：传说汉张骞奉武帝令出使大夏寻河源时所乘的浮槎，称骞槎。见宗懔《荆楚岁时记》。槎，木筏。

## 天　　砚

少年视砚，不得砚丑。徽州汪砚伯至[①]，以古款废砚，立得重价，越中藏石俱尽。阅砚多，砚理出。

曾托友人秦一生为余觅石[②]，遍城中无有。山阴狱中大盗出一石，璞耳，索银二斤。余适往武林，一生造次不能办[③]，持示燕客[④]。燕客指石中白眼曰："黄牙臭口[⑤]，堪留支桌。"赚一生还盗。燕客夜以三十金攫去，命砚伯制一天砚，上五小星一大星[⑥]，谱曰"五星拱月"。燕客恐一生见，铲去大小三星，止留三小星。

一生知之，大懊恨，向余言。余笑曰："犹子比儿[⑦]。"亟往索看。燕客捧出，赤比马肝[⑧]，酥润如玉，背隐白丝，类玛瑙，指螺细篆，面三星坟起如弩眼，着墨无声，而墨瀋烟起。一生痴瘖[⑨]，口张而不能翕。燕客属余铭，铭曰："女娲炼天，不分玉石。鳌血芦灰[10]，烹霞铸日；星河溷扰，参横箕翕[11]。”

① 汪砚伯：雕砚匠师。 ② 秦一生：绍兴富户，张岱之友，嗜好山水、音乐。 ③ 造次：匆迫，仓卒。 ④ 燕客：张萼，字燕客，张岱叔父葆生之子，好山水园艺、古董技艺。清兵入越，遂以死殉。⑤ 黄牙臭口：喻黄色的石眼。石眼“翠绿为上，黄赤为下”(《端砚谱》)，此为燕客谑词。 ⑥ 上：指生于墨池之外的石眼，即所谓“高眼”，生于池内者称“低眼”。高眼尤贵，以其不为墨所浸渍。星：眼如星斗。见《遵生八笺·论砚》。 ⑦ 犹子：侄儿。 ⑧ 赤比马肝：端砚以赤紫为贵，见《砚笺》。 ⑨ 痴痞：犹痴呆。 ⑩ 鳌血芦灰：相传女娲断鳌(传说中的海中大龟)足以支撑四方，积芦灰以填塞洪水。⑪ 参、箕：星座名。即参宿、箕宿，同属二十八宿之一。参，西方白虎七宿末一宿；箕，东方青龙七宿的末一宿。

## 吴中绝技

吴中绝技：陆子冈之治玉[1]，鲍天成之治犀[2]，周柱之治嵌镶[3]，赵良璧之治梳[4]，朱碧山之治金银[5]，马勋、荷叶李之治扇[6]，张寄修之治琴[7]，范昆白之治三弦子[8]，俱可上下百年，保无敌手。但其良工苦心，亦技艺之能事。至其厚薄深浅，浓淡疏密，适与后世赏鉴家之心力、目力针芥相投，是岂工匠之所能办乎？盖技也而进乎道矣。

① 陆子冈：又作陆子刚，明代玉工，所刻皆惨淡经营，线条圆转，如写于纸上，丝毫不爽。又能书画，有名于时，与都中士大夫抗礼。

② 鲍天成：未详。 ③ 周柱：又作周翥、周制，善镶嵌，故又称“周嵌”，明嘉靖时人。以金银、宝石、螺甸、象牙等雕成山水人物、楼台树木、花卉翎毛，嵌檀梨漆器之上，因成奇玩。 ④ 赵良璧：明艺人，除治梳外，又善制锡壶。 ⑤ 朱碧山：元末明初人。浙江嘉兴著名银工。 ⑥ 马勋：明艺人，与李昭、李赞、蒋诚等皆善治骨扇。 荷叶李：疑即李昭或李赞。 ⑦ 张寄修：张越，字寄修，明艺人。 ⑧ 范昆白：一作范昌白，明艺人。

## 濮仲谦雕刻

南京濮仲谦雕刻[1]，古貌古心，粥粥若无能者[2]，然其技艺之巧，夺天工焉。其竹器，一帚一刷，竹寸耳，勾勒数刀，价以两计。然其所以自喜者，又必用竹之盘根错节，以不事刀斧为奇，则是经其手略刮磨之，而遂得重价，真不可解也。

仲谦名噪甚，得其一款，物辄腾贵。三山街润泽于仲谦之手者，数十人焉，而仲谦赤贫自如也。于友人座间见有佳竹佳犀，辄自为之，意偶不属，虽势劫之、利啖之，终不可得。

① 濮仲谦：明末著名竹刻艺人，一说苏州人。刘銮《玉石瓠》：“苏州濮仲谦，水磨竹器，如扇骨、酒杯、笔筒，臂阁之类，妙绝一时，亦磨紫檀、乌木、象牙，然不多。” ② 粥粥：卑谦的样子。《礼记·儒行》：“其难进而易退也，粥粥若无能也。”

# 卷 二

## 孔 庙 桧

己巳[①]，至曲阜谒孔庙[②]，买门者门以入。宫墙上有楼耸出，匾曰"梁山伯祝英台读书处"，骇异之。

进仪门，看孔子手植桧。桧历周、秦、汉、晋几千年，至晋怀帝永嘉三年而枯[③]。枯三百有九年，子孙守之不毁，至隋恭帝义宁元年复生[④]。生五十一年，至唐高宗乾封三年再枯[⑤]。枯三百七十有四年，至宋仁宗康定元年再荣[⑥]。至金宣宗贞祐三年罹于兵火[⑦]，枝叶俱焚，仅存其干，高二丈有奇。后八十一年，元世祖三十一年再发[⑧]。至洪武二十二年己巳[⑨]，发数枝，蓊郁。后十余年又落。摩其干，滑泽坚润，纹皆左纽，扣之作金石声。孔氏子孙恒视其荣枯，以占世运焉。

再进一大亭，卧一碑，书"杏坛"二字，党英笔也[⑩]。亭界一桥，洙、泗水汇此。过桥，入大殿，殿壮丽，宣圣及四配、十哲俱塑像冕旒[⑪]。案上列铜鼎三、一牺、一象、一辟邪，款制遒古，浑身翡翠，以钉钉案上。阶下竖历代帝王碑记，独元碑高大，用风磨铜赑屃[⑫]，高丈余。左殿三楹，规模略小，为孔氏家庙。东西两壁，用小木匾书历代帝王祭文。西壁之隅，高皇帝殿焉。

庙中凡明朝封号，俱置不用，总以见其大也。孔家人曰："天下只三家人家：我家与江西张、凤阳朱而已[13]。江西张，道士气；凤阳朱，暴发人家，小家气。"

①己巳：即崇祯二年(1629)。 ② 曲阜：在今山东省境内。为孔子故里。 ③ 永嘉三年：公元 309 年。 ④ 义宁元年：公元 617 年。 ⑤ 乾封三年：公元 668 年。 ⑥ 康定元年：公元 1040 年。 ⑦ 贞祐三年：公元 1215 年。 ⑧ 元世祖三十一年：公元 1294 年。 ⑨ 洪武二十二年：公元 1389 年。 ⑩ 党英：当作党怀英，字世杰，号竹溪，冯翊(今陕西大荔)人。金大定进士，官至翰林学士承旨。工篆籀，时号第一，或称李阳冰之后一人而已。 ⑪ 宣圣：孔子尊称，又称宣尼、宣父。 四配：指配祀孔子者颜渊、子思、曾参、孟轲四人。十哲：孔子高弟十人，即颜渊、闵子骞、冉伯牛、仲弓、宰我、子贡、冉有、子路、子游、子夏。 ⑫ 风磨铜：以炉甘石炼成的黄铜，一说即自然精铜。 赑屃：蠵龟的别名。因其力大负重，古代碑下石座(即碑趺)多雕作赑屃形象。 ⑬ 江西张：指江西龙虎山道教张天师。 凤阳朱：安徽凤阳人明太祖朱元璋。

## 孔 林

曲阜出北门五里许，为孔林。紫金城城之，门以楼，楼上见小山一点，正对东南者，峄山也[①]。折而西，有石虎、石羊三四，在榛莽中。过一桥，二水汇，泗水也。享殿后有子贡手植楷[②]。楷大小千馀本，鲁人取为材，为棋枰。享殿正对伯鱼墓[③]，圣人葬其子得中气[④]。由伯鱼墓折而右，为宣圣墓。去数丈,案一小山,小山之南为子思墓[5]。数百武之内,父、子、孙三墓在焉。谯周云[6]:“孔子死后,鲁人就冢次而居者百有余家,曰‘孔里’。”《孔丛子》曰[7]:“夫子墓茔方一里,在鲁城北六里泗水上。”诸孔氏封五十余所,人名昭穆[8],不可复识。有碑铭三,兽碣俱在。《皇览》曰[9]:“弟子各以四方奇木来植,故多异树不能名。一里之中未尝产棘木荆草。”紫金城外,环而墓者数千家。三千二百余年,子孙列葬不他徙,从古帝王所不能比隆也。

宣圣墓右,有小屋三间,匾曰“子贡庐墓处”。盖自兖州至曲阜道上,时官以木坊表识,有曰“齐人归讙处”[10],有曰“子在川上处”[11],尚有义理。至泰山顶上,乃勒石曰:“孔子小天下处。”[12],则不觉失笑矣。

① 峄山:一名邹峄山,在山东邹县东南,山多奇峰怪石,松柏清泉。 ② 楷:一名黄连木,落叶乔木,可制器具。 ③ 伯鱼:孔鲤,字伯鱼,孔子之子。 ④ 中气:中和之气。 ⑤ 子思:孔伋,字子思,孔子之孙。 ⑥ 谯周:字允南,三国时蜀汉学者。尝任光禄大夫,后降魏,封阳城亭侯。入晋拜骑都尉。 ⑦《孔丛子》:托名秦末儒生孔鲋编。 ⑧ 昭穆:古代宗法制度,宗庙按世系排列,祭祀、埋葬有序。始祖居中,二世、四世、六世居左,称“昭”;三世、五世、七世居右,称“穆”。 ⑨《皇览》:类书,魏缪卜等撰,已佚。此指《太平御览》。 ⑩“齐人”句:《春秋·定公十七年》:“齐人来归郓讙龟阴田。”《疏》:“孔子相,齐人服义,而归鲁田。” 讙,鲁地,在今山东肥南县南。 ⑪“子在”句:《论语·子罕》:“子在川上曰,逝者如斯夫,不舍昼夜。” ⑫“孔子”句:《孟子·尽心上》:“孔子登东山而小鲁,登泰山而小天下。”

# 燕子矶

燕子矶[1]，余三过之。水势湁潗[2]，舟人至此，捷捽抒取，钩挽铁缆，蚁附而上。篷窗中见石骨棱层，撑拒水际，不喜而怖，不识岸上有如许境界。

戊寅到京后[3]，同吕吉士出观音门，游燕子矶。方晓佛地仙都，当面蹉过之矣。登关王殿，吴头楚尾，是侯用武之地[4]，灵爽赫赫，须眉戟起。缘山走矶上，坐亭子[5]，看江水潋洌，舟下如箭。折而南，走观音阁，度索上之。阁旁僧院，有峭壁千寻，碚礌如铁[6]。大枫数株，蓊以他树，森森冷绿。小楼痴对，便可十年面壁[7]；今僧寮佛阁，故故背之，其心何忍？

是年，余归浙，闵老子、王月生送至矶[8]，饮石壁下。

① 燕子矶：在南京东北郊观音门外，山石直立江上，三面临空，形似燕子展翅欲飞，故名。 ② 湁潗：波浪翻腾的样子。司马相如《上林赋》："潏潏淈淈，湁潗鼎沸。" ③ 戊寅：崇祯十一年(1638)。京：指南京。 ④ 侯：指关羽，曾封汉寿亭侯。 ⑤ 亭子：燕子矶上有俯江亭。 ⑥ 碚礌：指巨石。 ⑦ 面壁：谓坐禅修道。相传达摩祖师在嵩山少林寺面壁而坐，终日默默，达九年。 ⑧ 闵老子：即闵汶水，万历末年精于茶道的名家。参见卷三《闵老子茶》。 王月生：明南京艺妓，参见卷八《王月生》。

## 鲁藩烟火

兖州鲁藩烟火妙天下[①]。烟火必张灯，鲁藩之灯，灯其殿，灯其壁，灯其楹柱，灯其屏，灯其座，灯其宫扇、伞盖。诸王公子、宫娥僚属、队舞乐工，尽收为灯中景物。及放烟火，灯中景物又收为烟火中景物。天下之看灯者，看灯灯外；看烟火者，看烟火烟火外。未有身入灯中、光中、影中、烟中、火中，闪烁变幻，不知其为王宫内之烟火，亦不知其为烟火内之王宫也。

殿前搭木架数层，上放"黄蜂出窠"、"撒花盖顶"、"天花喷礴"。四旁珍珠帘八架，架高二丈许；每一帘嵌孝、悌、忠、信、礼、义、廉、耻一大字，每字高丈许，晶映高明。下以五色火漆塑狮、象、橐驼之属百馀头[②]，上骑百蛮，手中持象牙、犀角、珊瑚、玉斗诸器，器中实"千丈菊"、"千丈梨"诸火器。兽足蹑以车轮，腹内藏人，旋转其人，百蛮手中瓶花徐发，雁雁行行，且阵且走。移时，百兽口出火，尻亦出火，纵横践踏。端门内外烟焰蔽天，月不得明，露不得下。看者耳目攫夺，屡欲狂易[③]，恒内手持之。

昔者有一苏州人，自夸其州中灯火之盛，曰："苏州此时有烟火，亦无处放，放亦不得上。"众曰："何也？"曰："此时天上被烟火挤住，无空隙处耳！"人笑其诞。于鲁府观之，殆不诬也。

① 鲁藩：鲁王藩府。明太祖第十子朱檀封于山东兖州，檀及其子孙皆称鲁王。 ② 火漆：又叫封蜡，以松脂与石蜡加颜料炼合而成，

遇火则变软而粘,可封瓶口、信件等,此处用以塑造动物模型。

③ 狂易:因发狂而改变常态。《汉书·五行志》颜师古注:"狂易者,狂而变易常性也。"

## 朱云峡女戏

朱云峡教女戏[①],非教戏也。未教戏,先教琴,先教琵琶,先教提琴、弦子、箫管,鼓吹、歌舞,借戏为之,其实不专为戏也。郭汾阳、杨越公、王司徒女乐[②],当日未必有此。丝竹错杂,檀板清讴,入妙腠理[③],唱完以曲白终之,反觉多事矣。

西施歌舞,对舞者五人,长袖缓带,绕身若环,曾挠摩地,扶旋猗那[④],弱如秋药[⑤]。女官内侍,执扇葆璇盖、金莲宝炬、纨扇宫灯二十余人,光焰荧煌,锦绣纷叠,见者错愕。

云老好胜,遇得意处,辄盱目视客。得一赞语,辄走戏房,与诸姬道之,佹出佹入,颇极劳顿。且闻云老多疑忌,诸姬曲房密户,重重封锁,夜犹躬自巡历,诸姬心憎之。有当御者,辄遁去,互相藏闪,只在曲房,无可觅处,必叱咤而罢。殷殷防护,日夜为劳,是无知老贱,自讨苦吃者也,堪为老年好色之戒。

① 朱云峡:未详。 ② 郭汾阳:指郭子仪,华州郑县(今陕西华县)人。唐名将,以功擢中书令,后封汾阳王。 杨越公:指杨素,字处道,弘农华阴(今属陕西)人。隋大臣,因功封越国公。 王司徒:指晋王浑,字玄冲,太原晋阳人。与王濬平吴,功勋卓著,累官司徒。按,郭、

杨、王三人皆有军功,而好声伎。 ③ 腠理:肌肤深处,"入妙腠理",形容绝妙。 ④"绕身若环"三句:语见《淮南子·脩务训》。 曾挠,曲屈,形容舞姿。 扶旋,周旋貌。 猗那,又作"猗靡",随风之貌,此处亦形容舞者体态。 ⑤ 弱如秋药:语本《淮南子·脩务训》:"身若秋药被风。"

## 绍兴琴派

丙辰[1],学琴于王侣鹅。绍兴存王明泉派者推侣鹅[2],学《渔樵问答》、《列子御风》、《碧玉调》、《水龙吟》、《捣衣环珮声》等曲。戊午[3],学琴于王本吾[4],半年得二十余曲:《雁落平沙》、《山居吟》、《静观吟》、《清夜坐钟》、《乌夜啼》、《汉宫秋》、《高山流水》、《梅花弄》、《淳化引》、《沧江夜雨》、《庄周梦》,又《胡笳十八拍》、《普庵咒》等小曲十余种。王本吾指法圆静,微带油腔。余得其法,练熟还生,以涩勒出之,遂称合作。同学者,范与兰、尹尔韬、何紫翔、王士美、燕客、平子[5]。与兰、士美、燕客、平子俱不成,紫翔得本吾之八九而微嫩,尔韬得本吾之八九而微迂。余曾与本吾、紫翔、尔韬取琴四张弹之,如出一手,听者辄服。后本吾而来越者,有张慎行、何明台,结实有余,而萧散不足,无出本吾上者。

① 丙辰:清康熙十五年(1676)。 ② 王明泉:绍兴人,明末琴师。 ③ 戊午:清康熙十七年(1678)。 ④ 王本吾:松江人,音乐家,擅琴艺。 ⑤ 范与兰:明末清初艺人,好琴,喜种兰及盆池小

景。参见卷八《范与兰》。 尹尔韬：字芝仙，号袖花老人，山阴人，通音律，授中书舍人，定乐谱。明亡，隐居不出，著有《原琴正议》、《审音奏议》。 王士美：见卷一《木犹龙》注。 燕客：见卷一《天砚》注。 平子：张峰，字平子，作者之弟，刘宗周弟子，有诗名。

# 花石纲遗石

越中无佳石。董文简斋中一石[①]，磊块正骨，窋咤数孔[②]，疏爽明易，不作灵谲波诡，朱勔花石纲所遗[③]，陆放翁家物也[④]。文简竖之庭除，石后种剔牙松一株[⑤]，辟咡负剑[⑥]，与石意相得。文简轩其北，名"独石轩"[⑦]，石之轩独之无异也。石篑先生读书其中[⑧]，勒铭志之。

大江以南，花石纲遗石，以吴门徐清之家一石为石祖[⑨]。石高丈五，朱勔移舟中，石盘沉太湖底，觅不得，遂不果行。后归乌程董氏[⑩]，载至中流，船复覆。董氏破资募善入水者取之。先得其盘，诧异之，又溺水取石，石亦旋起。时人比之延津剑焉[⑪]。后数十年，遂为徐氏有。再传至清之，以三百金竖之。石连底高二丈许，变幻百出，无可名状，大约如吴无奇游黄山[⑫]，见一怪石，辄瞋目叫曰："岂有此理！岂有此理！"

① 董文简：董玘，字文玉，号中峰，会稽人。明弘治进士，授编修，官至吏部左侍郎，卒谥文简。 ② 窋咤：物由穴中出，此处指洞穴。 ③ 朱勔：宋江苏苏州人。因交结蔡京、童贯等权奸获官，受徽宗派遣，在平江(苏州)设应奉局，搜罗奇花异石，运往东京(开封)，号为"花石

纲”,为害东南二十年。 ④ 陆放翁:南宋大诗人陆游,晚号放翁。 ⑤ 剔牙松:又名栝子松,常绿乔木,叶三四针为一簇,树皮白色,故又称白皮松。 ⑥ 辟咡:交谈时侧首以避口气触及对方,此形容松石向背。 ⑦ 独石轩:《越中园亭记·独石轩》:“董中峰太史构轩读书,立一石甚奇。庭前更有松化石二枚,俨然虬鳞霜干也。” ⑧ 石篑先生:陶望龄,字周望,号石篑,又号歇庵,会稽人。明万历进士,授编修,与袁宏道友善,又以讲学名。 ⑨ 徐清之:徐泰,字清之,江苏苏州人,万历进士,官至太仆寺少卿,建留园。 ⑩ 乌程:今浙江吴兴。董氏:指董份,官至礼部尚书,为吴兴望族,与徐泰联姻。 ⑪ 延津剑:晋雷焕于江西丰城狱基掘得龙泉、太阿二剑,一自佩,一予张华。华诛,失剑所在。焕卒,其子持剑过延平津(在今河南),剑忽跃入水,但见二龙各长数丈而去。详见《晋书·张华传》。 ⑫ 吴无奇:字士奇,安徽歙县人。明万历进士,官至太常寺卿,因忤魏忠贤致仕归。

## 焦　山

仲叔守瓜州[①],余借住于园[②],无事辄登金山寺。风月清爽,二鼓,犹上妙高台[③],长江之险,遂同沟浍。

一日,放舟焦山,山更纡谲可喜[④]。江曲涡山下,水望澄明,渊无潜甲,海猪海马[⑤],投饭起食,驯扰若豢鱼。看水晶殿,寻瘗鹤铭[⑥],山无人杂,静若太古。回首瓜州烟火城中,真如隔世。

饱饭睡足,新浴而出,走拜焦处士祠[⑦]。见其轩冕黼黻,夫人列坐,陪臣四,女官四,羽葆云罕[⑧],俨然王者。盖土人奉为土谷,以王礼祀之。是犹以“杜十姨”配“伍髭须”[⑨],千古不能正其非也。处士有灵,不知走向何所?

① 仲叔:指张联芳,字尔葆,山阴人。官扬州司马。工画,精赏鉴,与李流芳,董其昌齐名。 瓜州:镇名。在今江苏省邗江县南部。因长江沙碛冲积而成,其状如瓜。 ② 于园:在瓜州江边。王士祯《瓜州于园二首》诗:"于家园子俛江滨,巧石回廊结构新。" ③ 妙高台:金山最高处名为妙高峰,宋代僧人了元在此建台,名妙高台,后为金山名胜之一。 ④ 纡谲:形容山势曲折怪异。 ⑤ 海猪:此指江豚。海马:海产小鱼,状如马头,故名。 ⑥ 驯扰:驯顺。《后汉书·蔡邕传》:"有兔驯扰其室旁。" 瘗鹤铭:南朝著名磨崖石刻,在今焦山上。⑦ 焦处士:即焦先,汉末高士,字孝然,河东(今属山西)人。汉末大乱,隐居山中,食草饮水,饿不苟食,寒不苟衣。后人将其隐居之山称为焦山。 ⑧ 羽葆:古时以鸟羽为饰的华盖,多指帝王仪仗。 云罕:旌旗的别名。《后汉书·舆服志》:"前驱有九斿云罕。" ⑨ "是犹"句:俞琰《席上腐谈》卷上:"温州有土地杜拾姨无夫,五撮须相公无妇。州人迎杜拾姨以配五撮须,合为一庙。杜十姨为谁?乃杜拾遗也。五撮须为谁?乃伍子胥也。"按:杜拾遗指杜甫,五撮须即伍髭须。

## 表胜庵

炉峰石屋[①],为一金和尚结茅守土之地,后住锡柯桥融光寺[②]。大父造表胜庵成[③],迎和尚还山住持,命余作启。启曰:"伏以丛林表胜,惭给孤之大地布金[④];天瓦安禅[⑤],冀宝掌自五天飞锡[⑥]。重来石塔,戒长老特为东坡[⑦];悬契松枝,万回师却逢西向[⑧]。去无作相,住亦随缘。伏惟九里山之精蓝,实是一金师之初地。偶听柯亭之竹笛[⑨]，留滞人间；久虚石屋之烟霞，应超尘外。譬之孤天之鹤，尚眷旧枝；想彼弥空之云，亦归故岫。况兹胜域，宜兆异人，了住山之夙因，立开堂之新范。护门容虎，洗钵归龙[⑩]。茗得先春，仍是寒泉风味；香来破腊，依然茅屋梅花。半月岩似与人猜[⑪]，请大师试为标指；一片石正堪对语[⑫]，听生公说到点头[⑬]。敬藉山灵，愿同石隐。倘静念结远公之社[⑭]，定不攒眉；若居心如康乐之流[⑮]，自难开口。立返山中之驾，看回湖上之船。仰望慈悲，俯从大众。”

① 炉峰：即香炉峰，绍兴会稽山支峰，形如香炉，故名。 ②住锡：僧人居住。 柯桥：在绍兴城西四十里。 融光寺：宋绍兴中僧智性创柯桥持待院，明正统十二年改称融光寺，俗称柯桥寺。 ③ 表胜庵：《越中园亭记》：“表胜，庵也，而列之园，则张肃之先生精舍在焉。山名九里，以越盛时笙歌闻于九里，故名。渡岭穿溪，至尽路穷，而庵始出。” ④ “惭给孤”句：相传释迦牟尼成道后，憍萨罗国给孤独长者，以重金购置波斯匿王太子祇陀的花园，建筑精舍，作为释迦说法的场所。祇陀太子仅出花园地面，而将园中花木奉献释迦，因以二人名字命名此精舍，称“祇树给孤独园”。又据《贤愚经》卷十载，太子言：“若能以黄金布地，令间无空者，便当相与。”善施(给孤独)闻之，心豁如也，即出藏金，随言布地。 ⑤ 天瓦：即天瓦山房，在表胜庵下，背负绝壁，楼台在丹崖青嶂间。见《越中园亭记》。 安禅：犹入定。佛教指僧人静坐敛心，摒除杂念，使心安定于一处。 ⑥ 宝掌：古印度名僧。 五天：古印度分东、南、西、北、中五部，故称五天或五天竺。 飞锡：指云游四方的僧徒，因其出行多执锡杖，故云。 ⑦ “戒长老”句：苏轼《重请戒长老住石塔疏》有云“众生各自开堂，何关石塔之事”，“念西湖之久别，本是偶然，为东坡而少留，无不可者”。戒长老，戒弼，宋高僧，博通佛儒，工诗善书。 ⑧ “万回师”句：此用唐万回视兄事。传说其兄久戍辽

阳(一说安西),母忧甚。万回朝往视之,暮持兄书而返。见《宋高僧传》卷十八。 悬契松枝,谓万回师契于兄弟情谊,如松长生长青。 万回,唐高僧,河南阌乡人。高宗时奉旨剃度。武后当国,召入内道场。中宗复位,封法云公。 ⑨ 柯亭:在柯桥,汉末大儒蔡邕避难于此,仰观椽竹,知有奇响,因取为笛,遂为宝器。 ⑩ 洗钵归龙:《晋书·僧涉传》:僧涉者,西域人也,不知何姓。"能以秘祝下神龙,每旱,坚常使之咒请雨。俄而龙下钵中,天辄大雨。" ⑪ 半月岩:又称半月泉,在山阴法华山天衣寺侧,泉隐岩下,虽月圆,池中只见其半,景色绝佳。宋绍兴初,僧法聪凿开岩石而成满月,人甚惜之。唐李绅《题天衣寺》:"殿涌全身塔,池开半月泉。" ⑫ 一片石:庾信从南朝初至北方,惟爱温子升所作《韩陵山寺碑》。南人问信北方文士何如,信曰:"惟有韩陵山一片石堪共语。"见张鹜《朝野佥载》卷六。 ⑬ 生公:即竺道生,晋末高僧,相传在苏州虎丘山讲经,石皆点头。 ⑭ 远公:慧远,晋高僧,在庐山建精舍,与僧俗百馀人结白莲社。 ⑮ 康乐:指谢灵运,陈郡阳夏(今河南太康)人。晋时袭封康乐公,又称谢康乐。入宋,累官太子左卫率、永嘉太守,好游山水,不理政务。

## 梅花书屋

陔萼楼后老屋倾圮①,余筑基四尺,造书屋一大间。旁广耳室如纱幮②,设卧榻。前后空地,后墙坛其趾,西瓜瓤大牡丹三株,花出墙上,岁满三百余朵。坛前西府二树,花时积三尺香雪。前四壁稍高,对面砌石台,插太湖石数峰。西溪梅骨古劲,滇茶数茎,妩媚其旁。梅根种西番莲,缠绕如缨络。窗外竹棚,密宝襄盖之③。阶下翠草深三尺,秋海棠疏疏杂入。前后明窗，宝襄西府，渐作绿暗。余坐卧其中，非高流佳客，不得辄入。慕倪迂“清闷”[④]，又以“云林秘阁”名之。

① 陔萼楼：张岱府邸楼名。　② 耳室：即耳房，堂屋两旁小屋，如人之两耳，故名。　③ 宝襄：或即“宝相”，蔷薇的一种，多瓣，花朵大，色彩鲜艳。　④ 倪迂：倪瓒，字元镇，号云林子，江苏无锡人。性好洁而迂僻，人称倪迂。元末画家。家有清闷阁，多藏法书名画。

## 不　二　斋

不二斋[①]，高梧三丈，翠樾千重。墙西稍空，蜡梅补之，但有绿天，暑气不到。后窗墙高于槛，方竹数竿，潇潇洒洒，郑子昭“满耳秋声”横披一幅[②]。天光下射，望空视之，晶沁如玻璃云母，坐者恒在清凉世界。图书四壁，充栋连床；鼎彝尊罍，不移而具。余于左设石床竹几，帷之纱幕，以障蚊虻；绿暗侵纱，照面成碧。

夏日，建兰、茉莉，芗泽侵人，沁人衣裾。重阳前后，移菊北窗下，菊盆五层，高下列之，颜色空明，天光晶映，如沈秋水。冬则梧叶落，蜡梅开，暖日晒窗，红炉毾㲪[③]；以昆石种水仙[④]，列阶趾。春时，四壁下皆山兰，槛前芍药半亩，多有异本。余解衣盘礴[⑤]，寒暑未尝轻出，思之如在隔世。

① 不二斋：张岱曾祖父在居室旁所建的讲学场所，传至张岱，曾加以更新。见《越中园亭记·不二斋》。　② 郑子昭：疑为盛子昭，元画

家,善画山水、人物、花鸟,见《图绘宝鉴》卷五。 ③ 氍毹:毛毯。 ④ 昆石:江苏昆山县马鞍山所产之石。其石以色白者为贵。 ⑤ 解衣盘礴:谓解开衣服,张开腿而坐。形容动作随便,不受拘束。《庄子·田子方》:"公使人视之,则解衣般礴赢。"司马云:"般礴,谓箕坐也。"

## 砂罐锡注

宜兴罐,以龚春为上①,时大彬次之②,陈用卿又次之③。锡注,以王元吉为上,归懋德次之④。夫砂罐,砂也;锡注,锡也。器方脱手,而一罐一注价五六金,则是砂与锡与价,其轻重正相等焉,岂非怪事!一砂罐,一锡注,直跻之商彝周鼎之列,而毫无惭色,则是其品地也。

① 龚春:即供春,明末著名制陶艺人。周高起《阳羡名壶系》:"供春,学宪吴颐山公青衣,颐山读书金沙寺中,供春于给役之暇,窃仿老僧心匠,亦陶细土抟胚,……世以其孙姓龚,亦书为龚春。" ② 时大彬:号少山。宜兴名陶,初仿供春,喜作大壶,复作小壶,尚朴稚,有闲远之意。 ③ 陈用卿:宜兴陶工,早年负力尚气,尝以事入狱,俗称陈三呆子,制陶式尚工致。 ④ 王元吉、归懋德:明末制作锡壶名家。张岱《夜航船》卷十二:"嘉兴锡壶:所制精工以黄元吉为上,归懋德次之。初年价钱极贵,后渐轻微。"

# 沈梅冈

沈梅冈先生忤相嵩[①],在狱十八年。读书之暇,旁攻艺匠,无斧锯,以片铁日夕磨之,遂铦利。得香楠尺许,琢为文具一、大匣三、小匣七、壁锁二;棕竹数片,为箑一[②],为骨十八[③]。以笋,以缝,以键。坚密肉好[④],巧匠谢不能事。

夫人丐先文恭志公墓[⑤],持以为贽。文恭拜受之,铭其匣曰:"十九年,中郎节[⑥];十八年,给谏匣[⑦]。节邪匣邪同一辙。"铭其箑曰:"塞外毡,饥可餐[⑧];狱中箑,尘莫干[⑨]。前苏后沈名班班。"梅冈制,文恭铭,徐文长书[⑩],张应尧镌[⑪],人称四绝,余珍藏之。

又闻其以粥炼土[⑫],凡数年,范为铜鼓者二[⑬],声闻里许,胜暹罗铜[⑭]。

① 沈梅冈:名沈束,字宗安,号梅冈,会稽人。明嘉靖进士。曾任徽州推官、礼科给事中,因忤严嵩,诏下狱,长达十八年。 相嵩:指奸相严嵩,字惟中,江西分宜人。明弘治进士。嘉靖时拜大学士,官至太子太师。与其子严世蕃狼狈为奸,陷害忠良。 ② 箑:扇子。 ③ 骨:扇骨。 ④ 肉好:器物外边和中孔。肉,圆形玉器的周边。好,圆形玉器中间的孔。 ⑤ 夫人:指沈束夫人张氏,曾上书请求代夫系狱,帝不许。 文恭:张元忭,字子荩,号阳和,山阴人,嘉靖进士,授翰林修撰,为张岱曾祖。 ⑥ 中郎:即中郎将,西汉时为统领皇帝侍卫的武官。此指苏武。 节:旄节,使者所持的信物。天汉元年,苏武奉汉武帝之命出使匈奴,被扣留十九年,"及还,须发尽白"。

⑦ 给谏：指给事中，六部皆设，掌稽察、弹劾，沈束为礼科给事中。⑧“塞外”二句：匈奴单于为胁迫苏武投降，将他囚禁于地窖，断绝饮食，“天雨雪，武卧啮雪，与旃毛并咽之，数日不死”。旃，同“毡”。⑨ 尘莫干：灰尘不能沾污。 ⑩ 徐文长：徐渭，字文长，明山阴人。著名文学家，与张元忭有交往。 ⑪ 张应尧：明篆刻家，事迹不详。⑫ 以粥炼土：用粘稠的米粥与泥土拌和。 ⑬ 范：按一定的模型制成某种器具。 ⑭ 暹罗：即今泰国。

## 岣嵝山房

岣嵝山房[①]，逼山、逼溪、逼韬光路[②]，故无径不梁，无屋不阁。门外苍松傲睨，蓊以杂木，冷绿万顷，人面俱失。石桥低磴，可坐十人。寺僧刳竹引泉，桥下交交牙牙，皆为竹节。天启甲子，余键户其中者七阅月，耳饱溪声，目饱清樾。山上下多西栗、边笋[③]，甘芳无比。邻人以山房为市，蓏果羽族日致之，而独无鱼。乃潴溪为壑，系巨鱼数十头。有客至，辄取鱼给鲜。日晡，必步冷泉亭、包园、飞来峰[④]。

一日，缘溪走看佛像，口口骂杨髡[⑤]。见一波斯坐龙象，蛮女四五献花果，皆裸形，勒石志之，乃真伽像也。余椎落其首，并碎诸蛮女，置溺溲处以报之。寺僧以余为椎佛也，咄咄作怪事，乃知为杨髡，皆欢喜赞叹。

① 岣嵝山房：在杭州灵隐韬光山下，明末李茇所建。 ② 韬光：庵名。在杭州灵隐附近的半山腰上，因唐韬光禅师居此而得名。③ 西栗：《杭州府志》卷七十八：“灵隐有西栗树，慧理自西竺携来种此，

实小而味美。” ④ 冷泉亭：在杭州飞来峰下，因亭曾在冷泉上，故名。 包园：明包涵所在飞来峰下所筑之园。 飞来峰：在杭州灵隐寺前，一名灵鹫峰，又名天竺山。相传灵隐寺开山祖慧理谓此山系自天竺飞来，因而得名。 ⑤ 杨髡：即杨琏真伽，元初蒙古僧人，总领江南佛教，大发南宋诸帝陵墓。

## 三世藏书

余家三世积书三万余卷。大父诏余曰："诸孙中惟尔好书，尔要看者，随意携去。"余简太仆、文恭[①]、大父丹铅所及，有手泽者存焉，汇以请。大父喜，命舁去，约二千余卷。天启乙丑，大父去世，余适往武林，父叔及诸弟、门客、匠指、臧获、巢婢辈乱取之[②]，三代遗书一日尽失。

余自垂髫聚书四十年，不下三万卷。乙酉避兵入剡[③]，略携数簏随行，而所存者，为方兵所据[④]，日裂以吹烟，并舁至江干，籍甲内，挡箭弹，四十年所积，亦一日尽失。此吾家书运，亦复谁尤！

余因叹古今藏书之富，无过隋唐。隋嘉则殿分三品，有红琉璃、绀琉璃、漆轴之异。殿垂锦幔，绕刻飞仙。帝幸书室，践暗机，则飞仙收幔而上，橱扉自启；帝出，闭如初。隋之书计三十七万卷。唐迁内库书于东宫丽正殿，置修文、著作两院学士，得通籍出入[⑤]。太府月给蜀都麻纸五千番[⑥]，季给上谷墨三百三十六丸[⑦]，岁给河间、景城、清河、博平四郡兔千五百皮为笔[⑧]，以甲、乙、丙、丁为次[⑨]。唐之书计二十万八千卷。我明中秘书,不可胜计,即《永乐大典》一书[10],亦堆积数库焉。余书直九牛一毛耳,何足数哉!

① 太仆:指作者高祖张天复,曾官甘肃道行太仆卿。 ② 臧获:古代对奴婢的贱称。 ③ 剡:剡溪,在浙江嵊县南。顺治二年(乙酉),作者避兵乱,入嵊县西白山中。 ④ 方兵:见卷一《越俗扫墓》注。 ⑤ 通籍:汉制,将记有姓名、年龄、身份等的竹片挂于宫门外,经核对,合者乃得入宫。籍,二尺竹牒。 ⑥ 太府:官名,掌贡赋货财。 蜀都:今四川成都。 ⑦ 上谷:郡名,治今河北易县。 ⑧ 河间:郡名,今属河北。 景城:县名,在今河北交河县东北。 清河:郡名,治今河北清河县东。 博平:郡名,治今山东聊城西北。 ⑨ "以甲乙"句:《夜航船》卷八:"玄宗两都各聚书四部,以甲乙丙丁为号;甲,经部,赤牙签;乙,史部,绿牙签;丙,子部,碧牙签;丁,集部,白牙签。" ⑩《永乐大典》:类书名,明成祖永乐元年敕解缙、姚广孝等编辑。

# 卷 三

## 丝　社

越中琴客不满五六人，经年不事操缦[①]，琴安得佳？余结丝社，月必三会之。有小檄曰："中郎音癖，《清溪弄》三载乃成[②]；贺令神交，《广陵散》千年不绝[③]。器由神以合道，人易学而难精。幸生岩壑之乡，共志丝桐之雅。清泉磐石，援琴歌《水仙》之操[④]，便足怡情；涧响松风，三者皆自然之声，正须类聚。偕我同志，爰立琴盟，约有常期，宁虚芳日。杂丝和竹，用以鼓吹清音；动操鸣弦，自令众山皆响。非关匣里，不在指头，东坡老方是解人[⑤]；但识琴中，无劳弦上，元亮辈正堪佳侣[⑥]。既调商角，翻信肉不如丝[⑦]；谐畅风神，雅羡心生于手。从容秘玩，莫令解秽于花奴[⑧]；抑按盘桓，敢谓倦生于古乐。共怜同调之友声，用振丝坛之盛举。"

① 操缦：调弦杂弄。　② "中郎"二句：据吴淑《事类赋》注引《琴纂》云：蔡邕曾入清溪访鬼谷先生，其所居山有五曲，皆有幽居灵迹。每一曲制一弄。东曲作《游春》，南曲作《渌水》，中曲作《幽居》，北曲作《坐愁》，西曲作《愁思》。三年曲成，出示马融、王允、董卓，皆异之。中郎：指蔡邕，汉初平元年(190)拜左中郎，世称蔡中郎。　③ "贺令"二句：《太平广记》卷三二四："会稽贺思令善弹琴，尝夜在月中坐，临风

抚奏。忽有一人,形器甚伟,著械有惨色。至其中庭,称善。便与共语,自云是嵇中散,谓贺云:‘卿下手极快,但于古法未合。’因授以《广陵散》,贺因得之,于今不绝。” 《广陵散》:琴曲名。三国魏嵇康官中散大夫,以善弹此曲著称。后被诬陷处死,临刑前索琴弹之,叹曰:“《广陵散》于今绝矣!” ④《水仙》之操:即《水仙操》,琴曲名。春秋时伯牙在海岛闻水声有感而作。事详《乐府题解》。 ⑤“非关”三句:苏轼《琴诗》:“若言琴上有琴声,放在匣中何不鸣。若言声在指头上,何不于君指上听。”此三句化用其诗。 ⑥“但识”三句:陶渊明,字元亮,东晋大诗人。渊明不解琴,而蓄素琴一张,弦徽不具,常抚摩之,曰:“但识琴中趣,何劳弦上声。”见《白氏六帖》。 ⑦肉:歌喉。 丝:弦乐器。昔人有“丝不如竹,竹不如肉”之语,见《晋书·孟嘉传》。竹,指管乐器。⑧花奴:唐汝阳王李琎的小名。琎善羯鼓,唐明皇不好琴,一弄未毕,以琴者出,谓内侍曰:“速令花奴羯鼓来,为我解秽。”事见《杨太真外传》。

## 南镇祈梦

万历壬子①,余年十六,祈梦于南镇梦神之前②,因作疏曰:“爰自混沌谱中③,别开天地;华胥国里④,早见春秋。梦两楹⑤,梦赤舄⑥,至人不无;梦蕉鹿⑦,梦轩冕⑧,痴人敢说。惟其无想无因,未尝梦乘车入鼠穴,捣齑啖铁杵⑨;非其先知先觉,何以将得位梦棺器,得财梦秽矢⑩。正在恍惚之交,俨若神明之赐?某也躨跜偃潴,轩翥樊笼⑪,顾影自怜,将谁以告?为人所玩,吾何以堪!一鸣惊人,赤壁鹤耶⑫?局促辕下,南柯蚁耶⑬?得时则驾,渭水熊耶⑭?半榻蘧除⑮,漆园蝶耶⑯?神其诏我,或寝或吪⑰;我得先知,何从何去。择此一阳之始⑱,以祈六梦之正[19]。功名志急，欲搔首而问天；祈祷心坚，故举头以抢地。轩辕氏圆梦鼎湖[20]，已知一字而有一验；李卫公上书西岳[21]，可云三问而三不灵。肃此以闻，惟神垂鉴。”

① 万历壬子：明神宗四十年(1612)。 ② 南镇：五岳之外五座镇山之一，即绍兴会稽山，山下有祠庙，称南镇庙，自秦汉以来祭祀惟谨。 ③ 混沌谱：相传有一客往华山访仙人陈抟，值其睡，旁有一仙人谛听其声息，则以墨笔乌涂于纸，如是数次，乌涂莫辨。客怪而请问之，仙人曰：“彼先生华胥调，此混沌谱也。”详《仙鉴》卷四十七。混沌、华胥，皆指梦境。 ④ 华胥国：相传黄帝昼寝而梦，游于华胥氏之国。详《列子·黄帝》。 ⑤ 梦两楹：孔子梦坐奠于两楹之间，料想自己将不久于人世。见《礼记·檀弓上》。按，殷制，人死后，灵柩停于两楹之间，孔子为殷人后代，所以梦见两楹，便知自己快要死了。两楹，指殿堂的中央。 ⑥ 梦赤舄：秦始皇东巡至海，闻千岁翁安期生之名，请见与语三日三夜，临别赐给金壁数千万，安期生将宝物悉数弃置在阜乡驿亭内，留书以赤玉舄一双为报，飘然而往蓬莱仙境。见《列仙传》卷上。 赤舄，古代帝王贵族所穿的礼鞋。 ⑦ 梦蕉鹿：指梦见获财之事。《列子·周穆王》：“郑人有薪于野者，遇骇鹿，御而击之，毙之。恐人见之也，遽而藏诸隍中，覆之以蕉，不胜其喜。俄而遗其所藏之处，遂以为梦焉。” ⑧ 梦轩冕：指梦见做官。 轩冕，轩车和冕服，古时卿大夫所用。《庄子·缮性》：“古之所谓得志者，非轩冕之谓也。” ⑨ “惟其”三句：卫玠总角时，问乐令梦，乐云：“是想。”卫曰：“形神所不接而梦，岂是想邪？”乐云：“因也。未尝梦乘车入鼠穴，捣齑啖铁杵，皆无想无因故也。”见《世说新语·文学》。 ⑩ “何以”二句：人有问殷中军：“何以将得位而梦棺器，将得财而梦矢秽？”殷曰：“官本是臭腐，所以将得而梦棺尸；财本是粪土，所以将得而梦秽汙。”见《世说新语·文学》。 ⑪ “蹽跜”二句：表示陷入困境。蹽跜，盘曲蠕动貌。偃潴，陂池。 ⑫ 赤壁鹤：苏轼夜游赤壁，见有孤鹤横江东来，掠舟而西，寝梦二道士羽衣蹁跹。见其

《后赤壁赋》。 ⑬ 南柯蚁：形容富贵得失无常，见《陶庵梦忆·序》注。 ⑭ 渭水熊：指姜太公吕尚。此用吕尚垂钓于渭水之阳，遇文王立为师事。见《史记·齐太公世家》。 ⑮ 蘧除：即“蘧蒢”，粗竹席。 ⑯ 漆园蝶：用庄子梦蝶事，见《庄子·齐物论》。 ⑰ 或寝或吪：语出《诗·小雅·无羊》。吪又作“讹”，动。 ⑱ 一阳：指冬至，是日阳气初升。 ⑲ 六梦：指正梦、噩梦、思梦、寤梦、喜梦、惧梦。见《周礼·春官·占梦》。正梦，无所感动，平安自梦。 ⑳ “轩辕”句：传说黄帝采首山铜，铸鼎于荆山下。鼎成，乘龙上天，因名其处曰鼎湖。见《史记·封禅书》。 ㉑ 李卫公：李靖，陕西三原人，唐贞观中出将入相，封卫国公。其《上西岳书》载于《全唐文》。

# 禊　泉

惠山泉不渡钱塘[①]，西兴脚子挑水过江[②]，喃喃作怪事。有缙绅先生造大父，饮茗大佳，问曰：“何地水？”大父曰：“惠泉水。”缙绅先生顾其价曰[③]：“我家逼近卫前[④]，而不知打水吃，切记之。”董日铸先生常曰[⑤]：“浓、热、满三字尽茶理，陆羽《经》可烧也[⑥]。”两先生之言，足见绍兴人之村之朴。

余不能饮潟卤[⑦]，又无力递惠山水。甲寅夏[⑧]，过斑竹庵[⑨]。取水啜之，磷磷有圭角[⑩]，异之。走看其色，如秋月霜空。噗天为白；又如轻岚出岫，缭松迷石，淡淡欲散。余仓卒见井口有字划，用帚刷之，“禊泉”字出，书法大似右军[⑪]，益异之。试茶，茶香发。新汲少有石腥，宿三日气方尽[⑫]。辨禊泉者无他法，取水入口，第挢舌舐腭，过颊即空，若无水可咽者，是为禊泉。好事者信之。汲日至，或取以酿酒，或开禊泉茶馆,或瓮而卖,及馈送有司。董方伯守越[13],饮其水,甘之,恐不给,封锁禊泉,禊泉名日益重。会稽陶溪[14],萧山北幹[15],杭州虎跑[16],皆非其伍,惠山差堪伯仲。在蠡城,惠泉亦劳而微热[17],此方鲜磊,亦胜一筹矣。长年卤莽,水递不至其地,易他水,余笞之,詈同伴,谓发其私。及余辨是某地某井水,方信服。昔人水辨淄、渑[18],侈为异事。诸水到口,实实易辨,何待易牙?余友赵介臣亦不余信,同事久,别余去,曰:"家下水实进口不得,须还我口去。"

① 惠山泉:在江苏无锡惠山山麓,一称陆子泉,以陆羽品题而得名,品为天下第二。 ② 西兴:见《陶庵梦忆·序》注。 ③ 价:随从仆人。 ④ 卫:明代军队编制名。绍兴府设三卫,即绍兴卫、临山卫、观海卫。绍兴方言"惠泉"与"卫前"音近,"缙绅先生"不知惠泉,讹称卫前。 ⑤ 董日铸:即董懋策,字揆仲,号日铸,会稽人。精《易》学,讲学蕺山,从游者数百人,与张岱祖父张汝霖友善。 ⑥ 陆羽:字鸿渐,竟陵(今湖北天门)人。唐代著名茶道家,人称"茶圣",著有《茶经》。 ⑦ 潟卤:通潮夕的近海盐碱地水源。田艺蘅《煮泉小品》:"潮汐近地必无佳泉,盖斥卤诱之也。" ⑧ 甲寅:万历四十二年(1614)。 ⑨ 斑竹庵:在山阴城南二十里娄公埠下。 ⑩ "磷磷"句:谓水性重厚,味清冽,如带棱角。 ⑪ 右军:晋大书法家王羲之曾官右军将军,人称王右军。 ⑫ "新汲"二句:谓置石瓶中,令水不浊,去土石腥味。黄庭坚《咏慧山泉》诗:"锡谷寒泉椭石俱。" ⑬ 董方伯:未详。方伯,布政使。 ⑭ 陶溪:浙江绍兴陶晏岭溪名。 ⑮ 北幹:萧山县北一里有北幹山,山麓有幹泉。 ⑯ 虎跑:在杭州西湖西南隅大慈山下,有泉甘冽,称天下第三泉。 ⑰ 蠡城:春秋时越国都城,传为范蠡所筑,故称,又代指绍兴。 惠泉:绍兴城东南七十八里有太平山,山有二泉如带,大旱不涸,此即惠泉,与无锡惠泉同名异地。

⑱“昔人”句：据《淮南子·道应训》载：白公问孔子：“若以水投水，何如?”孔子回答说：“淄、渑之水合，易牙尝而知之。”淄、渑，古水名，在今山东省境内。

## 兰雪茶

日铸者[①]，越王铸剑地也。茶味棱棱[②]，有金石之气。欧阳永叔曰[③]：“两浙之茶，日铸第一。”王龟龄曰[④]：“龙山瑞草，日铸雪芽[⑤]。”日铸名起此。京师茶客，有茶则至，意不在雪芽也。而雪芽利之，一如京茶式，不敢独异。

三峨叔知松萝焙法[⑥]，取瑞草试之，香扑冽。余曰：“瑞草固佳，汉武帝食露盘[⑦]，无补多欲；日铸茶薮，‘牛虽瘠，偾于豚上’也[⑧]。”遂募歙人入日铸，扚法、掐法、挪法、撒法、扇法、炒法、焙法、藏法，一如松萝。他泉瀹之，香气不出，煮禊泉[⑨]，投以小罐，则香太浓郁。杂入茉莉，再三较量，用敞口瓷瓯淡放之，候其冷，以旋滚汤冲泻之。色如竹箨方解，绿粉初匀，又如山窗初曙，透纸黎光。取清妃白[⑩]，倾向素瓷，真如百茎素兰同雪涛并泻也。雪芽得其色矣，未得其气，余戏呼之“兰雪”。

四五年后，兰雪茶一哄如市焉。越之好事者，不食松萝，止食兰雪。兰雪则食，以松萝而纂兰雪者亦食[⑪]。盖松萝贬声价俯就兰雪，从俗也。乃近日徽歙间松萝亦名兰雪[⑫]，向以松萝名者，封面系换，则又奇矣。

① 日铸：即日铸岭，在绍兴东南五十五里，相传欧冶子为越王勾践铸剑之地，出产双芽茶。 ② 棱棱：形容茶叶重浊不滑。 ③ 欧

阳永叔：欧阳修，字永叔，北宋文学家。其《归田录》云："草茶盛于两浙，两浙之品，日注第一。"日注，即日铸。 ④ 王龟龄：王十朋，字龟龄，号梅溪，温州乐清人，南宋初廷试第一，官至龙图阁学士。 ⑤ "龙山"二句：见王十朋《会稽风俗赋》。原文作"日铸雪芽，卧龙瑞草"。雪芽，一称双芽，茶名。卧龙，即卧龙山，昔人云"卧龙茶冠吴越"。瑞草，茶名。 ⑥ 三峨：张炳芳，号三峨，作者三叔。 松萝：茶名，产于安徽歙县松罗山。 ⑦ 露盘：汉武帝于宫中建铜柱，以仙人掌承露，和玉屑饮之，以求长生。 ⑧ "牛虽"句：《左传·昭公十三年》："牛虽瘠，偾于豚上，其畏不死？"言以瘠牛仆于小猪之上，牛不畏猪之不死。此谓以日铸取代瑞草。 ⑨ 禊泉：参见本卷《禊泉》一文。 ⑩ 取清妃白：又作"取青媲白"。妃、媲，匹配。 ⑪ 纂：掺杂。 ⑫ 徽歙：徽州歙县，今属安徽。

# 白 洋 潮

故事，三江看潮[①]，实无潮看。午后喧传曰："今年暗涨潮。"岁岁如之。戊寅八月[②]，吊朱恒岳少师[③]，至白洋[④]，陈章侯、祁世培同席[⑤]。

海塘上呼看潮，余遄往，章侯、世培踵至。立塘上，见潮头一线，从海宁而来，直奔塘上。稍近，则隐隐露白，如驱千百群小鹅，擘翼惊飞。渐近喷沫，冰花蹴起，如百万雪狮蔽江而下，怒雷鞭之，万首镞镞，无敢后先。再近，则飓风逼之，势欲拍岸而上。看者辟易，走避塘下。潮到塘，尽力一礴，水击射，溅起数丈，著面皆湿，旋卷而右，龟山一挡[⑥]，轰怒非常，砲碎龙湫，半空雪舞。看之惊眩，坐半日，颜始定。

先辈言：浙江潮头自龛、赭两山漱激而起⑦。白洋在两山外，潮头更大，何耶？

① 三江：镇名，在绍兴市东北四十里浮山北麓，与三江所城南北对峙，为东海门户。 ② 戊寅：明崇祯十一年(1638)。 ③ 朱恒岳：朱燮元，字懋和，号恒岳，山阴人，明万历进士，曾任兵部尚书，以功进少师。卒于崇祯十一年(1638)。 ④ 白洋：山名，在绍兴市西北，滨海，明清时缘山筑城，设有白洋巡检司。 ⑤ 陈章侯：陈洪绶，字章侯，号老莲，浙江诸暨人。明末著名画家，作者仲叔张联芳之婿。 祁世培：见卷一《木犹龙》注。 ⑥ 龟山：又名乌凤山。《绍兴府志》："乌凤山，在府城西北五十里，滨于海，有洞出乌风。一名龟山，当潮生时，远望之，宛然如龟山出没水中。" ⑦ 龛、赭两山：龛山在萧山县东南，赭山在海宁县西南。二山相对，扼钱塘江入海口，谓之海门。后江流改道，赭山在江南，今已属萧山县境。

# 阳和泉

禊泉出城中，水递者日至。臧获到庵借炊，索薪、索菜、索米，后索酒、索肉；无酒肉，辄挥老拳。僧苦之，无计脱此苦，乃罪泉，投之刍秽。不已，乃决沟水败泉，泉大坏。张子知之，至禊泉，命长年浚之。及半，见竹管积其下，皆黧胀作气；竹尽，见刍秽，又作奇臭。张子淘洗数次，俟泉至，泉实不坏，又甘洌。张子去，僧又坏之。不旋踵，至再、至三，卒不能救，禊泉竟坏矣。是时，食之而知其坏者半，食之不知其坏、而仍食之者半，食之知其坏而无泉可食、不得已而仍食之者半。

壬申，有称阳和岭玉带泉者①，张子试之，空灵不及禊而清洌过之。特以玉带名不雅驯，张子谓：阳和岭实为余家祖墓，诞生我文恭②，遗风余烈，与山水俱长。昔孤山泉出③，东坡名之"六一泉"④；今此泉名之"阳和"，至当不易。盖生岭、生泉，俱在生文恭之前，不待文恭而天固已阳和之矣，夫复何疑！土人有好事者，恐玉带失其姓，遂勒石署之。且曰："自张志'禊泉'而'禊泉'为张氏有，今琶山是其祖垄⑤，擅之益易。立石署之，惧其夺也。"时有传其语者，阳和泉之名益著。铭曰："有山如砺，有泉如砥；太史遗烈⑥，落落磊磊。孤屿溢流，'六一'擅之。千年巴蜀⑦，实繁其齿；但言眉山⑧，自属苏氏。"

① 阳和岭：在绍兴城南五里琵琶山（俗名杷山），有泉名玉带。 ② 文恭：指作者曾祖元忭（谥文恭），号阳和。 ③ 孤山：在杭州西湖。 ④ 六一泉：在杭州孤山之南，欧阳修号六一居士，苏轼为纪念欧公，故名"六一泉"。事详《西湖梦寻》卷三《六一泉》。 ⑤ 琶山：即绍兴琵琶山。 ⑥ 太史：指张元忭，曾仕修撰、翰林院侍读，故称。 ⑦ 巴蜀：张氏祖籍为四川绵阳。 ⑧ 眉山：北宋苏洵及其子苏轼、苏辙家乡。

## 闵老子茶

周墨农向余道闵汶水茶不置口。戊寅九月①，至留都②，抵岸，即访闵汶水于桃叶渡③。日晡，汶水他出，迟其归，乃婆娑一老。方叙话，遽起曰："杖忘某所。"又去。余曰："今日岂可空去?”迟之又久,汶水返,更定矣。睨余曰:“客尚在耶!客在奚为者?”余曰:“慕汶老久,今日不畅饮汶老茶,决不去!”汶水喜,自起当垆。茶旋煮,速如风雨。

导至一室,明窗净几,荆溪壶④、成宣窑磁瓯十馀种⑤,皆精绝。灯下视茶色,与磁瓯无别,而香气逼人,余叫绝。余问汶水曰:“此茶何产?”汶水曰:“阆苑茶也⑥。”余再啜之,曰:“莫绐余。是阆苑制法,而味不似。”汶水匿笑曰:“客知是何产?”余再啜之,曰:“何其似罗岕甚也⑦?”汶水吐舌曰:“奇!奇!”余问:“水何水?”曰“惠泉”。余又曰:“莫绐余!惠泉走千里,水劳而圭角不动⑧,何也?”汶水曰:“不复敢隐。其取惠水,必淘井,静夜候新泉至,旋汲之。山石磊磊,藉瓮底⑨,舟非风则勿行。故水之生磊,即寻常惠水犹逊一头地,况他水耶?”又吐舌曰:“奇!奇!”言未毕,汶水去。少顷,持一壶,满斟余曰:“客啜此。”余曰:“香扑烈,味甚浑厚,此春茶耶?向瀹者的是秋采。”汶水大笑曰:“予年七十,精赏鉴者,无客比!”遂定交。

① 戊寅:明崇祯十一年(1638)。 ② 留都:明太祖建都金陵(今南京),永乐时迁都北京,则金陵为留都。 ③ 桃叶渡:南京渡口名,在秦淮河与青溪合流处,以晋王羲之爱妾桃叶而得名。 ④ 荆溪:水名,在江苏宜兴南,亦借指宜兴。有陶都之称。 ⑤ 成宣:明成化、宣德两朝。 ⑥ 阆苑:仙人所居。此处或指苏州天池山,产名茶。《茶笺》:“天池青翠芳馨,可称仙品。” ⑦ 罗岕:浙江长兴、江苏宜兴一带所产之茶。 ⑧ “水劳”句:谓水从远道取来,而味犹生鲜清冽。圭角,见本卷《禊泉》注。 ⑨ “山石”二句:谓以石养水,水能保持原味。屠隆《考槃余事》:“取白石子入瓮中,能养其味,亦可澄水不淆。”并参《禊泉》“新汲”注。

# 龙 喷 池

卧龙骧首于耶溪①,大池百仞出其颔下。六十年内,陵谷迁徙②,水道分裂。

崇祯己卯③,余请太守檄,捐金纠众④,畚锸千人,毁屋三十馀间,开土壤二十馀亩,辟除瓦砾刍秽千有馀艘,伏道蜿蜒⑤,偃潴澄靛,克还旧观。昔之日不通线道者,今可肆行舟楫矣。

喜而铭之。铭曰:"蹴醒骊龙,如寐斯揭。不避逆鳞⑥,扶其鲠噎。潴蓄澄泓,煦湿濡沫⑦。夜静水寒,颔珠如月⑧。风雷逼之,扬鬐鼓鬣。"

① 卧龙:即卧龙山。 骧首:昂首。 耶溪:即若耶溪,在绍兴城南二十里,北流入镜湖,相传为西施浣纱处。 ② 陵谷迁徙:谓山河变迁,出现灾异。《诗·小雅·十月之交》:"高岸为谷,深谷为陵。" ③ 己卯:明崇祯十二年(1639)。 ④ 纠:告。 ⑤ 伏道:即河道。伏通"覆",偃伏。 ⑥ 逆鳞:传说龙喉下有倒鳞,若人有触之者,必杀人。 ⑦ 煦湿濡沫:谓水干涸后鱼吐沫互相湿润。《庄子·大宗师》:"泉涸,鱼相与处于陆,相呴以湿,相濡以沫,不知相忘于江湖。"呴,通"煦"。 ⑧ 颔珠:传说骊龙颔下有宝珠。《庄子·列御寇》:"千金之珠,必在九重之渊,而骊龙颔下。"

# 朱文懿家桂

桂以香山名[①]，然覆墓木耳，北邙萧然[②]，不堪久立。单醪河钱氏二桂[③]，老而秃。独朱文懿公宅后一桂[④]，干大如斗，枝叶溟蒙，樾荫亩许，下可坐客三四十席。不亭，不屋，不台，不栏，不砌，弃之篱落间。花时，不许人入看，而主人亦禁足勿之往，听其自开自谢已耳。

樗栎以不材终其天年[⑤]，其得力全在弃也。百岁老人，多出蓬户，子孙第厌其癃瘇耳[⑥]，何足称瑞？

① 香山：绍兴山名，其地产桂。《绍兴府志》卷三："香山，在鹿池山东，木犀甚繁华。"鹿池山在鉴湖附近。木犀，桂树别名。　② 北邙：山名，在河南洛阳北，东汉及魏王侯公卿多葬于此。后泛称墓地。

③ 单醪河：即箪醪河、劳师泽，在绍兴城内。　④ 朱文懿宅：即朱赓宅第。《越中园亭记》："秋水园，在朱文懿公居第后，凿池园中，翔鸿阁迥立其上，有'水天一色'扁，神庙御笔也。公未拜麻时，常游泳于此。旁有桂树，大数围，荫一亩馀。"　⑤ "樗栎"二句：此处用《庄子·人间世》篇中的故实。庄子曾将栎树比作无用之木，视其为"散木也，以为舟则沉，以为棺椁则速腐，以为器则速毁，以为门户则液樠，以为柱则蠹。是不材之木也，无所可用，故能若是之寿。"　⑥ 癃瘇：意同"龙钟"，衰老疲惫的样子。

# 逍遥楼

滇茶故不易得，亦未有老其材八十余年者。朱文懿公逍遥楼滇茶[1]，为陈海樵先生手植[2]，扶疏蓊翳，老而愈茂。诸文孙恐其力不胜葩，岁删其萼盈斛，然所遗落枝头，犹自燔山熠谷焉。文懿公，张无垢后身[3]。无垢降乩与文懿，谈宿世因甚悉，约公某日面晤于逍遥楼。公伫立久之，有老人至，剧谈良久，公殊不为意。但与公言："柯亭绿竹庵梁上[4]，有残经一卷，可了之。"寻别去，公始悟老人为无垢。次日，走绿竹庵，简梁上，有《维摩经》一部，缮写精良，后二卷未竟，盖无垢笔也。公取而续书之，如出一手。

先君言，乩仙供余家寿芝楼，悬笔挂壁间，有事辄自动，扶下书之，有奇验。娠祈子，病祈药，赐丹，诏取某处，立应。先君祈嗣，诏取丹于某簏临川笔内[5]，簏失钥闭久，先君简视之，镄自出觚管中，有金丹一粒，先宜人吞之[6]，即娠余。朱文懿公有姬媵，陈夫人狮子吼[7]，公苦之。祷于仙，求化妒丹。乩书曰："难，难！丹在公枕内。"取以进夫人，夫人服之，语人曰："老头子有仙丹，不饷诸婢，而余是饷，尚昵余。"与公相好如初。

① 逍遥楼：在绍兴城怪山（又名龟山、塔山、宝林山、东武山）下，朱赓所建，兀然高峙，接阜陵山，而规制古朴。 ② 陈海樵：陈鹤，字鸣轩，一字九皋，号海樵，山阴人。嘉靖四年举人，未仕，居家三十年，为诗

文词赋，工画，水墨花草，最为超绝。　③ 张无垢：张九成，字子韶，号无垢居士，浙江钱塘人。南宋绍兴二年，廷对第一，授礼部侍郎。　④ 柯亭：见卷二《表胜庵》注。　⑤ 临川笔：王羲之笔墨。羲之曾为临川内史。王勃《滕王阁序》："邺水朱华，光照临川之笔。"　⑥ 先宜人：作者生母陶氏。　⑦ 陈夫人：海樵山人陈鹤之女，封一品夫人。见邹元标《朱公赓行状》。　狮子吼：喻指妻子悍妒发怒。苏轼《寄吴德仁兼简陈季常》诗："忽闻河东狮子吼，拄杖落手心茫然。"

## 天镜园

天镜园浴凫堂①，高槐深竹，樾暗千层。坐对兰荡，一泓漾之，水木明瑟，鱼鸟藻荇，类若乘空。余读书其中，扑面临头，受用一绿，幽窗开卷，字俱碧鲜。

每岁春老，破塘笋必道此②。轻舠飞出，牙人择顶大笋一株掷水面③，呼园中人曰："捞笋！"鼓枻飞去。园丁划小舟拾之，形如象牙，白如雪，嫩如花藕，甜如蔗霜。煮食之，无可名言，但有惭愧。

① 天镜园：绍兴张氏园林。《越中园亭记》："出南门里许，为兰荡，水天一碧。游人乘小艇过之，得天镜园。园之胜以水，而不尽于水也。远山入座，奇石当门，为堂为亭，为台为沼。每转一境界，辄自有丘壑，斗胜簇奇，游人往往迷所入。"　② 破塘：绍兴西郊村落名，以产竹笋著称。　③ 牙人：买卖中间人，此处指贩笋者。

# 包涵所

西湖之船有楼，实包副使涵所创为之[①]。大小三号：头号置歌筵、储歌童；次载书画；再次偫美人[②]。涵老声伎非侍妾比，仿石季伦、宋子京家法[③]，都令见客，常靓妆走马，媻姗勃窣，穿柳过之，以为笑乐。明槛绮疏，曼讴其下，擫籥弹筝，声如莺试。客至，则歌童演剧，队舞鼓吹，无不绝伦。乘兴一出，住必浃旬，观者相逐，问其所止。

南园在雷峰塔下[④]，北园在飞来峰下[⑤]。两地皆石薮，积牒磊砢[⑥]，无非奇峭，但亦借作溪涧桥梁，不于山上叠山，大有文理。大厅以拱斗抬梁，偷其中间四柱，队舞狮子甚畅。

北园作八卦房，园亭如规，分作八格，形如扇面。当其狭处，横亘一床，帐前后开合，下里帐则床向外，下外帐则床向内。涵老居其中，扃上开明窗，焚香倚枕，则八床面面皆出。穷奢极欲，老于西湖者二十年。金谷、郿坞[⑦]，着一寒俭不得，索性繁华到底，亦杭州人所谓"左右是左右"也。

西湖大家，何所不有！西子有时亦贮金屋[⑧]。咄咄书空[⑨]，则穷措大耳[⑩]。

① 包涵所：即包应登，字涵所，钱塘（今浙江杭州）人。万历进士，官福建提学副使，后归卧西湖，以声色自娱，与作者祖父张汝霖友善。
② 偫（zhì 志）：储。 ③ 石季伦：晋石崇字季伦，官荆州刺史，为南方巨富。身边常有十馀婢侍列，邀客宴集，命美人行酒。 宋子京：宋祁

字子京，北宋天圣初进士。家蓄声伎，客至，令出见。 ④ 雷峰塔：在杭州西湖南岸夕照山的雷峰上，吴越王钱俶为王妃黄氏而建，今已倒塌。 ⑤ 飞来峰：一名灵鹫峰，在杭州灵隐寺前，岩石突兀，古木参天，洞壁遍布五代、宋、元石刻造像。 ⑥ 积牒：重叠。《淮南子·本经训》："积牒旋石。"牒，同"叠"。 ⑦ 金谷：别墅名，在洛阳郊外，石崇所建。 郿坞：汉末董卓所筑城堡，故城在今陕西眉县东北，号称"万岁坞"。坞中粮谷金银、珍宝奇玩无数，积如山丘。 ⑧ 西子：指西湖。 贮金屋：汉武帝幼时，喜姑母女阿娇，云："若得阿娇作妇，当作金屋贮之也。"事见《汉武故事》。 ⑨ 咄咄书空：晋代人殷浩率军北征，败归，黜为民，终日以指向空作"咄咄怪事"四字。 咄咄，惊叹声。事见《世说新语·黜免》。 ⑩ 穷措大：旧时对迂腐贫穷书生的讥称。

## 斗 鸡 社

天启壬戌间好斗鸡①，设斗鸡社于龙山下，仿王勃《斗鸡檄》②，檄同社。仲叔、秦一生日携古董、书画、文锦、川扇等物与余博③，余鸡屡胜之。仲叔忿懑，金其距，介其羽④，凡足以助其膈膊敪咮者⑤，无遗策。人有言徐州武阳侯樊哙子孙⑥，斗鸡雄天下，长颈乌喙，能于高桌上啄粟。仲叔心动，密遣使访之，又不得，益忿懑。一日，余阅稗史⑦，有言唐玄宗以酉年酉月生，好斗鸡而亡其国。余亦酉年酉月生，遂止。

① 天启壬戌：明熹宗二年(1622)。 ② 王勃：字子安，绛州龙门(今山西河津)人，"初唐四杰"之一。据《唐书·王勃传》载，时诸王好斗

鸡，勃戏为文《檄英王鸡》，因遭高宗斥逐。《斗鸡檄》不见于《王子安集》。 ③ 仲叔：见卷二《焦山》注。秦一生：见卷一《天砚》注。 ④ “金其距”二句：意谓给鸡爪套上金属爪子，给鸡翅洒上芥粉。《左传·昭公二十五年》：“季、郈之鸡斗，季氏介其鸡，郈氏为之金距。”刘孝威《斗鸡篇》：“翅中含芥粉，距外耀金芒。” ⑤ 膈膊：奋翅鼓翼之声。 蹻咮：张喙鸣叫。 ⑥ 樊哙：汉初功臣，江苏沛县人，少以屠狗为业，后随刘邦起义，以军功封舞阳侯。 ⑦ 稗史：指唐传奇《东城老父传》之类。

## 栖　　霞

戊寅冬[①]，余携竹兜一、苍头一，游栖霞[②]，三宿之。山上下左右鳞次而栉比之，岩石颇佳，尽刻佛像，与杭州飞来峰同受黥劓，是大可恨事。山顶怪石巉岏，灌木苍郁，有颠僧住之。与余谈，荒诞有奇理，惜不得穷诘之。日晡，上摄山顶观霞，非复霞理，余坐石上痴对。复走庵后，看长江帆影，老鹳河、黄天荡[③]，条条出麓下，悄然有山河辽廓之感。一客盘礴余前，熟视余，余晋与揖，问之，为萧伯玉先生[④]，因坐与剧谈，庵僧设茶供。伯玉问及补陀[⑤]，余适以是年朝海归，谈之甚悉。《补陀志》方成[⑥]，在箧底，出示伯玉，伯玉大喜，为余作叙。取火下山，拉与同寓宿，夜长，无不谈之，伯玉强余再留一宿。

① 戊寅：明崇祯十一年(1638)。 ② 栖霞：山名，一名摄山，在江苏南京东北约二十公里，有栖霞寺、千佛岩、舍利塔、无量殿诸名胜。 ③老鹳河，又名鹳水，在江苏淮安西。五代周显德五年用兵南唐，欲引战船自淮入江，今堙废。 黄天荡：南京东北长江下游的一段，古时江面

辽阔，为南北险渡。 ④ 萧伯玉：萧士玮，字伯玉，江西泰和人。天启进士。福王时授光禄少卿，拜太常卿，移疾归。 ⑤ 补陀：同“普陀”，指浙江普陀山。 ⑥《补陀志》：即张岱所撰《海志》，载于《琅嬛文集》。

## 湖心亭看雪

崇祯五年十二月[①]，余住西湖，大雪三日，湖中人鸟声俱绝。是日更定矣[②]，余拏一小舟[③]，拥毳衣炉火，独往湖心亭看雪。雾凇沆砀[④]，天与云与山与水，上下一白，湖上影子，惟长堤一痕，湖心亭一点，与余舟一芥，舟中人两三粒而已。

到亭上，有两人铺毡对坐，一童子烧酒炉正沸。见余大喜，曰：“湖中焉得更有此人！”拉余同饮，余强饮三大白而别[⑤]。问其姓氏，是金陵人，客此。及下船，舟子喃喃曰：“莫说相公痴，更有痴似相公者！”

① 崇祯五年：公元1632年。 ② 更定：初更开始，晚上八时许。 ③ 拏：牵引，此指驾舟。 ④ 雾凇：冬日雾气凝于树上，因冻结成的微粒。 沆砀：空中白气。 ⑤ 大白：大酒杯。

## 陈章侯

崇祯己卯八月十三[①]，侍南华老人饮湖舫[②]，先月早归。

章侯怅怅向余曰[3]:“如此好月,拥被卧耶?”余敕苍头携家酿斗许,呼一小划船再到断桥,章侯独饮,不觉沾醉。过玉莲亭[4],丁叔潜呼舟北岸[5],出塘栖蜜桔相饷[6],畅啖之。章侯方卧船上嚎嚣。岸上有女郎,命童子致意云:“相公船肯载我女郎至一桥否[7]?”余许之。女郎欣然下,轻纨淡弱,婉嫕可人[8]。章侯被酒挑之曰:“女郎侠如张一妹,能同虬髯客饮否[9]?”女郎欣然就饮。移舟至一桥,漏二下矣,竟倾家酿而去。问其住处,笑而不答。章侯欲蹑之,见其过岳王坟,不能追也。

① 己卯:明崇祯十二年(1639)。 ② 南华老人:即张汝霖之弟张汝懋、作者称为季祖者。汝懋,万历四十一年(1613)进士,任休宁令,有惠政,官至大理寺丞,以忤阉党,坐徒三年,纳赎为民。 ③ 章侯:陈章侯,见本卷《白洋潮》注。 ④ 玉莲亭:在杭州西湖,杭民为纪念太守白居易而建,湖中多种青莲。 ⑤ 丁叔潜:未详。 ⑥ 塘栖:镇名,属浙江余杭。 ⑦ 一桥:苏堤有六桥,一桥指跨虹桥。 ⑧ 婉嫕:仪态柔美。 ⑨ “女郎”二句:张一妹、虬髯客:唐传奇小说《虬髯客》中人物。

# 卷 四

## 不 系 园

甲戌十月[1]，携楚生住不系园看红叶[2]。至定香桥[3]，客不期而至者八人：南京曾波臣[4]，东阳赵纯卿，金坛彭天锡[5]，诸暨陈章侯，杭州杨与民、陆九、罗三，女伶陈素芝。余留饮。章侯携缣素为纯卿画古佛，波臣为纯卿写照，杨与民弹三弦子，罗三唱曲，陆九吹箫。与民复出寸许界尺，据小梧，用北调说《金瓶梅》一剧，使人绝倒。是夜，彭天锡与罗三、与民串本腔戏[6]，妙绝；与楚生、素芝串调腔戏[7]，又复妙绝。章侯唱村落小歌，余取琴和之，牙牙如语。纯卿笑曰："恨弟无一长，以侑兄辈酒。"余曰："唐裴将军旻居丧[8]，请吴道子画天宫壁度亡母[9]。道子曰：'将军为我舞剑一回，庶因猛厉以通幽冥。'旻脱缞衣，缠结，上马驰骤，挥剑入云，高十数丈，若电光下射，执鞘承之，剑透室而入，观者惊栗。道子奋袂如风，画壁立就。章侯为纯卿画佛，而纯卿舞剑，正今日事也。"纯卿跳身起，取其竹节鞭，重三十斤，作胡旋舞数缠，大噱而罢。

① 甲戌：崇祯七年(1634)。　② 楚生：即朱楚生，戏曲女艺人，详卷五《朱楚生》。　不系园：一名随喜庵，明末名士汪汝谦园墅。
③ 定香桥：一名袁公桥，在苏堤花港观鱼亭前，宋宝庆间京尹袁韶建。

④ 曾波臣：曾鲸，字波臣，福建莆田人，流寓南京，擅画人物，妙得神情。 ⑤ 彭天锡：江苏金坛人，明末著名戏曲艺人，善演奸雄，详卷六《彭天锡串戏》。 ⑥ 本腔戏：即昆剧、昆腔。 ⑦ 调腔戏：明末流行于杭州、绍兴一带的剧种，部分剧目用昆腔或四平腔演唱。 ⑧ 裴将军旻：裴旻，善射，又善剑舞，与李白诗歌、张旭草书并称三绝，曾官龙华军使。 ⑨ 吴道子：唐大画家，开元中召为内教博士，擅画释道人物及山水。道子画壁、裴旻舞剑事见郭若虚《图画见闻志》卷五。

## 秦淮河房

秦淮河河房①，便寓，便交际，便淫冶，房值甚贵，而寓之者无虚日。画船箫鼓，去去来来，周折其间。河房之外，家有露台，朱栏绮疏②，竹帘纱幔。夏月浴罢，露台杂坐，两岸水楼中，茉莉风起动儿女香甚。女客团扇轻纨，缓鬓倾髻，软媚著人。

年年端午，京城士女填溢，竞看灯船。好事者集小篷船百什艇，篷上挂羊角灯如联珠③，船首尾相衔，有连至十馀艇者。船如烛龙火蜃，屈曲连蜷④，蟠委旋折，水火激射。舟中镦钹星铙，宴歌弦管，腾腾如沸。士女凭栏轰笑，声光凌乱，耳目不能自主。午夜，曲倦灯残，星星自散。钟伯敬有《秦淮河灯船赋》⑤，备极形致。

① 秦淮河：在南京，秦时所开，故名。旧时两岸多歌台舞榭，为冶游之地。 ② 绮疏：雕花窗格。绮，花纹；疏，镂刻。 ③ 羊角灯：用经过特殊加工处理过的羊角作灯罩的灯，当时属于名贵的奢侈品，亦可防雨防雪。 ④ 连蜷：长曲貌。《楚辞·九歌·云中君》："灵连蜷兮

既留。” ⑤ 钟伯敬：钟惺，字伯敬，明代文学家，竟陵派首领。曾作《秦淮灯船赋》，描述秦淮景致。

# 兖州阅武

辛未三月①，余至兖州②，见直指阅武③。马骑三千，步兵七千，军容甚壮。马蹄卒步，滔滔旷旷，眼与俱驶，猛掣始回。其阵法奇在变换，旝动而鼓④，左抽右旋，疾若风雨。阵既成列，则进图直指前，立一牌曰：“某阵变某阵。”连变十余阵，奇不在整齐而在便捷。扮敌人百余骑，数里外烟尘坌起。迾卒五骑，小如黑子，顷刻驰至，入辕门报警。建大将旗鼓，出奇设伏。敌骑突至，一鼓成擒，俘献中军。内以姣童扮女三四十骑，荷旃被毳，绣袪魋结⑤，马上走解⑥，颠倒横竖，借骑翻腾，柔如无骨。乐奏马上，三弦、胡拨⑦、琥珀词、四上儿、密失叉儿机、僸佅兜离⑧，罔不毕集，在直指筵前供唱，北调淫俚，曲尽其妙。是年，参将罗某，北人，所扮者皆其歌童外宅，故极姣丽，恐易人为之，未必能尔也。

① 辛未：崇祯四年(1631)。 ② 兖州：今属山东。 ③ 直指：直指使者，朝廷特命查办重大案件和处理紧急事务的官员，掌“讨奸猾，治大狱”及监军、督运等事。 ④ 旝：犹旃，令旗。 ⑤ 绣袪：绣花袖口。 魋结：即椎髻，撮发以椎束之。 ⑥ 马上走解：即表演马术。《帝京景物略》：“马之解，人马并而驰，方驰，忽跃而上，立焉，倒卓焉，鬣悬，跃而左右焉，掷鞭忽下，拾而登焉，镫而腹藏焉，鞦而尾赘焉。”

⑦ 胡拨：少数民族乐器。 ⑧ 傸侏兜离：少数民族乐曲。《文选·东都赋》李善注：“东夷之乐曰侏，南夷之乐曰任，西夷之乐曰株离，北夷之乐曰傸。”

# 牛首山打猎

戊寅冬[①]，余在留都[②]，同族人隆平侯与其弟勋卫[③]、甥赵忻城，贵州杨爱生，扬州顾不盈，余友吕吉士、姚简叔，姬侍王月生、顾眉、董白、李十、杨能[④]，取戎衣衣客，并衣姬侍。姬侍服大红锦狐嵌箭衣、昭君套，乘款段马，鞲青骹，绁韩卢[⑤]，统箭手百余人，旗帜棍棒称是，出南门，校猎于牛首山前后[⑥]，极驰骤纵送之乐。得鹿一、麂三、兔四、雉三、猫狸七。看剧于献花岩[⑦]，宿于祖茔。次日午后猎归，出鹿麂以飨士，复纵饮于隆平家。江南不晓猎较为何事，余见之图画戏剧，今身亲为之，果称雄快。然自须勋戚豪右为之，寒酸不办也。

① 戊寅：崇祯十一年(1638)。 ② 留都：指南京。 ③ 隆平侯：张信，临淮人。建文元年调北平都司，曾助成祖，定计起兵，因功封隆平侯，子孙世袭。此指张拱薇，崇祯三年加太子太傅，七年佥书南京中府，十一年战没。详《明史·功臣世表二》。 ④ 王月生：又名王月，秦淮名妓。有殊色，名动公卿。 顾眉：字眉生，南京秦淮名妓，通文史，善画兰，后为龚鼎孳妾。 董白：字小宛，天姿巧慧，容貌娟妍，后为如皋冒襄侧室。 李十：即李十娘，名湘真，字云衣，能鼓琴清歌，略涉文墨。 ⑤“鞲青骹”二句：张衡《西京赋》：“青骹挚于鞲下，韩卢噬于绁末。”青骹，青胫之鹰。鞲，臂衣，披在肩臂以擎鹰。韩卢，疾犬名。韩

国所产的一种黑犬。《战国策·齐策三》:“韩之卢者,天下之疾犬也。” ⑥ 牛首山:又称牛头山,在南京城南三十里,有二峰东西相对,晋元帝初作宫殿,王导指双峰曰:“此天阙也。”因名天阙山。 ⑦ 献花岩:在牛首山桃花硐之东。从桃花硐东行五里,有石窟如屋,题曰献花岩。唐法融禅师入定处,有百鸟献花之说,故名。见余宾硕《金陵览古·献花岩》。

## 杨神庙台阁

枫桥杨神庙①,九月迎台阁②。十年前迎台阁,台阁而已;自骆氏兄弟主之,一以思致文理为之。扮马上故事二三十骑,扮传奇一本,年年换,三日亦三换之。其人与传奇中人必酷肖方用,全在未扮时一指点为某似某,非人人绝倒者不之用。迎后,如扮胡楂者③,直呼为胡楂,遂无不胡楂之,而此人反失其姓。人定,然后议扮法。必裂缯为之。果其人其袍铠须某色、某缎、某花样,虽匹锦数十金不惜也。一冠一履,主人全副精神在焉。

诸友中有能生造刻画者,一月前礼聘至,匠意为之,唯其使。装束备,先期扮演,非百口叫绝又不用。故一人一骑,其中思致文理,如玩古董名画,一勾一勒不得放过焉。土人有小小灾祲,辄以小白旗一面到庙禳之,所积盈库。是日以一竿穿旗三四,一人持竿三四走神前,长可七八里,如几百万白蝴蝶回翔盘礴在山坳树隙。四方来观者数十万人。市枫桥下,亦摊亦篷。台阁上马上,有金珠宝石堕地,拾者,如有物凭焉不能去,必送还神前。其在树丛田坎间者,问神,辄示其处,不或爽。

① 枫桥:镇名,在绍兴诸暨东北五十里。 杨神庙:又称杨相公庙。相传有山寇扰乡里,有神马夜逐之,寇即屏迹。神名杨俨,宋时封紫薇侯。 ② 台阁:百戏之一种。周密《武林旧事·迎新》:"以木床铁擎为仙佛鬼神之类,驾空飞动,谓之台阁。" ③ 胡梿:又作"胡连",明单本所作传奇《蕉帕记》中人物。近人吴梅《蕉帕记跋》云:"此记词颇精警,用本色处至多,又摹写招讨公子胡连,憨状可掬。明人作剧,辄不长于科诨,此记犹可发粲。"

## 雪　精

外祖陶兰风先生①,倅寿州②,得白骡,蹄跲都白③,日行二百里,畜署中。寿州人病噎嗝,辄取其尿疗之。凡告期,乞骡尿状,常十数纸。外祖以木香沁其尿,诏百姓来取。后致仕归,捐馆④,舅氏啬轩解骖赠余。余豢之十年许,实未尝具一日草料。日夜听其自出觅食,视其腹未尝不饱,然亦不晓其何从得饱也。天曙,必至门祇候,进厩候驱策,至午勿御,仍出觅食如故。后渐跋扈难御,见余则驯服不动,跨鞍去如箭,易人则咆哮蹄啮,百计鞭策之不应也。一日,与风马争道城上,失足堕濠堑死,余命葬之,谥之曰"雪精"⑤。

① 陶兰风:陶允嘉,号兰风,山阴人。岁贡生,曾任福建运副,后退

隐，博洽好书。 ② 倅寿州：任寿州（今安徽寿县）地方官辅佐之职。 ③ 跲：足趾。 ④ 捐馆：旧时死亡的讳辞。 ⑤ 雪精：神驴名。传说仙人洪崖炼丹成，跨神驴雪精从枫树升云。陈继儒《太平清话》卷三："洪崖跨白驴，曰雪精。"

## 严 助 庙

陶堰司徒庙，汉会稽太守严助庙也[①]。岁上元设供，任事者，聚族谋之终岁。凡山物粗粗（虎、豹、麋鹿、獾猪之类），海物噩噩（江豚、海马、鲟黄、鲨鱼之类），陆物痴痴（猪必三百斤，羊必二百斤，一日一换。鸡、鹅、凫、鸭之属，不极肥不上贡），水物唅唅（凡虾、鱼、蟹、蚌之类，无不鲜活），羽物毨毨（孔雀、白鹇、锦鸡、白鹦鹉之属，即生供之），毛物毧毧（白鹿、白兔、活貂鼠之属，亦生供之），洎非地（闽鲜荔枝、圆眼、北苹婆果、沙果、文官果之类）[②]、非天（桃、梅、李、杏、杨梅、枇杷、樱桃之属，收藏如新撷）、非制（熊掌、猩唇、豹胎之属）、非性（酒醉、蜜饯之类）、非理（云南蜜唧、峨眉雪蛆之类）[③]、非想（天花龙蜒、雕镂瓜枣、捻塑米面之类）之物[④]，无不集。庭实之盛，自帝王宗庙社稷坛壝所不能比隆者[⑤]。十三日，以大船二十艘载盘铃[⑥]，以童崽扮故事，无甚文理，以多为胜。城中及村落人，水逐陆奔，随路兜截，转折看之，谓之"看灯头"。五夜，夜在庙演剧，梨园必倩越中上三班，或雇自武林者，缠头日数万钱。唱《伯喈》、《荆钗》[⑦]，一老者坐台下，对院本，一字脱落，群起噪之，又开场重做。越中有"全伯喈"、"全荆钗"之名起此。

天启三年[8]，余兄弟携南院王岑、老串杨四、徐孟雅、圆社河南张大来辈往观之。到庙蹴踘，张大来以“一丁泥”、“一串珠”名世。球着足，浑身旋滚，一似粘疐有胶、提掇有线、穿插有孔者，人人叫绝。剧至半，王岑扮李三娘，杨四扮火工窦老，徐孟雅扮洪一嫂，马小卿十二岁[9]，扮咬脐，串《磨房》、《撇池》、《送子》、《出猎》四出。科诨曲白，妙入筋髓，又复叫绝。遂解维归。戏场气夺，锣不得响，灯不得亮。

①“陶堰”二句：陶堰即陶家堰，在会稽县东三十五里。　严助：汉武帝时拜会稽太守，廷尉张汤劾其与淮南王交私，竟弃市。《汉书》有传。　② 苹婆果：即苹果。　沙果：即花红，果名。　文官果：即文冠果，落叶灌木或小乔木，果实种仁香甜，味如莲子，可生吃或榨油。　③ 蜜唧：取鼠胎儿，渍之以蜜，挟取啮之，唧唧有声，故名。　雪蛆：又名冰蛆，如蚕，味甘如蜜，出四川峨眉山。　④ 天花龙蜓：以雪花浸渍的蜗牛。　⑤ 坛壝：土筑的高台称坛，坛四周的矮墙称壝。　⑥ 盘铃：当作盘铃，乐器名，以盘铃伴奏演出的傀儡戏称“盘铃傀儡”。　⑦《伯喈》、《荆钗》：指南戏《琵琶记》、《荆钗记》。　⑧ 天启三年：公元1623年。　⑨ 马小卿：作者的家养戏班女伶。

## 乳　酪

乳酪自驵侩为之[1]，气味已失，再无佳理。余自豢一牛，夜取乳置盆盎，比晓，乳花簇起尺许，用铜铛煮之，瀹兰雪汁，乳斤和汁四瓯，百沸之。玉液珠胶，雪腴霜腻，吹气胜兰，沁入肺腑，自是天供。或用鹤觞、花露入甑蒸之[2]，以热妙；或用豆粉挽和，漉之成腐，以冷妙；或煎酥，或作皮，或缚饼，或酒凝，或盐腌，或醋捉，无不佳妙。

而苏州过小拙和以蔗浆霜，熬之、滤之、钻之、掇之、印之，为带骨鲍螺，天下称至味。其制法秘甚，锁密房，以纸封固，虽父子不轻传之。

① 驵侩：指牲畜买卖经纪人，也泛称商贩。 ② 鹤觞：酒名，一种"骑驴酒"，北朝时河东人刘白堕善酿此酒。见《洛阳伽蓝记》。 花露：亦酒名。

## 二十四桥风月

广陵二十四桥风月①，邗沟尚存其意②。渡钞关③，横亘半里许，为巷者九条。巷故九，凡周旋折旅于巷之左右前后者什百之。巷口狭而肠曲，寸寸节节，有精房密户，名妓歪妓杂处之。

名妓匿不见人，非向导莫得入。歪妓多可五六百人，每日傍晚，膏沐熏烧，出巷口，倚徙盘礴于茶馆酒肆之前，谓之"站关"。茶馆酒肆、岸上下，纱灯百盏，诸妓掩映闪灭于其间，疤盭者帘④，雄趾者阈⑤。灯前月下，人无正色，所谓"一白能遮百丑"者，粉之力也。游子过客，往来如梭，摩睛相觑，有当意者，逼前牵之去；而是妓忽出身分，肃客先行，自缓步尾之；至巷口，有侦伺者，向巷门呼曰："某姐有客了！"内应声如雷。火燎即出，一一俱去，剩者不过二三十人。

沉沉二漏，灯烛将烬，茶馆黑魆无人声。茶博士不好请出，惟作呵欠。而诸妓醵钱向茶博士买烛寸许，以待迟客；或发娇声，唱《劈破玉》等小词[6]；或自相谑浪嘻笑，故作热闹，以乱时候。然笑言哑哑声中，渐带凄楚。夜分不得不去，悄然摸黑如鬼。见老鸨，受饿受笞俱不可知矣。

余族弟卓如，美须髯，有情痴，善笑。到钞关必狎妓，向余噱曰："弟今日之乐，不减王公。"余曰："何谓也？"曰："王公大人侍妾数百，到晚耽耽望幸，当御者不过一人。弟过钞关，美人数百人；目挑心招[7]，视我如潘安[8]，弟颐指气使，任意拣择，亦必得一当意者呼而侍我。王公大人岂过我哉！"复大噱，余亦大噱。

① 广陵：扬州之别称。 二十四桥：扬州名胜。一说扬州城内有二十四座桥；一说为一桥之名，即红叶桥或吴家砖桥。相传有二十四美人吹箫于此，故名。杜牧《寄扬州韩绰判官》诗云："二十四桥明月夜，玉人何处教吹箫？" ② 邗沟：古运河名。故道自扬州市南引江水北过高邮县西，折东北入射阳湖，又西北至淮安县北入淮河。 ③ 钞关：在扬州旧城南门外，水陆要冲。 ④ 皅鳌：形容肌肤粗糙，不光滑。皅，同"疤"；鳌：老茧。 帘：用作动词，藏于帘中。 ⑤ 雄趾：大脚。阈：门槛，这里用作动词，意为在门内。 ⑥《劈破玉》：流行的民间小曲。 ⑦ 目挑心招：形容娼妓诱惑人的情态，典出《史记·货殖列传》。 ⑧ 潘安：即潘岳，字安仁，晋代才子。貌美，长于诗赋，尤善哀诔之文，辞藻华丽。

# 世美堂灯

儿时跨苍头颈，犹及见王新建灯[1]。灯皆贵重华美，珠灯、料丝无论[2]，即羊角灯亦描金细画[3]，缨络置之。悬灯百盏，尚须秉烛而行，大是闷人。余见《水浒传》灯景诗有云："楼台上下火照火，车马往来人看人。"已尽灯理。余谓灯不在多，总求一亮。余每放灯，必用如椽大烛，专令数人剪卸烬煤，故光迸重垣，无微不见。

十年前，里人有李某者，为闽中二尹，抚台委其造灯，选雕佛匠，穷工极巧，造灯十架，凡两年。灯成，而抚台已物故，携归藏椟中。又十年许，知余好灯，举以相赠。余酬之五十金，十不当一。是为主灯，遂以烧珠、料丝、羊角、剔纱诸灯辅之。

而友人有夏耳金者[4]，剪彩为花，巧夺天工，罩以冰纱，有烟笼芍药之致。更用粗铁线界画规矩，匠意出样，剔纱为蜀锦[5]，皺其界地[6]，鲜艳出人。耳金岁供镇神，必造灯一盏。灯后，余每以善价购之。余一小傒善收藏，虽纸灯亦十年不得坏，故灯日富。又从南京得赵士元夹纱屏及灯带数副[7]，皆属鬼工，决非人力。灯宵，出其所有，便称胜事。

鼓吹弦索，厮养臧获，皆能为之。有苍头善制盆花，夏间以羊毛练泥墩，高二尺许，筑"地涌金莲"[8]，声同雷炮，花盖亩馀。不用煞拍鼓铙[9]，清吹唢呐应之。望花缓急为唢呐缓急，望花高下为唢呐高下。灯不演剧，则灯意不酣；然无队舞鼓吹,则灯焰不发。余敕小傒串元剧四五十本,演元剧四出,则队舞一回,鼓吹一回,弦索一回。其间浓淡、繁简、松实之妙,全在主人位置,使易人易地为之,自不能尔尔。故越中夸灯事之盛,必曰"世美堂灯"⑩。

① 王新建:明季浙江收藏家,与朱石门、项墨林、周铭仲、张尔葆齐名。 ② 珠灯:即琉璃灯。 料丝:用玻璃丝织为片,作为灯罩。 ③ 羊角灯:以羊角熬制成透明的胶状物,罩于灯外,亦有以牛角者,统称明角灯。见本卷《秦淮河房》注。 ④ 夏耳金:绍兴灯彩剪纸艺人,盖为破落子弟。 ⑤ 剔纱:一种提花纱灯。 蜀锦:四川成都织成的花锦。 ⑥ 皴其界地:意谓用蜀锦罩在灯架上。皴,表皮。 ⑦ 赵士元:明末著名灯彩艺人。《夜航船》卷十二:"赵士元制夹纱及夹纱帏屏,其所劂翎毛花卉,颜色鲜明,毛羽生动,妙不可言。" ⑧ 地涌金莲:烟花名。 ⑨ 煞拍:整套曲的结尾和中段。此指歌唱。 ⑩ 世美堂:为张氏厅堂名。

## 宁了

大父母喜豢珍禽:舞鹤三对,白鹇一对,孔雀二对,吐绶鸡一只,白鹦鹉、鷯哥、绿鹦鹉十数架。一异鸟名"宁了",身小如鸽,黑翎如八哥,能作人语,绝不含糊。大母呼媵婢,辄应声曰:"某丫头,太太叫!"有客至,叫曰:"太太,客来了,看茶!"有一新娘子善睡,黎明辄呼曰:"新娘子,天明了,起来吧!太太叫,快起来!"不起,辄骂曰:"新娘子,臭淫妇,浪蹄子①!"新娘子恨甚,置毒药杀之。

"宁了"疑即"秦吉了"[②]，蜀叙州出[③]，能人言。一日夷人买去，惊死，其灵异酷似之。

① 浪蹄子，即淫妇。《金瓶梅》中多此语。 ② 秦吉了：又名了哥、结辽鸟、九官鸟，出岭南，体小，能效人言。白居易《新乐府·秦吉了》："秦吉了，出南中，彩毛青黑花颈红，耳聪心慧舌端巧，鸟语人言无不通。" ③ 叙州：府名，治今四川宜宾。

## 张氏声伎

谢太傅不畜声伎[①]，曰："畏解，故不畜。"王右军曰[②]："老年赖丝竹陶写，恒恐儿辈觉。"曰"解"，曰"觉"，古人用字深确。盖声音之道入人最微，一解则自不能已，一觉则自不能禁也。

我家声伎，前世无之，自大父于万历年间与范长白、邹愚公、黄贞父、包涵所诸先生讲究此道[③]，遂破天荒为之。有"可餐班"，以张彩、王可餐、何闰、张福寿名；次则"武陵班"，以何韵士、傅吉甫、夏清之名；再次则"梯仙班"，以高眉生、李岭生、马蓝生名；再次则"吴郡班"，以王畹生、夏汝开、杨啸生名[④]；再次则"苏小小班"，以马小卿、潘小妃名；再次则平子"茂苑班"，以李含香、顾岭竹、应楚烟、杨騄駬名。主人解事日精一日，而傒童技艺亦愈出愈奇。余历年半百，小傒自小而老、老而复小、小而复老者，凡五易之。无论"可餐"、"武陵"诸人，如三代法物，不可复见；"梯仙"、"吴郡"间有存者，皆为佝偻老人；而"苏小小班"亦强半化为异物矣；"茂苑班"则吾弟先去，而诸人再易其主。余则婆娑一老，以碧眼波斯⑤，尚能别其妍丑。山中人至海上归，种种海错皆在其眼，请共舐之。

① 谢太傅：谢安，字安石，东晋名臣，累迁太保，录尚书事，赠太傅。不畜声伎：《世说新语·识鉴》则称"谢公在东山畜妓"，又引《文章志》曰："安纵心事外，疏略常节，每畜女妓，携持游肆也。" ② "王右军曰"三句：语见《世说新语·言语》。 王右军：即晋书法家王羲之。 ③ 范长白：范允临，字长倩，号长白，华亭(今上海松江)人，万历进士。 邹愚公：邹迪光，字彦吉，号愚公，江苏无锡人，万历进士。 黄贞父：见卷一《奔云石》注。 包涵所：见卷三《包涵所》注。 ④ 夏汝开：张氏家养戏班艺人。详《琅嬛文集》卷六《祭义伶文》。 ⑤ 碧眼波斯：波斯(今伊朗)国商人善鉴珠宝，其人眼凹而绿，故称。

## 方　　物

越中清馋，无过余者，喜啖方物。北京则苹婆果、黄鼠、马牙松①；山东则羊肚菜、秋白梨、文官果、甜子②；福建则福桔、福桔饼、牛皮糖、红腐乳；江西则青根、丰城脯；山西则天花菜；苏州则带骨鲍螺、山查丁、山查糕、松子糖、白圆、橄榄脯；嘉兴则马交鱼脯、陶庄黄雀；南京则套樱桃、桃门枣、地栗团、窝笋团、山查糖；杭州则西瓜、鸡豆子、花下藕、韭芽、玄笋、塘栖蜜桔③；萧山则杨梅、莼菜、鸠鸟、青鲫、方柿；诸暨则香狸、樱桃、虎栗；嵊则蕨粉、细榧、龙游糖；临海则枕头瓜；台州则瓦楞蚶、江瑶柱④；浦江则火肉；东阳则南枣；山阴则破塘笋、谢桔、独山菱、河蟹、三江屯蛏、白蛤、江鱼、鲥鱼、里河鰦⑤。远则岁致之，近则月致之、日致之。耽耽逐逐，日为口腹谋，罪孽固重。但由今思之，四方兵燹，寸寸割裂，钱塘衣带水，犹不敢轻渡，则向之传食四方，不可不谓之福德也。

① 黄𩐊：即黄芽菜。 马牙松：即白菜；松，同“菘”。 ② 羊肚菜：蘑菇之属。甜子：当作“秋子”，似沙果而小。 ③ 鸡豆子：即鸡头，芡实，可食或药用。 ④ 瓦楞蚶：蚶类，又称“瓦棱子”，田种者佳。 江瑶柱：即干贝。 ⑤ 破塘：见卷三《天镜园》注。 独山：即蜀山，在绍兴城西三十五里柯山之东，俗称独山，以产菱著称。 三江屯：在绍兴城北三十里，践山背海，为明代巡检司所在地。 鰦：白鲦鱼，身圆头扁，长不逾尺。

# 祁止祥癖

人无癖不可与交，以其无深情也；人无疵不可与交，以其无真气也。余友祁止祥有书画癖①，有蹴踘癖，有鼓钹癖，有鬼戏癖②，有梨园癖。壬午③，至南都，止祥出阿宝示余，余谓：“此西方迦陵鸟④，何处得来？”阿宝妖冶如蕊女，而娇痴无赖，故作涩勒，不肯着人。如食橄榄，咽涩无味，而韵在回甘；如吃烟酒，鲠饀无奈⑤，而软同沾醉。初如可厌，而过即思之。止祥精音律，咬钉嚼铁，一字百磨，口口亲授，阿宝辈皆能曲通主意。乙酉⑥，南都失守，止祥奔归，遇土贼，刀剑加颈，性命可倾，阿宝是宝。丙戌⑦，以监军驻台州，乱民卤掠，止祥囊箧都尽，阿宝沿途唱曲，以膳主人。及归，刚半月，又挟之远去。止祥去妻子如脱屣耳，独以娈童崽子为性命，其癖如此。

① 祁止祥：祁豸佳，字止祥，山阴人。天启举人，尝任吏部司务，通诗文书画及戏曲，从弟祁彪佳抱节自沉后，遂隐居不出。 ② 鬼戏：祁彪佳《祁忠敏公日记·归南快录》："午后作书，饯罗和阳公祖，止祥兄于灯下作鬼戏，眉面生动，亦一奇也。" ③ 壬午：明崇祯十五年(1642)。 ④ 迦陵鸟：佛教传说中神鸟，又称妙声鸟、美音鸟，本出雪山，鸣声美妙动听。 ⑤ 鲠饲：同"鲠噎"，谓食物堵住食道。 ⑥ 乙酉：清顺治二年(1645)。 ⑦ 丙戌：清顺治三年(1646)。

## 泰安州客店

客店至泰安州[1]，不复敢以客店目之。余进香泰山，未至店里许，见驴马槽房二三十间；再近，有戏子寓二十余处；再近，则密户曲房，皆妓女妖冶其中。余谓是一州之事，不知其为一店之事也。投店者，先至一厅事[2]，上簿挂号，人纳店例银三钱八分，又人纳税山银一钱八分。店房三等：下客夜素早亦素，午在山上用素酒果核劳之，谓之"接顶"。夜至店，设席贺，谓烧香后求官得官，求子得子，求利得利，故曰贺也。贺亦三等：上者专席，糖饼、五果、十肴、果核、演戏；次者二人一席，亦糖饼，亦肴核，亦演戏；下者三四人一席，亦糖饼、肴核，不演戏，用弹唱。计其店中，演戏者二十余处，弹唱者不胜计。庖厨炊爨亦二十余所，奔走服役者一二百人。下山后，荤酒狎妓惟所欲,此皆一日事也。若上山落山,客日日至,而新旧客房不相袭,荤素庖厨不相混,迎送厮役不相兼,是则不可测识之矣。泰安一州与此店比者五六所,又更奇。

① 泰安:州名,今山东泰安。 ② 厅事:堂屋,厅堂。

# 卷 五

## 范 长 白

范长白园在天平山下[①]，万石都焉[②]。龙性难驯，石皆笏起，旁为范文正墓[③]。园外有长堤，桃柳曲桥，蟠屈湖面。桥尽抵园，园门故作低小，进门则长廊复壁，直达山麓。其绘楼幔阁，秘室曲房，故故匿之，不使人见也。山之左为桃源，峭壁回湍，桃花片片流出。右孤山，种梅千树。渡涧为小兰亭，茂林修竹，曲水流觞，件件有之。竹大如椽，明静娟洁，打磨滑泽如扇骨，是则兰亭所无也。地必古迹，名必古人，此是主人学问。但桃则溪之，梅则屿之，竹则林之，尽可自名其家，不必寄人篱下也。

余至，主人出见。主人与大父同籍[④]，以奇丑著。是日释褐[⑤]，大父嬲之曰[⑥]："丑不冠带，范年兄亦冠带了也。"人传以笑。余亟欲一见。及出，状貌果奇，似羊肚石雕一小猱，其鼻垩，颧颐犹残缺失次也。冠履精洁，若谐谑谈笑，面目中不应有此。开山堂小饮，绮疏藻幕，备极华褥，秘阁清讴，丝竹摇飏，忽出层垣，知为女乐。饮罢，又移席小兰亭，比晚辞去。主人曰："宽坐，请看'少焉'。"余不解，主人曰："吾乡有缙绅先生，喜调文袋，以《赤壁赋》有'少焉月出于东山之上'句[⑦]，遂字月为'少焉'。顷言'少焉'者，月也。"故留看月，晚景果妙。主人曰："四方客来，都不及见小园雪，山石岭岈，银涛蹴起，掀翻五泄[8]，捣碎龙湫，世上伟观，惜不令宗子见也。"步月而出，至玄墓[9]，宿葆生叔书画舫中[10]。

① 范长白：范允临，字长倩，号长白，华亭(今上海松江)人。万历进士，官至福建布政司参议。晚居苏州天平山麓，建园林，乐声伎，称神仙中人。　天平山：在苏州城外西南三十馀里，林木秀润，奇石万状。② 都：聚集。　③ 范文正：范仲淹，字希文，苏州吴县人。北宋名臣，卒谥文正。　④ 同籍：同年进士。张岱祖父张汝霖与范允临同为万历乙未(1595)进士。　⑤ 释褐：脱去布衣而服官服，谓入仕做官。褐，粗布衣，贫贱者所服。　⑥ 嬲：戏弄。　⑦《赤壁赋》：北宋苏轼所著名篇。　⑧ 五泄：即五瀑，凡五级，故名，在浙江诸暨。⑨ 玄墓：山名，在苏州吴县邓尉山东南六里，面太湖，丹崖翠阁，望之如屏。　⑩ 葆生：见卷二《焦山》注。

## 于　园

于园在瓜州步五里铺[1]，富人于五所园也。非显者刺[2]，则门钥不得出。葆生叔同知瓜州[3]，携余往，主人处处款之。

园中无他奇，奇在磥石。前堂石坡高二丈，上植果子松数棵，缘坡植牡丹、芍药，人不得上，以实奇。后厅临大池，池中奇峰绝壑，陡上陡下，人走池底，仰视莲花反在天上，以空奇。卧房槛外，一壑旋下如螺蛳缠，以幽阴深邃奇。再后一水阁，长如艇子，跨小河，四围灌木蒙丛，禽鸟啾唧，如深山茂林，坐其中，颓然碧窈。瓜州诸园亭，俱以假山显，胎于石，娠于磥石之手，男女于琢磨搜剔之主人，至于园可无憾矣。

仪真汪园[④]，輂石费至四五万，其所最加意者，为“飞来”一峰，阴翳泥泞，供人唾骂。余见其弃地下一白石，高一丈，阔二丈而痴，痴妙；一黑石，阔八尺，高丈五而瘦，瘦妙。得此二石足矣，省下二三万收其子母[⑤]，以世守此二石何如？

① 于园、瓜州：见卷二《焦山》注。　步：水边停船之处。　② 刺：名帖。　③ 葆生：即张联芳。　④ 仪真：今江苏仪征。汪园：即寤园，又名荣园，崇祯间汪机筑，构置天然，为江北绝胜，往来巨公大僚多宴会于此。　⑤ 子母：利息和本钱。

## 诸　工

竹与漆与铜与窑，贱工也。嘉兴之腊竹，王二之漆竹，苏州姜华雨之箒箓竹[①]，嘉兴洪漆之漆，张铜之铜[②]，徽州吴明官之窑，皆以竹与漆与铜与窑名家起家，而其人且与缙绅先生列坐抗礼焉。则天下何物不足以贵人，特人自贱之耳。

① 姜华雨：张岱《夜航船》卷十二：“又有以斑竹为椅桌等物者，以姜姓第一，因有姜竹之称。”　箒箓：即“梅绿”，竹名，其干似湘妃而细，人多取为扇骨。　② 张铜：即著名铜匠张鸣岐，善制薰炉。

## 姚简叔画

姚简叔画千古①,人亦千古。戊寅②,简叔客魏③,为上宾。余寓桃叶渡,往来者闵汶水、曾波臣一二人而已④。简叔无半面交,访余,一见如平生欢,遂榻余寓。与余料理米盐之事,不使余知。有空则拉余饮淮上馆⑤,潦倒而归。京中诸勋戚大老、朋侪缁衲、高人名妓,与简叔交者,必使交余,无或遗者。与余同起居者十日,有苍头至,方知其有妾在寓也。简叔塞渊不露聪明⑥,为人落落难合,孤意一往,使人不可亲疏。与余交不知何缘,反而求之不得也。

访友报恩寺,出册叶百方,宋元名笔。简叔眼光透入重纸,据梧精思⑦,面无人色。及归,为余仿苏汉臣⑧:一图,小儿方据澡盆浴,一脚入水,一脚退缩欲出;宫人蹲盆侧,一手掖儿,一手为儿擤鼻涕;旁坐宫娥,一儿浴起伏其膝,为结绣裾⑨。一图,宫娥盛装端立,有所俟,双鬟尾之。一侍儿捧盘,盘列二瓯,意色向客。一宫娥持其盘,为整茶锹⑩,详视端谨。复视原本,一笔不失。

① 姚简叔:姚允在,字简叔,会稽(今浙江绍兴)人。明末画家,尤工山水,笔墨遒劲,思致不凡,小幅愈佳。但自矜其画,不肯多作,有人持重金购之,竟不能得其一水一石。 ② 戊寅:崇祯十一年(1638)。 ③ 魏:指徐达后人,袭封魏国。详见卷一《钟山》注。 ④ 闵汶水:见卷三《闵老子茶》注。 曾波臣:见卷四《不系园》注。 ⑤ 淮上:

秦淮河上。 ⑥ 塞渊：思虑深远。《诗·邶风·燕燕》："其心塞渊，终温且惠。" ⑦ 据梧：本指依树休息，典出《庄子·齐物论》。此处犹言凭几。 ⑧ 苏汉臣：南宋宣和年间宫廷画师，善人物，尤工婴孩。⑨ 裾：短衣。 ⑩ 茶锹：即茶匙、茶勺，取茶之具。蔡襄《茶录》："茶匙要重，击拂有力，黄金为上，人间以银铁为之；竹者轻，建茶不取。"

# 炉 峰 月

炉峰绝顶[①]，复岫回峦，斗耸相乱。千丈岩陬牙横梧[②]，两石不相接者丈许，俯身下视，足震慑不得前。王文成少年曾趵而过[③]，人服其胆。余叔尔蕴以毡裹体[④]，缒而下。余挟二樵子，从壑底搲而上[⑤]，可谓痴绝。

丁卯四月，余读书天瓦庵[⑥]，午后同二三友人登绝顶，看落照。一友曰："少需之，俟月出去。胜期难再得，纵遇虎，亦命也；且虎亦有道，夜则下山觅豚犬食耳，渠上山亦看月耶？"语亦有理。四人踞坐金简石上[⑦]。是日，月政望[⑧]，日没月出，山中草木都发光怪，悄然生恐。

月白路明，相与策杖下山。行未数武，半山嘄呼，乃余苍头同山僧七八人，持火燎、䩨刀、木棍[⑨]，疑余辈遇虎失路，缘山叫喊耳。余接声应，奔而上，扶掖下之。

次日，山背有人言："昨夜更定，有火燎数十把，大盗百馀人，过张公岭[⑩]，不知出何地？"吾辈匿笑不之语。谢灵运开山临澥[⑪]，从者数百人，太守王琇惊骇，谓是山贼，及知为灵运，乃安。吾辈是夜不以山贼缚献太守，亦幸矣。

① 炉峰：即香炉峰，绍兴会稽山支峰，形似香炉，故名。　② 阨牙：山崖突出处。阨，角落。　③ 王文成：王守仁，字伯安，号阳明，绍兴余姚人。明中叶名臣，心学大师。卒谥文成。　④ 尔蕴：张烨芳，字尔蕴，号七磐，张岱从叔。性豪奢，广交游，筑室炉峰，日游城市，夜必往山宿。　⑤ 捥：牵挽。　⑥ 天瓦庵：即天瓦山房，在香炉峰附近。《越中园亭记》："天瓦山房，在表胜庵下，背负绝壁，楼台在丹崖青嶂间。近张平子读书其中，引溪当门，夹植桃李，建溪山草亭于山址，更自引人着胜。"平子，作者之弟。　⑦ 金简石：相传香炉峰旁宛委山上有盘石，石上有金简青玉古字，后世据传说指为金简石。　⑧ 政：通"正"。　⑨ 鞥：刀鞘。　⑩ 张公岭：又称阳和岭，在绍兴市南五里。　⑪ 谢灵运：南朝宋诗人。"开山"事见《宋书》本传。

## 湘　　湖

西湖，田也而湖之，成湖焉；湘湖[①]，亦田也而湖之，不成湖焉。湖西湖者，坡公也，有意于湖而湖之者也；湖湘湖者，任长者也[②]，不愿湖而湖之者也。任长者有湘湖田数百顷，称巨富。有术者相其一夜而贫，不信。县官请湖湘湖，灌萧山田，诏湖之，而长者之田一夜失，遂赤贫如术者言。今虽湖，尚田也，不下插板，不筑堰，则水立涸；是以湖中水道，非熟于湖者不能行咫尺。游湖者坚欲去，必寻湖中小船与湖中识水道之人，溯十阏三，鲠咽不之畅焉。湖里外锁以桥，里湖愈佳。盖西湖止一湖心亭为眼中黑子，湘湖皆小阜、小墩、小山乱插水面，四围山趾，棱棱砺砺，濡足入水，尤为奇峭。余谓西湖如名妓，人人得而蝶亵之；鉴湖如闺秀，可钦而不可狎；湘湖如处子，眠娗羞涩[3]，犹及见其未嫁时也。此是定评，确不可易。

① 湘湖，在萧山西二里，周八十里，溉田数千顷，产蓴丝最美，乡民以贩渔为业者不可数计。 ② 任长者：待考。 ③ 眠娗：又作"眠娗"，犹腼腆。

## 柳敬亭说书

南京柳麻子[1]，黧黑，满面疤癗，悠悠忽忽，土木形骸[2]。善说书，一日说书一回，定价一两，十日前先送书帕下定[3]，常不得空。南京一时有两行情人[4]：王月生[5]、柳麻子是也。

余听其说《景阳冈武松打虎》白文[6]，与本传大异。其描写刻画，微入毫发，然又找截干净[7]，并不唠叨。哱夬声如巨钟[8]，说到筋节处，叱咤叫喊，汹汹崩屋。武松到店沽酒，店内无人，謈地一吼[9]，店中空缸空甓皆瓮瓮有声。闲中着色，细微至此。

主人必屏息静坐，倾耳听之，彼方掉舌。稍见下人呫哔耳语[10]，听者欠伸有倦色，辄不言，故不得强。每至丙夜，拭桌剪灯，素瓷静递，款款言之。其疾徐轻重，吞吐抑扬，入情入理，入筋入骨。摘世上说书之耳而使之谛听，不怕其不齰舌死也[11]。

柳麻子貌奇丑，然其口角波俏[12]，眼目流利，衣服恬静，直与王月生同其婉娈，故其行情正等。

① 柳麻子：即柳敬亭，原名曹逢春，江苏泰州人，著名说书艺人，曾为南明将领左良玉幕僚，广交天下名士文人。 ②“悠悠”二句：谓柳敬亭性格真率，行为随便，放荡不羁，无矫饰之态。语出《世说新语·容止》：“刘伶身长六尺，貌甚丑顇，而悠悠忽忽，土木形骸。” ③ 书帕：明代官场行贿，常以绢帕包装新刻图书，并将金银藏在里面。此指说书定金。 ④ 行情人：走时、走红的人。 ⑤ 王月生：见卷四《牛首山打猎》注。 ⑥ 白文：说大书（只有说白，不带弹唱）的底本。 ⑦ 找截：说书术语。“找”指回叙或补叙，“截”指中间休息和终场收束。 ⑧ 嗷夬：形容声音刚脆。 ⑨ 謈：大叫。 ⑩ 呫哔：低声轻语。 ⑪ 龉：咬。龉舌死，谓羞愧欲死。《史记·魏其武安侯列传》：“魏其必内愧，杜门齚（龉）舌自杀。” ⑫ 波俏：俊俏。此指口齿伶俐。

## 樊江陈氏橘

樊江陈氏[①]，辟地为果园，枸菊围之。自麦为蒟酱[②]，自秫酿酒；酒香洌，色如淡金蜜珀[③]，酒人称之。自果自蓏，以螯乳醴之为冥果[④]。树谢橘百株[⑤]，青不撷，酸不撷，不树上红不撷，不霜不撷，不连蒂剪不撷[⑥]。故其所撷，橘皮宽而绽，色黄而深，瓤坚而脆，筋解而脱，味甜而鲜。第四门、陶堰、道墟以至塘栖[⑦]，皆无其比。

余岁必亲至其园买橘，宁迟，宁贵，宁少。购得之，用黄砂缸藉以金城稻草或燥松毛收之[⑧]。阅十日，草有润气，又更换之，可藏至三月尽，甘脆如新撷者。枸菊城主人橘百树[⑨]，岁获绢百匹，不愧木奴[⑩]。

① 樊江：市镇名，在绍兴城东三十里。　② 蒟酱：即蒟子酱。蒟，植物果实，可作酱，故称。　③ 蜜珀：黄色琥珀。　④ 鳖乳：蜂蜜。　冥果：蜜汁浸泡制成的果脯。　⑤ 谢橘：绍兴余姚东山谢玄后裔谢氏园所产之橘，小而甘。　⑥ 连蒂剪：宋韩彦《橘录》："及经霜二三夕才尽剪，遇天气晴霁，数十辈为群，以小剪就枝间平蒂断之，轻置筐筥中，护之必甚谨，惧其香雾之裂则易坏。"　⑦ 第四门：绍兴地名。　陶堰：见卷四《严助庙》注。　道墟：市镇名，在绍兴城东七十里。　塘栖：镇名，在杭州城北五十里，以产蜜橘著名。　⑧ 金城稻：即占城稻，原产占城(今越南)。《闽书·南产》引《湘山录》云：宋真宗以福建田多高仰，闻占城稻耐旱，遣使求其种，得一千石，以遗其民，使莳之。绍兴方言，"占""金"同音，故以"占城"呼为"金城"。　⑨ 枸菊城主人：指陈氏。　⑩ 木奴：柑橘别称。三国吴人李衡为丹阳太守，于龙阳洲上种橘千树。临终，敕其子曰："吾州里有千头木奴，不责汝衣食。岁上一匹绢，亦足用矣。"事见《三国志·吴志·孙休传》注引《襄阳记》。

## 治沅堂

古有拆字法。宣和间，成都谢石拆字[①]，言祸福如响。钦宗闻之，书一"朝"字，令中贵人持试之。石见字，端视中贵人曰："此非观察书也。"中贵人愕然。石曰："'朝'字离之为'十月十日'，乃此月此日所生之天人，得非上位耶？"一国骇异。吾越谢文正厅事名"保锡堂"[②]，后易之他姓，主人至，亟去其匾，人问之，曰："分明写'呆人易金堂'。"朱石门为文选署中额

“典劇”二字[③]，继之者顾诸吏曰：“尔知朱公意乎？此二字离合言之，曰‘曲處曲處[④]，八刀八刀’耳。”歙许相国孙志吉为大理评事[⑤]，受魏珰指[⑥]，案卖黄山[⑦]，势张甚，当道媚之，送一匾曰“大卜于门”。里人夜至，增减其笔划凡三：一曰“天下未闻”；一倒读之曰“阉手下犬”；一曰“太平拿问”。后直指提问，械至太平，果如其言。凡此数者皆有义味。而吾乡缙绅有名“治沅堂”者，人不解其义，问之，笑不答，力究之，缙绅曰：“无他意，亦止取‘三台三元’之义云耳[⑧]！”闻者喷饭。

① 谢石：字润夫，成都人，宋宣和间至京师，以拆字言人祸福，求相者但随意书一字，即就其字离拆，而言无不奇中者。为钦宗拆字事，详《夷坚志》再补“谢石拆字”条。 ② 谢文正：谢迁，字于乔，余姚人。明成化进士，弘治中官兵部尚书，兼东阁大学士，卒谥文正。 ③ 朱石门：朱赓之子，作者舅祖，著名收藏家。 ④ 曲處：二字由“典”上半与“劇”左边合成。 八刀：由“典”下半与“劇”右边合成。 ⑤ 许相国：许国，字维桢，安徽歙县人。明嘉靖进士，万历十一年以礼部尚书兼东阁大学士入参机务。 ⑥ 魏珰：指魏忠贤。 ⑦ 案卖黄山：事见《明史·魏忠贤传》：“编修吴孔嘉与宗人吴养春有仇，诱养春仆告其主隐占黄山，养春父子瘐死。忠贤遣主事吕下问、评事许志吉先后往徽州籍其家，株蔓残酷。知府石万程不忍，削发去，徽州几乱。” ⑧ 三台：指三公，上台为太尉，中台为司徒，下台为司空，皆显要之职。三台二字合为“治”。 三元：指状元（廷试第一）、会元（会试第一）、解元（乡试第一）。三元二字合为“沅”。

# 虎丘中秋夜

虎丘八月半[①]，土著流寓，士夫眷属，女乐声伎，曲中名妓戏婆，民间少妇好女，崽子娈童[②]，及游冶恶少、清客帮闲、傒僮走空之辈[③]，无不鳞集。自生公台、千人石、鹤涧、剑池、申文定祠下[④]，至试剑石、一二山门[⑤]，皆铺毡席地坐。登高望之，如雁落平沙，霞铺江上。

天暝月上，鼓吹百十处，大吹大擂，十番铙钹[⑥]，渔阳掺挝[⑦]，动地翻天，雷轰鼎沸，呼叫不闻。更定，鼓铙渐歇，丝管繁兴，杂以歌唱，皆"锦帆开"、"澄湖万顷"同场大曲[⑧]，蹲踏和锣丝竹肉声[⑨]，不辨拍煞[⑩]。更深，人渐散去，士夫眷属皆下船水嬉，席席征歌，人人献技，南北杂之，管弦迭奏，听者方辨字句，藻鉴随之。二鼓人静，悉屏管弦，洞箫一缕，哀涩清绵，与肉相引，尚存三四，迭更为之。三鼓，月孤气肃，人皆寂阒，不杂蚊虻。一夫登场，高坐石上，不箫不拍，声出如丝，裂石穿云，串度抑扬，一字一刻。听者寻入针芥，心血为枯，不敢击节，惟有点头。然此时雁比而坐者，犹存百十人焉。使非苏州，焉讨识者！

① 虎丘：山名，在苏州阊门外山塘街，相传吴王夫差葬其父阖闾于此，葬后三日，有白虎踞其上，故名虎丘。为名胜古迹荟集之地。② 崽子：男孩。 娈童：美童。 ③ 走空：拆白，行骗。 ④ 生公台：相传梁高僧道生在虎丘说法，聚石为徒，石皆点头。生公台即道

生说法讲坛。 千人石：虎丘山中心一块平坦的大盘石，可容千人列坐，故名。 剑池：在千人石北，四季不涸，两侧崖高百尺如削，传说是秦始皇用剑劈开，一说是冶炼宝剑淬火之处。 申文定：申时行，长洲(今苏州)人，明嘉靖进士，万历中累官吏部尚书，入内阁为首辅。谥文定。 ⑤ 试剑石：虎丘石名，传为秦王试剑之处。 ⑥ 十番：即十番鼓。用十种乐器合奏的乐名。 ⑦ 渔阳掺挝：鼓曲名。掺挝，又作"参挝"。 ⑧ 锦帆开：句出传奇《浣纱记》第十四出。 澄湖万顷：句出《浣纱记》第三十出。 同场大曲：指合唱曲。 ⑨ 蹲踏：又作"噂沓"，众人聚语，声音嘈杂。 锣丝竹肉声：指乐器与歌声。 ⑩ 拍煞：乐曲的中段与收尾部分。

## 麋 公

万历甲辰①，有老医驯一大角鹿，以铁钳其趾，设鞍鞿其上②，用笼头衔勒，骑而走，角上挂葫芦药瓮，随所病出药，服之辄愈。家大人见之喜，欲售其鹿，老人欣然，肯解以赠，大人以三十金售之。五月朔日，为大父寿，大父伟硕，跨之走数百步，辄立而喘，常命小傒笼之，从游山泽。次年，至云间③，解赠陈眉公④。眉公羸瘦，行可连二三里，大喜。后携至西湖六桥、三竺间⑤，竹冠羽衣，往来于长堤深柳之下，见者啧啧，称为"谪仙"。后眉公复号"麋公"者，以此。

① 万历甲辰：公元1604年。 ② 鞍鞿：鲨鱼皮制成的革带。 ③ 云间：松江华亭(今属上海)别称。 ④ 眉公：陈继儒，字仲醇，号眉公，松江华亭人。诗文书画有名于时，与作者祖父友善。

⑤ 六桥：指苏堤六座桥。 三竺：指上天竺法喜寺、中天竺法净寺、下天竺法镜寺，在杭州灵隐寺南群山中。

# 扬州清明

扬州清明日，城中男女毕出，家家展墓，虽家有数墓，日必展之。故轻车骏马，箫鼓画船，转折再三，不辞往复。监门小户①，亦携肴核纸钱，走至墓所，祭毕，则席地饮胙。自钞关、南门、古渡桥、天宁寺、平山堂一带②，靓妆藻野，袨服缛川。

随有货郎，路旁摆设骨董古玩，并小儿器具。博徒持小杌坐空地，左右铺袒衫半臂，纱裙汗帨，铜炉锡注，瓷瓯漆奁，及肩彘鲜鱼、秋梨福橘之属③。呼朋引类，以钱掷地，谓之"跌成"④，或六或八或十，谓之"六成"、"八成"、"十成"焉。百十其处，人环观之。

是日，四方流寓，及徽商西贾⑤，曲中名妓，一切好事之徒，无不咸集。长塘丰草，走马放鹰；高阜平冈，斗鸡蹴踘；茂林清樾，劈阮弹筝⑥。浪子相扑，童稚纸鸢；老僧因果，瞽者说书。立者林林，蹲者蛰蛰⑦。日暮霞生，车马纷沓，宦门淑秀，车幕尽开。婢媵倦归，山花斜插，臻臻簇簇，夺门而入。

余所见者，惟西湖春、秦淮夏、虎丘秋，差足比拟。然彼皆团簇一块，如画家横披；此独鱼贯雁比，舒长且三十里焉，则画家之手卷矣。南宋张择端作《清明上河图》⑧，追摹汴京景物，有西方美人之思⑨，而余目盱盱，能无梦想？

①监门：守门小吏。　②钞关：在扬州南门外，水陆要冲，设关卡收税。　南门：即安江门，当旧城正南。　古渡桥：在扬州城南。　天宁寺：在扬州城北，为八大寺之首，本为晋太傅谢安别墅，唐武则天时改寺。　平山堂：在扬州城西北蜀冈上，北宋庆历年间欧阳修建。　③肩彘：又作“彘肩”，猪腿。　④跌成：一种赌博游戏。李斗《扬州画舫录》卷十六对其有详细记载，谓其“用三钱者为三星，六钱者为六成，八钱者为八乂，均字均幕为成，四字四幕为天分”。　⑤西贾：山西商人。　⑥劈阮：又作“拨阮”。阮，一种乐器，形似月琴。　⑦蛰蛰：众多貌。《诗·周南·螽斯》：“宜尔子孙，蛰蛰兮。”　⑧张择端：字正道，山东诸城人，宋徽宗朝供职翰林图画院。所作《清明上河图》，是一幅著名的城市风情画。　⑨西方美人：《诗·邶风·简兮》：“云谁之思，西方美人。”朱熹《诗集传》注云：“西方美人，托言以指西周之盛王。”此则寄托对故国明朝的情思。

## 金山竞渡

看西湖竞渡十二三次，己巳竞渡于秦淮[①]，辛未竞渡于无锡，壬午竞渡于瓜州，于金山寺[②]。西湖竞渡，以看竞渡之人胜，无锡亦如之，秦淮有灯船无龙船，龙船无瓜州比，而看龙船亦无金山寺比。

瓜州龙船一二十只，刻画龙头尾，取其怒；旁坐二十人，持大楫，取其悍；中用彩篷，前后旌幢绣伞，取其绚；撞钲挝鼓，取其节；艄后列军器一架，取其锷；龙头上一人足倒竖，战敠其上[③]，取其危；龙尾挂一小儿，取其险。

自五月初一至十五日，日日画地而出，五日出金山，镇江亦出。惊湍跳沫，群龙格斗，偶堕洄涡，则百蛣捷捽[4]，蟠委出之。金山上，人团簇，隔江望之，蚁附蜂屯，蠢蠢欲动。晚则万艓齐开，两岸沓沓然而沸。

① 己巳：崇祯二年(1629)。 ② 壬午：崇祯十五年(1642)。 瓜州：见本卷《于园》注。 金山寺：在镇江金山，始建于东晋。 ③ 战敠：用手掂斤两。此处形容健儿以手倒立船头，随船上下颠簸。 ④ 蛣：虾蟆。形容健儿动作敏捷。 捷捽：疾取，救援。捽，揪。《淮南子·兵略训》："同舟而济于江，遇风波，百族之子，捷捽招杼船，若左右手。"

## 刘晖吉女戏

女戏以妖冶恕[1]，以啴缓恕[2]，以态度恕，故女戏者全乎其为恕也。若刘晖吉则异是。刘晖吉奇情幻想，欲补从来梨园之缺陷。如《唐明皇游月宫》[3]，叶法善作[4]，场上一时黑魆地暗，手起剑落，霹雳一声，黑幔忽收，露出一月，其圆如规，四下以羊角染五色云气，中坐常仪[5]，桂树吴刚[6]，白兔捣药[7]。轻纱幔之，内燃"赛月明"数株，光焰青黎，色如初曙，撒布成梁，遂蹑月窟，境界神奇，忘其为戏也。其他如舞灯，十数人手携一灯，忽隐忽现，怪幻百出，匪夷所思，令唐明皇见之，亦必目睁口开，谓氍毹场中那得如许光怪耶！彭天锡向余道[8]："女戏至刘晖吉，何必男子！何必彭大！"天锡曲中南、董[9]，绝少许可，而独心折晖吉家姬，其所鉴赏，定不草草。

① 恕：推己及物，忖我以度人。此言演员对角色的揣摩与表现。② 啴缓：声音舒缓中节。③《唐明皇游月宫》：元杂剧名。本事见薛用弱《集异记》，明皇与道士叶法善游月宫，聆听月中天乐，归传其音，名曰《霓裳羽衣》。④ 叶法善：字道元，号清溪居士。传言他遇仙人授以飞召之法，唐玄宗召封越国公，尊为天师。⑤ 常仪：即嫦娥。⑥ 桂树吴刚：段成式《酉阳杂俎·天咫》："旧言月中有桂，有蟾蜍。故异书言，月桂高五百丈，下有一人，常斫之，树创随合。人姓吴，名刚，西河人，学仙有过，谪令伐树。"⑦ 白兔捣药：傅玄《拟天问》："月中何有？白兔捣药。"此言月中物象。⑧ 彭天锡：戏曲艺人，江苏金坛人。见卷六《彭天锡串戏》一文。⑨ 南、董：南史、董狐，春秋时史官，以直笔不讳著称。

## 朱楚生

朱楚生，女戏耳，调腔戏耳[①]。其科白之妙，有本腔不能得十分之一者。盖四明姚益诚先生精音律[②]，尝得与楚生辈讲究关节，妙入情理。如《江天暮雪》、《霄光剑》、《画中人》等戏[③]，虽昆山老教师细细摹拟[④]，断不能加其毫末也。班中脚色，足以鼓吹楚生者方留之，故班次愈妙。

楚生色不甚美，虽绝世佳人，无其风韵。楚楚谡谡[⑤]，其孤意在眉，其深情在睫，其解意在烟视媚行。性命于戏，下全力为之。曲白有误，稍为订正之，虽后数月，其误处必改削如所语。

楚生多坐驰[⑥]，一往深情，摇飏无主。一日，同余在定香桥[⑦]，日晡烟生，林木窅冥，楚生低头不语，泣如雨下。余问之，作饰语以对。劳心忡忡，终以情死。

① 调腔戏：明末流行于杭州、绍兴一带的一个剧种。　② 四明：见卷一《日月湖》注。　③《江天暮雪》：明无名氏传奇作品，演崔君瑞、郑月娘事。《霄光剑》：明徐复祚撰，演卫青、铁勒奴事。《画中人》：明吴炳撰，演庾启、郑琼枝事。　④ 昆山：今江苏昆山，昆剧发源地。　⑤ 楚楚谡谡：形容仪态美好而整肃。　⑥ 坐驰：形坐而心驰。　⑦ 定香桥：杭州桥名。在西湖花港观鱼亭前，一名袁公桥，南宋袁韶建先贤堂时并建。见《湖山便览》卷三。

## 扬州瘦马

扬州人日饮食于瘦马之身者[1]，数十百人。娶妾者切勿露意，稍透消息，牙婆驵侩[2]，咸集其门，如蝇附膻，撩扑不去。

黎明，即促之出门。媒人先到者，先挟之去，其馀尾其后，接踵伺之。至瘦马家，坐定，进茶，牙婆扶瘦马出，曰："姑娘拜客！"下拜。曰："姑娘往上走！"走。曰："姑娘转身！"转身向明立，面出。曰："姑娘借手睄睄！"尽褫其袂，手出，臂出，肤亦出。曰："姑娘睄相公！"转眼偷觑，眼出。曰："姑娘几岁了？"曰几岁，声出。曰："姑娘再走走！"以手拉其裙，趾出。然看趾有法，凡出门裙幅先响者，必大；高系其裙，人未出而趾先出者，必小。曰："姑娘请回！"一人进，一人又出。看一家必五六人，咸如之。

看中者，用金簪或钗一股插其鬓，曰"插带"；看不中，出钱数百文赏牙婆，或赏其家侍婢，又去看。牙婆倦，又有数牙婆踵伺之。一日二日，至四五日，不倦亦不尽。然看至五六十人，白面红衫，千篇一律，如学字者，一字写至百至千，连此字亦不认得矣。心与目谋，毫无把柄，不得不聊且迁就，定其一人。

"插带"后，本家出一红单，上写彩缎若干、金花若干、财礼若干、布匹若干、用笔蘸墨，送客点阅。客批财礼及缎匹如其意，则肃客归。归未抵寓，而鼓乐盘担、红绿羊酒在其门久矣。不一刻，而礼币糕果俱齐，鼓乐导之去。去未半里，而花轿花灯、擎燎火把、山人傧相③、纸烛供果牲醴之属，门前环侍。厨子挑一担至，则蔬果、肴馔汤点、花棚糖饼、桌围坐褥、酒壶杯箸、龙虎寿星、撒帐牵红④、小唱弦索之类，又毕备矣。不待复命，亦不待主人命，而花轿及亲送小轿一齐往迎，鼓乐灯燎，新人轿与亲送轿一时俱到矣。新人拜堂，亲送上席，小唱鼓吹，喧阗热闹。日未午而讨赏遽去，急往他家，又复如是。

① 瘦马：旧时，扬州土豪地痞以贱价收买贫家童女，教以歌舞、琴棋、书画诸技艺，又以高价转卖给四方官绅、商贾做小妾，俗称"瘦马"。如贩马者养瘦马为肥，而得善价。　② 牙婆驵侩：指介绍买卖瘦马的中间人，女的叫牙婆，男的叫驵侩，又叫"牙郎"。　③ 山人：俗称卜卦、算命、礼赞之流，此谓主持婚仪的礼赞者。　④ 撒帐牵红：旧时的一种婚俗。《东京梦华录》卷五："二家各出彩段绾一同心，谓之牵红，男挂于笏，女搭于手，男倒行出，面皆相向。……妇女以金钱彩果撒掷，谓之撒帐。"

# 卷 六

## 彭天锡串戏

彭天锡串戏妙天下①,然出出皆有传头②,未尝一字杜撰。曾以一出戏,延其人至家,费数十金者,家业十万,缘手而尽。三春多在西湖,曾五至绍兴,到余家串戏五六十场,而穷其技不尽。

天锡多扮丑净,千古之奸雄佞幸,经天锡之心肝而愈狠,借天锡之面目而愈刁,出天锡之口角而愈险。设身处地,恐纣之恶不如是之甚也! 皱眉视眼,实实腹中有剑,笑里有刀,鬼气杀机,阴森可畏。盖天锡一肚皮书史,一肚皮山川,一肚皮机械③,一肚皮磥砢不平之气,无地发泄,特于是发泄之耳。

余尝见一出好戏,恨不得法锦包裹④,传之不朽。尝比之天上一夜好月,与得火候一杯好茶,只可供一刻受用,其实珍惜之不尽也。桓子野见山水佳处,辄呼"奈何! 奈何!"⑤真有无可奈何者,口说不出。

① 彭天锡:江苏金坛人,明末著名戏曲演员。 ② 传头:来头,根据。 ③ 机械:机变,巧智。 ④ 法锦:西南少数民族编织的锦囊。 ⑤ "桓子野"二句:《世说新语·任诞》:"桓子野每闻清歌,辄唤'奈何'。谢公闻之:'子野可谓一往有深情。'"晋桓伊,字叔夏,小字

子野。

## 目　莲　戏

余蕴叔演武场搭一大台[①]，选徽州旌阳戏子剽轻精悍、能相扑跌打者三四十人，搬演目莲[②]，凡三日三夜。四围女台百十座，戏子献技台上，如度索舞絙、翻桌翻梯、觔斗蜻蜓、蹬坛蹬臼、跳索跳圈、窜火窜剑之类，大非情理。凡天神地祇、牛头马面、鬼母丧门、夜叉罗刹、锯磨鼎镬、刀山寒冰、剑树森罗、铁城血澥，一似吴道子《地狱变相》[③]，为之费纸札者万钱，人心惴惴，灯下面皆鬼色。戏中套数，如《招五方恶鬼》、《刘氏逃棚》等剧，万余人齐声呐喊。熊太守谓是海寇卒至[④]，惊起，差衙官侦问，余叔自往复之，乃安。台成，叔走笔书二对。一曰："果证幽明，看善善恶恶随形答响，到底来那个能逃？道通昼夜，任生生死死换姓移名，下场去此人还在。"一曰："装神扮鬼，愚蠢的心下惊慌，怕当真也是如此。成佛作祖，聪明人眼底忽略，临了时还待怎生？"真是以戏说法。

① 蕴叔：张烨芳，字尔蕴，号七磐，作者季叔，恣睢暴虐，然多才多艺，能粉墨登场，喜结天下名士。　② 目莲：即目犍连，释迦牟尼十大弟子之一，神通广大，侍佛左边。佛教传说，目连见其亡母在地狱受苦，求佛救度，佛告当于七月十五日备百味饮食供养十方僧众，母即得脱一切饿鬼之苦。见《盂兰盆经》。曲家据此搬演为目连戏，如明郑子珍《目连救母劝善记》。　③"一似"句：黄休复《益州名画录》："吴道子

画地狱变相,都人咸观,惧罪修善。"吴道子,名道玄。阳翟人。唐代著名画家,擅长释道人物及山水画,被誉为"画圣"。 ④ 熊太守:指绍兴知府熊鸣岐。

# 甘文台炉

香炉贵适用,尤贵耐火。三代青绿①,见火即败,哥、汝窑亦如之②。便用便火,莫如宣炉③。然近日宣铜一炉,价百四五十金,焉能办之?

北铸如施银匠亦佳④,但粗夯可厌。苏州甘回子文台⑤,其拨蜡范沙⑥,深心有法,而烧铜色、等分两,与宣铜款致分毫无二,俱可乱真。

然其与人不同者,尤在铜料。甘文台以回回教门,不崇佛法,乌斯藏渗金佛⑦,见即锤碎之,不介意,故其铜质不特与宣铜等,而有时实胜之。

甘文台自言,佛像遭劫已七百尊有奇矣。余曰:"使回回国别有地狱,则可。"

① 三代青绿:指夏、商、周三代古青铜器。 ② 哥、汝窑:宋时浙江龙泉有章氏兄弟皆善烧瓷,兄所烧者名琉田窑,又名哥窑。哥窑之器"薄胎铁骨",以青为主,有碎纹,称"鱼子纹"和"百圾碎"。宋代汝州(今河南临汝)也以烧窑著称,其器胎骨深灰,釉色近于雨过天青,或含棕眼及蟹爪纹,世称汝窑。 ③ 宣炉:即宣德炉,明宣德年间以暹罗风磨铜和多种贵金属烧制而成的精美铜炉,有冶炼精细、款式丰富、色彩妙丽等特点。宣宗三年铸炉,此后即停烧,故真宣难觅,世多仿制或伪制。

④ 北铸：北京所铸宣炉仿制品。 施银匠：工匠施念峰。 ⑤ 甘回子文台：甘文台，明末仿制宣德炉的著名工匠。回子，回族人。⑥ 拨蜡：一种烧铸工艺，在泥模上涂抹黄蜡牛油。 范沙：用细沙与炭末为泥涂铺在油蜡上。见《天工开物·冶铸》。 ⑦ 乌斯藏：西藏别称。 渗金佛：用渗金技术冶铸的佛像，其法“以金铄为泥，数四涂抹火炙成赤”(见《遵生八笺》)。

## 绍兴灯景

绍兴灯景，为海内所夸者，无他，竹贱、灯贱、烛贱；贱，故家家可为之；贱，故家家以不能灯为耻。故自庄逵以至穷檐曲巷[①]，无不灯，无不棚者。棚以二竿竹搭过桥，中横一竹，挂雪灯一、灯球六。大街以百计，小巷以十计。从巷口回视巷内，复迭堆垛，鲜妍飘洒，亦足动人。十字街搭木棚，挂大灯一，俗曰“呆灯”，画《四书》、《千家诗》故事，或写灯谜，环立猜射之。庵堂寺观，以木架作柱灯及门额，写“庆赏元宵”、“与民同乐”等字。佛前红纸荷花琉璃百盏，以佛图、灯带间之，熊熊煜煜[②]。庙门前高台，鼓吹五夜。市廛如横街、轩亭、会稽县西桥，闾里相约，故盛其灯。更于其地斗狮子灯，鼓吹弹唱，施放烟火，挤挤杂杂。小街曲巷有空地，则跳大头和尚，锣鼓声错，处处有人团簇看之。城中妇女多相率步行，往闹处看灯；否则，大家小户杂坐门前，吃瓜子糖豆，看往来士女，午夜方散。乡村夫妇多在白日进城，乔乔画画[③]，东穿西走，曰“钻灯棚”，曰“走灯桥”，天晴无日无之。

万历间,父叔辈于龙山放灯,称盛事,而年来有效之者。次年朱相国家放灯塔山[4],再次年放灯蕺山[5]。蕺山以小户效颦,用竹棚,多挂纸魁星灯。有轻薄子作口号,嘲之曰:"蕺山灯景实堪夸,葫篆竿头挂夜叉。若问搭彩是何物?手巾脚布神袍纱。"由今思之,亦是不恶。

① 庄逵:庄与逵,俱指四通八达的道路。《左传·襄公二十八年》:"得庆氏之木百车于庄。"《诗·周南·兔罝》:"肃肃兔罝,施于中逵。"
② 熊熊煜煜:形容灯火辉煌。 ③ 乔乔画画:打扮得漂漂亮亮。
④ 朱相国:朱赓,字少钦,山阴人。隆庆进士,累官吏部尚书、文华殿大学士,故称"相国"。 塔山:又称龟山,在卧龙山南。朱赓曾在山下建逍遥楼。 ⑤ 蕺山:在绍兴卧龙山东北三里处,山产蕺菜,越王勾践尝采食之,山因得名。

## 韵　　山

大父至老[1],手不释卷,斋头亦喜书画、瓶几布设。不数日,翻阅搜讨,尘堆砚表,卷帙正倒参差。常从尘砚中磨墨一方,头眼入于纸笔,潦草作书生家蝇头细字。日晡向晦,则携卷出帘外,就天光爇烛,檠高光不到纸,辄倚几携书就灯,与光俱俯,每至夜分,不以为疲。常恨《韵府群玉》、《五车韵瑞》寒俭可笑[2],意欲广之。乃博采群书,用淮南"大小山"义[3],摘其事曰《大山》,摘其语曰《小山》,事语已详本韵而偶寄他韵下曰《他山》,脍炙人口者曰《残山》,总名之曰《韵山》。小字襞積,烟煤残楮，厚如砖块者三百余本。一韵积至十余本，《韵府》、《五车》不啻千倍之矣。正欲成帙，胡仪部青莲携其尊人所出中秘书[4]，名《永乐大典》者，与《韵山》正相类，大帙三十余本，一韵中之一字犹不尽焉。大父见而太息曰："书囊无尽，精卫衔石填海[5]，所得几何！"遂辍笔而止。以三十年之精神，使为别书，其博洽应不在王弇州、杨升庵下[6]。今此书再加三十年，亦不能成，纵成亦力不能刻。笔冢如山[7]，只堪覆瓿，余深惜之。丙戌兵乱[8]，余载往九里山[9]，藏之藏经阁，以待后人。

① 大父：作者祖父张汝霖。 ②《韵府群玉》：二十卷，元阴时夫撰，阴中夫注。 《五车韵瑞》：一六〇卷，明凌稚隆撰。 ③"用淮南"句：汉淮南王刘安，博雅好古，招天下俊伟之士，各竭其才，著书作赋，以类相从，或称小山，或称大山。见王逸《楚辞章句》卷十二。 ④ 仪部：即礼部。 ⑤ 精卫：鸟名，炎帝少女所化，常衔西山木石以填东海。见《山海经·北山经》。 ⑥ 王弇州：见卷一《奔云石》注。杨升庵：杨慎，字用修，号升庵。明中叶学者，以博洽著称。 ⑦ 笔冢：李肇《国史补》中："长沙僧怀素，好草书，自言得草圣三昧。弃笔堆积，埋于山下，号曰笔冢。" ⑧ 丙戌：清顺治三年(1646)。 ⑨ 九里山：即侯山，一名小隐山，在山阴南九里，故俗称九里山。

## 天童寺僧

戊寅[1]，同秦一生诣天童访金粟和尚[2]。到山门，见万工池绿净，可鉴须眉。旁有大锅覆地，问僧，僧曰："天童山有龙藏，龙常下饮池水，故此水刍秽不入。正德间，二龙斗，寺僧五六百人撞钟鼓撼之，龙怒，扫寺成白地，锅其遗也。”入大殿，宏丽庄严。折入方丈，通名刺。老和尚见人便打，曰“棒喝”。余坐方丈，老和尚迟迟出，二侍者执杖、执如意先导之，南向立，曰：“老和尚出。”又曰：“怎么行礼？”盖官长见者皆下拜，无抗礼，余屹立不动，老和尚下行宾主礼。侍者又曰：“老和尚怎么坐？”余又屹立不动，老和尚肃余坐。坐定，余曰：“二生门外汉，不知佛理，亦不知佛法，望老和尚慈悲，明白开示。勿劳棒喝，勿落机锋，只求如家常白话，老实商量，求个下落。”老和尚首肯余言，导余随喜[3]。早晚斋方丈，敬礼特甚。余遍观寺中僧匠千五百人，俱舂者、碓者、磨者、甑者、汲者、爨者、锯者、劈者、菜者、饭者，狰狞急遽，大似吴道子一幅《地狱变相》[4]。老和尚规矩严肃，常自起撞人，不止“棒喝”。

① 戊寅：崇祯十一年(1638)。 ② 秦一生：见卷一《天砚》注。天童：指天童寺，在宁波鄞县太白山麓，晋永康元年僧义兴来此结茅，唐开元中始建寺，为佛教禅宗圣地。 金粟和尚：即圆悟禅师，字觉初，号密云，俗姓蒋，江苏宜兴人。历主龙池、通玄、金粟、黄檗、育王、天童诸寺，使久芜的天童古刹营建一新，临济宗得以中兴。见《天童寺志》。
③ 随喜：佛家语，游览参观寺院。 ④ 地狱变相：见本卷《目莲戏》注。

## 水浒牌[1]

古貌古服、古兜鍪、古铠胄、古器械，章侯自写其所学所问已耳②。而辄呼之曰"宋江",曰"吴用",而"宋江"、"吴用"亦无不应者,以英雄忠义之气,郁郁芊芊,积于笔墨间也。周孔嘉丐余促章侯③,孔嘉丐之,余促之,凡四阅月而成。余为作缘起曰:"余友章侯,才足掞天④,笔能泣鬼。昌谷道上,婢囊呕血之诗⑤;兰渚寺中,僧秘开花之字⑥。兼之力开画苑,遂能目无古人,有索必酬,无求不与。既蠲郭恕先之癖⑦,喜周贾耘老之贫⑧,画《水浒》四十人,为孔嘉八口计,遂使宋江兄弟,复睹汉官威仪。伯益考著《山海》遗经⑨,兽毨鸟氄皆拾为千古奇文;吴道子画《地狱变相》,青面獠牙尽化作一团清气。收掌付双荷叶,能月继三石米,致二斗酒,不妨持赠⑩;珍重如柳河东,必日灌蔷薇露,薰玉蕤香,方许解观⑪。非敢阿私,愿公同好。"

① 水浒牌:即水浒叶子,一种酒牌,上画《水浒》人物,画者为陈洪绶。 ② 章侯:即陈洪绶,见卷三《陈章侯》注。 ③ 周孔嘉:作者好友,原籍苏州,天启五年僦居绍兴轩亭之北。 ④ 掞:光耀。 ⑤"昌谷"二句:唐诗人李贺外出恒带童仆,骑驴背一锦囊,遇有诗料即书投囊中。其母常常感叹道:"是儿要当呕出心乃已尔!"详李商隐《李长吉小传》。昌谷,今河南宜阳,李贺故里。 ⑥"兰渚"二句:山阴西南二十七里有兰渚山,山麓有亭,为王羲之流觞修禊处。唐代僧人辨才居此,藏兰亭真迹,秘不示人。太宗求之不与,用萧翼赚得之。 ⑦"既蠲"句:郭忠恕,字恕先,北宋洛阳人,善画楼观台榭、山水树石,玩世疾俗,纵酒肆言,多游王侯公卿之家,待以美酒,预张纨素乘兴即画之;苟意不欲,虽固请必怒而去。 ⑧"喜周"句:贾收,号耘老,北宋浙江乌程人,与苏轼游,轼画古木怪石以周济其贫。 ⑨ 伯益考:即伯益,舜臣,佐禹治水有功,旧说以为是《山海经》的作者。 ⑩"收掌"四句:用苏轼《答贾耘老》事,书云:"念贾处士贫甚,无以慰其意,乃为作怪石古木一纸,每遇饥时,辄以开省,还能饱人否?若无兴有好事者,为君

月致米三石，酒三斗，终君之世，便以赠之。不尔者，可令双荷叶收掌。"收掌，收管。双荷叶，贾耘老之妾。 ⑪"珍重"四句：据《云仙杂记》载，柳宗元得韩愈所寄诗，必以蔷薇露濯手，以玉蕤香薰炉，其珍爱如此。

# 烟 雨 楼

嘉兴人开口烟雨楼①，天下笑之，然烟雨楼故自佳。楼襟对莺泽湖②，涳涳濛濛，时带雨意，长芦高柳，能与湖为浅深。

湖多精舫，美人航之，载书画茶酒，与客期于烟雨楼。客至，则载之去，舣舟于烟波缥缈。态度幽闲，茗炉相对，意之所安，经旬不返。舟中有所需，则道出宣公桥、角里街③，果蓏蔬鲜，法膳琼苏④，咄嗟立办⑤。旋即归航，柳湾桃坞，痴迷伫想，若遇仙缘，洒然言别，不落姓氏。间有倩女离魂⑥，文君新寡⑦，亦效颦为之。淫靡之事，出以风韵，习俗之恶，愈出愈奇。

① 烟雨楼：在浙江嘉兴南湖湖心岛上，五代时广陵郡王钱元璙建，取唐代诗人杜牧"南朝四百八十寺，多少楼台烟雨中"诗意名楼。明嘉靖中仿旧制，建楼于湖心。四面临水，水木清华，晨烟暮雨，向称胜景。
② 莺泽湖：即鸳鸯湖，今称南湖，在嘉兴城南三里。昔日湖中多鸳鸯，或云，以其东南两湖相接如鸳鸯，故名。 ③ 宣公桥：在嘉兴城东一里，跨月河上，相传为陆宣公（唐宰相陆贽）建。 角里街：即角里坊，在嘉兴东门外。 ④ 琼苏：美酒名。 ⑤ 咄嗟立办：谓顷刻之间即能办到。《晋书·石崇传》："为客作豆粥，咄嗟便办。" ⑥ 倩女离魂：唐武则天时，清河张镒有女倩娘，端妍绝伦，与镒外甥太原王宙相爱。后镒以女许他人，女闻而郁抑，而魂飞王宙处，遂结为夫妇，生两子。事见

唐陈玄祐《离魂记》,元人郑德辉据此改编为杂剧《倩女离魂》。⑦ 文君新寡:汉武帝时,蜀富人卓王孙之女文君有才貌,新寡在家。司马相如作客卓家,以琴挑之,文君夜奔相如。事见《史记·司马相如列传》。

## 朱氏收藏

朱氏收藏[1],如“龙尾觥”、“合巹杯”,雕镂锲刻,真属鬼工,世不再见。余如秦铜汉玉、周鼎商彝、哥窑倭漆[2]、厂盒宣炉[3]、法书名画、晋帖唐琴,所畜之多,与分宜埒富[4],时人讥之。余谓博洽好古,犹是文人韵事,风雅之列,不黜曹瞒[5],鉴赏之家,尚存秋壑[6]。诗文书画未尝不抬举古人,恒恐子孙效尤,以袖攫石、攫金银以赚田宅,豪夺巧取,未免有累盛德。闻昔年朱氏子孙,有欲卖尽“坐朝问道”四号田者,余外祖兰风先生谑之曰:“你只管坐朝问道,怎不管垂拱平章?”[7]一时传为佳话。

① 朱氏:指朱石门,江南著名收藏家,作者祖舅。 ② 倭漆:日本彩漆。 ③ 厂盒:北京果园厂所制漆盒。 ④ 分宜:指嘉靖间宰相严嵩。严是江西分宜人,故称。 ⑤ 曹瞒:曹操小字阿瞒,善诗,以风雅称。 ⑥ 秋壑:贾似道,字师宪,号秋壑,南宋末奸相,性嗜宝玩,建多宝阁,日登阁赏玩。 ⑦“余外祖”三句:张岱《快园道古》卷十四:“朱文懿当国,其子讷言石门广置田宅。居近南门,凡南向坐朝问道四号田,欲买尽无遗,巧取豪夺,略无虚日。外祖陶兰风先生谑之曰:‘石门你只管坐朝问道,却忘了垂拱平章。’”坐朝问道与垂拱平章俱

见《千字文》。兰风：见卷四《雪精》注。

## 仲叔古董

葆生叔少从渭阳游①，遂精赏鉴。得白定炉、哥窑、官窑酒匜②，项墨林以五百金售之③，辞曰："留以殉葬。"

癸卯④，道淮上。有铁梨木天然几⑤，长丈六，阔三尺，滑泽坚润，非常理。淮抚李三才百五十金不能得⑥，仲叔以二百金得之，解维遽去。淮抚大恚怒，差兵蹑之，不及而返。

庚戌⑦，得石璞三十斤，取日下水涤之，石罅中光射如鹦哥、祖母⑧，知是水碧⑨。仲叔大喜，募玉工仿朱氏龙尾觥一、合卺杯一⑩，享价三千，其余片屑寸皮，皆成异宝。仲叔赢资巨万，收藏日富。

戊辰后⑪，倅姑熟⑫，倅姑苏，寻令盟津⑬。河南为铜薮⑭，所得铜器盈数车。美人觚一种⑮，大小十五六枚，青绿彻骨，如翡翠，如鬼眼青⑯，有不可正视之者。归之燕客⑰，一日失之，或是龙藏收去⑱。

① 葆生：见卷二《焦山》注。　渭阳：朱敬循，号渭阳，又号石门，山阴人，大学士朱赓之子，作者祖舅，曾官礼部郎中，卒于右通政，为浙江收藏名家。　② 白定：宋代于定州（今河北定县）设窑，所产瓷器以白色滋润或釉色若竹丝白纹者为贵，俗称"粉定"，亦称"白定"。　哥窑：见本卷《甘文台炉》注。　官窑：宋政和年间京师自置窑，烧制瓷器，称官窑。南渡后，袭旧制，所造青瓷，亦曰官窑。　匜：酒器。　③ 项

墨林：字子京，号墨林山人，浙江嘉兴人。工绘事，精于鉴赏，晚明著名收藏家。　售：购买。　④ 癸卯：万历三十一年（1603）。　⑤ 铁梨木：即愈疮木，蒺藜科，常绿木本，木质密致坚牢。　⑥ 李三才：字道甫，河北通县人，万历进士，官至漕运总督、凤阳巡抚，加户部尚书。⑦ 庚戌：万历三十八年（1610）。　⑧ 鹦哥：绿色美玉。　祖母：又名子母绿、助水绿，一种绿宝石。　⑨ 水碧：即水晶，无色透明的结晶石英。　⑩ "募玉工"句：参见本卷《朱氏收藏》所云。　朱氏，指朱石门。　⑪ 戊辰：明崇祯元年（1628）。　⑫ 倅：副职，此指县令属官。　姑熟：今安徽当涂。　⑬ 盟津：即孟津，古地名。在今河南孟津县东。史载周武王伐纣，观兵于此，诸侯不期而至者八百，故称盟津。　⑭ "河南"句：河南为殷商故地，多出土青铜器，故云。⑮ 觚：古代青铜酒器，喇叭形口，细腰，高圈足。　⑯ 鬼眼青：美玉名。　⑰ 燕客：见卷一《天砚》注。　⑱ 龙藏：即海底龙宫，宝藏荟聚之地。

# 噱　　社

仲叔善诙谐，在京师与漏仲容、沈虎臣、韩求仲辈结"噱社"①。唼喋数言②，必绝缨喷饭。漏仲容为帖括名士③，常曰："吾辈老年读书做文字，与少年不同。少年读书，如快刀切物，眼光逼注，皆在行墨空处，一过辄了。老年如以指头掐字，掐得一个，只是一个，掐得不着时，只是白地。少年做文字，白眼看天，一篇现成文字挂在天上，顷刻下来，刷入纸上，一刷便完。老年如恶心呕吐，以手扼入齿哕出之，出亦无多，总是渣秽。"此是格言，非止谐语。

一日，韩求仲与仲叔同宴一客，欲连名速之，仲叔曰："我长求仲，则我名应在求仲前，但缀蝇头于如拳之上，则是细注在前，白文在后，那有此理！"人皆失笑。沈虎臣出语尤尖巧。仲叔候座师收一帽套，此日严寒，沈虎臣嘲之曰："座主已收帽套去，此地空余帽套头；帽套一去不复返，此头千载冷悠悠④。"其滑稽多类此。

① 韩求仲：韩敬，字求仲，号止修，浙江乌程人，万历三十八年进士第一，官修撰。 ② 唼喋：鸟或鱼类聚食貌，这里形容聚集一处。 ③ 帖括：科举应试文章，明清时代一般指八股文。 ④ "座主"四句：套改唐人崔颢《黄鹤楼》诗。

## 鲁府松棚

报国寺松①，蔓引骈委②，已入藤理。入其下者，蹒跚局蹐，气不得舒。鲁府旧邸二松，高丈五，上及檐甃，劲竿如蛇脊，屈曲撑距，意色酣怒，鳞爪拿攫，义不受制，鬣起针针，怒张如戟。旧府呼"松棚"，故松之意态情理无不棚之。便殿三楹盘郁殆遍，暗不通天，密不通雨。鲁宪王晚年好道③，尝取松肘一节，抱与同卧，久则滑泽酣酡，似有血气。

① 报国寺：在北京广宁门外，寺之天王殿前有二株古松，"左之偃，不过檐甃，右之偃，不俯栏石，影无远移，遥枝相及，鳞鳞蹲石，针针乱棘"（《帝京景物略》）。 ② 骈委：下垂貌。 ③ 鲁宪王：当作"鲁献王"，见卷一《木犹龙》注。

## 一尺雪

“一尺雪”为芍药异种，余于兖州见之。花瓣纯白，无须萼，无檀心，无星星红紫，洁如羊脂，细如鹤翮，结楼吐舌，粉艳雪腴。上下四旁方三尺，干小而弱，力不能支，蕊大如芙蓉，辄缚一小架扶之。大江以南，有其名无其种，有其种无其土，盖非兖勿易见之也。兖州种芍药者如种麦，以邻以亩。花时宴客，棚于路、彩于门、衣于壁、障于屏、缀于帘、簪于席、茵于阶者，毕用之，日费数千勿惜。余昔在兖，友人日剪数百朵送寓所，堆垛狼藉，真无法处之。

## 菊 海

兖州张氏期余看菊，去城五里。余至其园，尽其所为园者而折旋之，又尽其所不尽为园者而周旋之，绝不见一菊，异之。移时，主人导至一苍莽空地，有苇厂三间[1]，肃余入[2]，遍观之，不敢以菊言，真菊海也！厂三里，砌坛三层，以菊之高下高下之。花大如瓷瓯，无不球，无不甲，无不金银荷花瓣，色鲜艳异凡本，而翠叶层层，无一早脱者。此是天道，是土力，缺一不可焉。

兖州缙绅家风气袭王府[3]，赏菊之日，其桌、其炕、其灯、其炉、其盘、其盒、其盆盎、其肴器、其杯盘大觥、其壶、其帏、其褥、其酒、其面食、其衣服花样，无不菊者。夜烧烛照之，蒸蒸烘染，较日色更浮出数层。席散，撤苇帘以受繁露。

① 苇厂：芦苇搭建的棚子。 ② 肃：迎候。 ③ 王府：指鲁王府。明太祖封其第十子朱檀为鲁王，藩地在山东兖州。崇祯间，寿鋐、寿镛继嗣，镛薨，子以派嗣。

## 曹山

万历甲辰[①]，大父游曹山[②]，大张乐于狮子岩下。石梁先生戏作山君檄讨大父[③]，祖昭明太子语，谓若以管弦污我岩壑[④]。大父作檄骂之，有曰："谁云鬼刻神镂，竟是残山剩水！"石篑先生嗤石梁曰[⑤]："文人也，那得犯其锋！不若自认，以'残山剩水'四字摩崖勒之。"先辈之引重如此。曹石宕为外祖放生池[⑥]，积三十余年，放生几百千万，有见池中放光如万炬烛天，鱼虾荇藻附之而起，直达天河者。余少时从先宜人至曹山庵作佛事[⑦]，以大竹篰贮西瓜四，浸宕内。须臾，大声起岩下，水喷起十余丈，三小舟缆断，颠翻波中，冲击几碎。舟人急起视，见大鱼如舟，口欱四瓜[⑧]，掉尾而下。

① 万历甲辰：公元1604年。 ② 曹山：又名曹家山，绍兴城东小山，工人在此采石，因成峰壑，岁久萝木丛生，积水成潭，俨然胜境。作者有《越山五佚记·曹山》。 ③ 石梁先生：陶奭龄，字公望，一字君

奭，号石梁，会稽人。万历三十一年举人，与兄望龄以讲学著名。④“祖昭明”二句：陶奭龄《山君檄》：“尔以丝竹，污我山灵。”又，《南史·萧统传》：“性爱山水，于玄圃穿筑，更立亭馆，与朝士名素者游其中。尝泛舟后池，番禺侯轨盛称此中宜奏女乐，太子不答，咏左思《招隐诗》云：‘何必丝与竹，山水有清音。’轨惭而止。”奭龄之檄本此。　⑤ 石篑先生：即陶望龄，见卷二《花石纲遗石》注。　⑥ 外祖：指陶允嘉，见卷四《雪精》注。　⑦ 先宜人：作者母，陶允嘉女。　⑧ 欱：吮，含。

## 齐景公墓花樽

霞头沈佥事宦游时①，有发掘齐景公墓者②，迹之，得铜豆三，大花樽二。豆朴素无奇。花樽高三尺，束腰拱起，口方而敞，四面戟楞，花纹兽面，粗细得款，自是三代法物。归乾刘阳太公③，余见赏识之，太公取与严，一介不敢请。及宦粤西，外母归余斋头④，余拂拭之，为发异光。取浸梅花，贮水，汗下如雨，逾刻始收，花谢结子，大如雀卵。余藏之两年，太公归自粤西，稽复之，余恐伤外母意，亟归之。后为驵侩所啖，竟以百金售去，可惜！今闻在歙县某氏家庙。

①“霞头”句：沈錬，字纯甫，号青霞，会稽人。嘉靖十七年进士，除溧阳知县，调茌平，入为锦衣卫经历，以忤严嵩父子谪佃保安，又诬通白莲教，被斩于宣府。　② 齐景公：春秋齐国国君杵臼。　③ 归乾：归属，占有。刘阳太公：即刘毅，字健甫，山阴人。万历己丑会试第六人，官至广西按察使、右布政使，移病归。居家敦朴，藏书颇富。④ 外母：作者岳母王氏，刘毅之媳。

# 卷 七

## 西湖香市

西湖香市[①]，起于花朝[②]，尽于端午。山东进香普陀者日至，嘉湖进香天竺者日至[③]，至则与湖之人市焉，故曰香市。然进香之人市于三天竺，市于岳王坟，市于湖心亭，市于陆宣公祠[④]，无不市，而独凑集于昭庆寺[⑤]。昭庆寺两廊，故无日不市者。三代八朝之骨董[⑥]，蛮夷闽貊之珍异，皆集焉。至香市，则殿中边甬道上下、池左右、山门内外，有屋则摊，无屋则厂，厂外又棚，棚外又摊，节节寸寸。凡胭脂簪珥、牙尺剪刀，以至经典木鱼，伢儿嬉具之类[⑦]，无不集。

此时春暖，桃柳明媚，鼓吹清和，岸无留船，寓无留客，肆无留酿。袁石公所谓"山色如娥，花光如颊，波纹如绫，温风如酒"[⑧]，已画出西湖三月。而此以香客杂来，光景又别：士女闲都，不胜其村妆野妇之乔画；芳兰芗泽，不胜其合香芫荽之薰蒸；丝竹管弦，不胜其摇鼓欱笙之聒帐；鼎彝光怪，不胜其泥人竹马之行情；宋元名画，不胜其湖景佛图之纸贵。如逃如逐，如奔如追，撩扑不开，牵挽不住，数百十万男男女女老老少少，日簇拥于寺之前后左右者，凡四阅月方罢，恐大江以东断无此二地矣。

崇祯庚辰三月[⑨]，昭庆寺火，是岁及辛巳、壬午洊饥[⑩]，民强半饿死。壬午虏鲠山东[11]，香客断绝，无有至者，市遂废。辛巳夏，余在西湖，但见城中饿殍舁出，扛挽相属。时杭州刘太守梦谦[12]，汴梁人，乡里抽丰者多寓西湖[13]，日以民词馈送。有轻薄子改古诗诮之曰[14]："山不青山楼不楼，西湖歌舞一时休。暖风吹得死人臭，还把杭州送汴州。"可作西湖实录。

① 香市：犹今庙会。 ② 花朝：农历二月十二日，为百花生日，称花朝节。 ③ 嘉湖：指浙江嘉兴、湖州一带。 天竺：见卷五《麋公》注。 ④ 陆宣公祠：唐名臣陆贽，谥忠宣公，西湖孤山山麓有他的祠庙。 ⑤ 昭庆寺：在西湖宝石山下，始建于五代，后屡毁屡建。明万历中，太监孙隆以织造助建，规模宏丽，廊庑列肆，进香期间，集市很盛。 ⑥ 三代：指夏、商、周。 八朝：指汉、魏、晋、宋、齐、梁、陈、隋。 ⑦ 孖儿：犹孩儿，杭州方言。 ⑧ 袁石公：即袁宏道。见卷一《葑门荷宕》注。引文见《袁中郎全集》卷八《西湖一》。 ⑨ 庚辰：崇祯十三年(1640)。 ⑩ 辛巳：崇祯十四年(1641)。 壬午：崇祯十五年(1642)。 洊饥：接连饥荒。 ⑪ 虏：指清兵。 鲠：通"梗"，阻塞。 ⑫ 刘梦谦：河南罗山人，崇祯进士，曾任杭州知府。⑬ 抽丰：借各种名义向人索取财物，俗称"打秋风"。 ⑭ 古诗：指宋人林升《题临安邸》诗："山外青山楼外楼，西湖歌舞几时休？暖风熏得游人醉，直把杭州作汴州。"

## 鹿苑寺方柿

萧山方柿，皮绿者不佳，皮红而肉糜烂者不佳，必树头红而坚脆如藕者，方称绝品。然间遇之，不多得。余向言西瓜生于六月，享尽天福；秋白梨生于秋，方柿、绿柿生于冬，未免失候。丙戌[①]，余避兵西白山[②]，鹿苑寺前后有夏方柿十数株。六月歊暑[③]，柿大如瓜，生脆如咀冰嚼雪，目为之明，但无法制之，则涩勒不可入口。土人以桑叶煎汤，候冷，加盐少许，入瓮内，浸柿没其颈，隔二宿取食，鲜磊异常[④]。余食萧山柿多涩，请赠以此法。

① 丙戌：清顺治三年(1646)。 ② 西白山：绍兴嵊县西七十里有太白山，连跨三邑，在嵊曰西白，在诸暨曰东白，在东阳曰北白。又有小白山相连，又称鹿苑山，山有鹿苑寺，始建于南朝宋元嘉二年。
③ 歊：热气上腾的样子。 ④ 鲜磊：新鲜爽口。

## 西湖七月半

西湖七月半，一无可看，止可看看七月半之人。看七月半之人，以五类看之。其一，楼船箫鼓，峨冠盛筵，灯火优傒[①]，声光相乱，名为看月而实不见月者，看之；其一，亦船亦楼，名娃闺秀，携及童娈，笑啼杂之，环坐露台，左右盼望，身在月下而实不看月者，看之；其一，亦船亦声歌，名妓闲僧，浅斟低唱，弱管轻丝，竹肉相发，亦在月下，亦看月，而欲人看其看月者，看之；其一，不舟不车，不衫不帻，酒醉饭饱，呼群三五，跻入人丛，昭庆、断桥[②]，嚣呼嘈杂，装假醉，唱无腔曲，月亦看，看月者亦看，不看月者亦看，而实无一看者，看之；其一，小船轻幌，净几暖炉，茶铛旋煮，素瓷静递，好友佳人，邀月同坐，或匿影树下，或逃嚣里湖，看月而人不见其看月之态，亦不作意看月者，看之。

杭人游湖，巳出酉归，避月如仇。是夕好名，逐队争出，多犒门军酒钱。轿夫擎燎，列俟岸上。一入舟，速舟子急放断桥，赶入胜会。以故二鼓以前，人声鼓吹，如沸如撼，如魇如呓，如聋如哑，大船小船一齐凑岸，一无所见，止见篙击篙、舟触舟、肩摩肩、面看面而已。少刻兴尽，官府席散，皂隶喝道去，轿夫叫船上人，怖以关门，灯笼火把如列星，一一簇拥而去。岸上人亦逐队赶门，渐稀渐薄，顷刻散尽矣。

吾辈始舣舟近岸[3]。断桥石磴始凉，席其上，呼客纵饮。此时月如镜新磨，山复整妆，湖复颒面[4]，向之浅斟低唱者出，匿影树下者亦出，吾辈往通声气，拉与同坐。韵友来，名妓至，杯箸安，竹肉发。月色苍凉，东方将白，客方散去。吾辈纵舟，酣睡于十里荷花之中，香气拍人，清梦甚惬。

① 优傒：优伶僮仆。 ② 昭庆：寺名，在西湖东北角。 断桥：原名宝祐桥，在西湖白堤上。 ③ 舣舟：停船靠岸。 ④ 颒面：洗面。形容湖面又重新出现明净如洗的样子。

## 及时雨

壬申七月[1]，村村祷雨，日日扮潮神海鬼，争唾之。余里中扮《水浒》，且曰：画《水浒》者，龙眠、松雪、近章侯[2]，总不如施耐庵。但如其面勿黛，如其髭勿鬣，如其兜鍪勿纸，如其刀杖勿树，如其传勿杜撰，勿弋阳腔[3]，则十得八九矣。于是分头四出，寻黑矮汉，寻梢长大汉，寻头陀[4]，寻胖大和尚，寻茁壮妇人，寻姣长妇人，寻青面，寻歪头，寻赤须，寻美髯，寻黑大汉，寻赤脸长须，大索城中。无则之郭、之村、之山僻、之邻府州县，用重金聘之，得三十六人。梁山泊好汉，个个呵活，臻臻至至[5]，人马称娖而行[6]，观者兜截遮拦，直欲看杀卫玠[7]。

五雪叔归自广陵[8]，多购法锦宫缎，从以台阁者八[9]：雷部六，大士一，龙宫一，华重美都，见者目夺气亦夺。盖自有台阁，有其华无其重，有其美无其都，有其华重美都，无其思致，无其文理。轻薄子有言："不替他谦了也，事事精办。"

季祖南华老人喃喃怪问余曰[10]："《水浒》与祷雨有何义味？近余山盗起，迎盗何为耶？"余俯首思之，果诞而无谓，徐应之曰："有之。天罡尽，以宿太尉殿焉[11]。用大牌六，书'奉旨招安'者二，书'风调雨顺'者一，'盗息民安'者一，更大书'及时雨'者二[12]，前导之。"观者欢喜赞叹，老人亦匿笑而去。

① 壬申：崇祯五年(1632)。　② 龙眠：李公麟，字伯时，号龙眠居士，北宋著名画家。　松雪：赵孟頫，字子昂，号松雪道人，元代著名画家。　章侯：陈洪绶，见卷三《陈章侯》。三人皆擅画人物、佛像、罗汉。　③ 弋阳腔：古代戏曲声腔、剧种，源于江西弋阳一带。　④ 头陀：行脚乞食的僧人。　⑤ 臻臻至至：众多繁盛。　⑥ 称娖：行列整齐。　⑦ 卫玠：字叔宝，西晋安邑(今山西运城)人，官至太子洗马。美姿容，观者如堵，卒时年仅二十七，时人谓玠被看杀。见《晋书·卫玠传》。　⑧ 五雪：又作五泄，作者从叔父季祖张汝懋之子。　⑨ 台阁：见卷五《杨神庙台阁》注。　⑩ 南华老人：见卷三《陈章侯》注。　⑪ "天罡"二句：《水浒传》载，梁山一百零八条好汉是三十六天罡星、七十二地煞星所化。宿太尉，《水浒传》中人物，小说以宿太尉奏闻宋江在蓼儿洼显灵收束。　殿，殿后。　⑫ 及时雨：宋

江绰号。

## 山艇子

龙山自巘花阁而西皆骨立[1]，得其一节，亦尽名家。山艇子石[2]，意尤孤孑，壁立霞剥，义不受土。大樟徙其上，石不容也，然不恨石，屈而下，与石相亲疏。石方广三丈，右坳而凹，非竹则尽矣，何以浅深乎石。然竹怪甚，能孤行，实不藉石。竹节促而虬叶毶毶[3]，如猬毛，如松狗尾，离离矗矗，捎捩攒挤，若有所惊者。竹不可一世，不敢以竹二之。或曰：古今错刀也。或曰：竹生石上，土肤浅，蚀其根，故轮囷盘郁[4]，如黄山上松。山艇子樟，始之石，中之竹，终之楼，意长楼不得竟其长，故艇之。然伤于贪，特特向石，石意反不之属，使去丈而楼，壁出樟出，竹亦尽出。竹石间意，在以淡远取之。

① 龙山：即绍兴卧龙山。　巘花阁：园名，在卧龙山南麓。② 山艇子：作者书屋，在卧龙山蓬莱阁西，下有峭壁十余仞，多苍藤修竹，构楼堂如舫。　③ 毶毶：毛、叶整齐貌。　④ 轮囷：屈曲貌。

## 悬杪亭

余六岁随先君子读书于悬杪亭，记在一峭壁之下，木石撑距,不藉尺土,飞阁虚堂,延骈如栉。缘崖而上,皆灌木高柯,与檐甃相错。取杜审言“树杪玉堂悬”句①,名之“悬杪”,度索寻樟,大有奇致。后仲叔庐其崖下,信堪舆家言②,谓碍其龙脉,百计购之,一夜徙去,鞠为茂草。儿时怡寄,常梦寐寻往。

① 杜审言:字必简,襄阳人,初唐诗人,杜甫祖父。“树杪玉堂悬”为其《蓬莱三殿侍宴奉敕咏终南山应制》诗中之句。 ② 堪舆家:风水先生。

## 雷　殿

雷殿在龙山磨盘冈下,钱武肃王于此建蓬莱阁①,有断碣在焉。殿前石台高爽,乔木萧疏。六月,月从南来,树不蔽月。余每浴后拉秦一生、石田上人、平子辈坐台上②,乘凉风,携肴核,饮香雪酒,剥鸡豆③,啜乌龙井水,水凉冽激齿。下午着人投西瓜浸之,夜剖食,寒栗逼人,可雠三伏。林中多鹘,闻人声辄惊起,磔磔云霄间,半日不得下。

① 钱武肃王:钱镠,五代时受梁朱温之封,称吴越王,卒谥武肃。蓬莱阁:在卧龙山上,因唐元稹“谪居犹得近蓬莱”诗句得名。
② 石田上人:未详。 平子:见卷二《绍兴琴派》注。 ③ 鸡豆:即鸡头,芡实。

## 龙山雪

天启六年十二月[1]，大雪深三尺许。晚霁，余登龙山，坐上城隍庙山门，李岕生、高眉生、王畹生、马小卿、潘小妃侍[2]。万山载雪，明月薄之，月不能光，雪皆呆白。坐久清冽，苍头送酒至，余勉强举大觥敌寒，酒气冉冉，积雪欱之，竟不得醉。马小卿唱曲，李岕生吹洞箫和之，声为寒威所慑，咽涩不得出。三鼓归寝。马小卿、潘小妃相抱从百步街旋滚而下，直至山趾，浴雪而立。余坐一小羊头车[3]，拖冰凌而归。

① 天启六年：公元 1626 年。　② 李岕生：张氏所畜声伎，下同，见卷四《张氏声伎》。　③ 羊头车：独轮小车。明代镇江以北，有独轮小车，一人挽之于前，一人推之于后，谓羊头车。见姜南《瓠里子笔谈》。

## 庞公池

庞公池岁不得船[1]，况夜船，况看月而船。自余读书山艇子，辄留小舟于池中，月夜，夜夜出，缘城至北海坂，往返可五里，盘旋其中。山后人家，闭门高卧，不见灯火，悄悄冥冥，意颇凄恻。余设凉簟，卧舟中看月，小傒船头唱曲，醉梦相杂，声声渐远，月亦渐淡，嗒然睡去。歌终忽寤，含糊赞之，寻复鼾艄。小傒亦呵欠歪斜，互相枕藉。舟子回船到岸，篙啄丁丁，促起就寝。此时胸中浩浩落落，并无芥蒂，一枕黑甜，高春始起②，不晓世间何物谓之忧愁。

① 庞公池：卧龙山城隍庙前大门下临绝壁，下有池，即所谓庞公池。 ② 高春：太阳高升。

## 品山堂鱼宕

二十年前，强半住众香国①，日进城市，夜必出之。品山堂，孤松箕踞，岸帻入水②，池广三亩。莲花起岸，莲房以百以千，鲜磊可喜。新雨过，收叶上荷珠煮酒，香扑烈。

门外鱼宕③，横亘三百馀亩，多种菱芡。小菱如姜牙，辄采食之，嫩如莲实，香似建兰，无味可匹。深秋，橘奴饱霜④，非个个红绽不轻下剪。季冬观鱼，鱼艓千馀艘，鳞次栉比。罱者夹之⑤，罛者扣之⑥，簎者罨之⑦，罾者撒之⑧，罩者抑之，罜者举之⑨，水皆泥泛，浊如土浆。鱼入网者圉圉⑩，漏网者唫唫⑪，寸鲵纤鳞，无不毕出。集舟分鱼，鱼税三百馀斤，赤魈白肚⑫，满载而归。约吾昆弟，烹鲜剧饮，竟日方散。

① 众香国：园林名，靠近绍兴鉴湖，为作者父耀芳所建。耀芳字尔弢，号大涤。 ② 岸帻：掀起头巾，露出前额。形容无拘无束，态度潇洒。 ③ 宕：通“荡”。 ④ 橘奴：柑橘的别称。 ⑤ 罱：夹鱼具。 ⑥ 罛：大网。 ⑦ 簎：以叉刺捕鱼。 罨：鱼网，此谓从

上掩取。 ⑧ 罝：鱼网。 ⑨ 罣：挂。 ⑩ 圉圉：被缠缚而不得舒展的样子。 ⑪ 唅唅：张口呼吸貌。 ⑫ 䲜：《尔雅·释畜》：马“二目白䲜。”注：“似鱼目也。”此指鱼目。

## 松 花 石

松花石[①]，大父舁自潇江署中[②]。石在江口神祠，土人割牲飨神，以毛血洒石上为恭敬，血渍毛氄，几不见石。大父舁入署，亲自祓濯，呼为“石丈”[③]，有《松花石纪》。今弃阶下，载花缸，不称使。余嫌其轮囷臃肿，失松理，不若董文简家茁错二松橛[④]，节理槎枒，皮断犹附，视此更胜。大父石上磨崖铭之曰：“尔昔鬣而鼓兮，松也；尔今脱而骨兮，石也；尔形可使代兮，贞勿易也；尔视余笑兮，莫余逆也。”其见宝如此。

① 松花石：即松化石，石质有松树纹理，俗称雷烧石。 ② 潇江署：指永州官署。 潇江：即潇水，在今湖南省南部，为湘江支流。 ③ 石丈：北宋书画家米芾爱石，曾见立石，颇奇，即命袍笏拜之，呼石丈。 ④ 董文简：指董玘，见卷二《花石纲遗石》注。

## 闰 中 秋

崇祯七年闰中秋[①]，仿虎丘故事[②]，会各友于蕺山亭[③]。每友携斗酒、五簋、十蔬果、红毡一床，席地鳞次坐。缘山七十余床，衰童塌妓，无席无之。在席者七百余人，能歌者百余人，同声唱"澄湖万顷"，声如潮涌，山为雷动。诸酒徒轰饮，酒行如泉。夜深客饥，借戒珠寺斋僧大锅煮饭饭客④，长年以大桶担饭不继。命小傒岕竹、楚烟于山亭演剧十余出，妙入情理，拥观者千人，无蚊虻声，四鼓方散。月光泼地如水，人在月中，濯濯如新出浴。夜半，白云冉冉起脚下，前山俱失，香炉、鹅鼻、天柱诸峰⑤，仅露髻尖而已，米家山雪景仿佛见之⑥。

① 崇祯七年：公元1634年。 ② "仿虎丘"句：中秋之夜，苏州人有在虎丘山赏月的习俗。详见卷五《虎丘中秋夜》。 ③ 蕺山：在绍兴卧龙山东北三里。 山产蕺菜，越王勾践尝采食之，因名蕺山。山有王羲之宅，后捨为戒珠寺，故又名戒珠山。 ④ 戒珠寺：在蕺山之南，本王羲之故宅，或曰其别业。寺初名安昌，唐大中六年改戒珠。 ⑤ 鹅鼻：一名刻石山，在绍兴西南五十里，自诸暨入会稽，此山为最高，以秦始皇刻石其山得名。天柱：又名宛委山、石篑山、玉笥山，在绍兴东南十五里。 ⑥ 米家山：宋米芾、米友仁父子画山水不求工细，多用水墨点染，世称"米家山"。

## 愚 公 谷

无锡去县北五里为铭山①。进桥，店在左岸。店精雅，卖泉、酒水坛、花缸、宜兴罐、风炉、盆盎、泥人等货。愚公谷在惠山右②，屋半倾圮，惟存木石。惠水涓涓③，由井之涧，由涧之溪，由溪之池，之厨，之湢[4]，以涤，以濯，以灌园，以沐浴，以净溺器，无不惠山泉者，故居园者福德与罪孽正等。

愚公先生交游遍天下[5]，名公巨卿多就之，歌儿舞女，绮席华筵，诗文字画，无不虚往实归。名士清客至则留，留则款，款则饯，饯则赆。以故愚公之用钱如水，天下人至今称之不少衰。

愚公文人，其园亭实有思致文理者为之，螺石为垣，编柴为户，堂不层不庑，树不配不行。堂之南，高槐古朴，树皆合抱，茂叶繁柯，阴森满院。藕花一塘，隔岸数石，治而卧。土墙生苔，如山脚到涧边，不记在人间。园东逼墙一台，外瞰寺，老柳卧墙角而不让台，台遂不尽瞰。与他园花树故故为容，亭台意特特为园者不同。

① 铭山：即锡山，与无锡西郊惠山连麓，而别为一峰。周、秦间曾产铅锡，相传有樵者于山下得古铭，曰："有锡争，无锡宁。"汉代因以无锡名县。故锡山又称铭山。 ② 愚公谷：在无锡西郊惠山东麓，为寄畅园一部分。万历间，邹迪光依寄畅园旁冯氏废园新造别业，名愚公谷，俗称邹园。 惠山：在无锡西郊，山有九峰，蜿蜒如龙，又称九龙山。 ③ 惠水：即惠水泉，一称陆子泉。源出惠山东麓，唐代陆羽品为天下第二泉。 ④ 湢：浴室。 ⑤ 愚公先生：邹迪光，字彦吉，号愚谷，江苏无锡人，万历进士，官至湖广提学副使，被劾罢官，筑室惠山，极园亭歌舞之乐，优游林下几三十年。有《调象庵稿》、《愚公谷乘》。

## 定海水操

定海演武场，在招宝山海岸[1]。水操用大战船、唬船、蒙冲、斗舰数千馀艘[2],杂以鱼艓轻艨[3],往来如织。舳舻相隔,呼吸难通,以表语目,以鼓语耳,截击要遮,尺寸不爽。

健儿瞭望,猿蹲桅斗,哨见敌船,从斗上掷身腾空休水[4],破浪冲涛,顷刻到岸,走报军中;又趵跃入水,轻如鱼凫。

水操尤奇在夜战,旌旗干橹皆挂一小镫,青布幕之,画角一声,万蜡齐举,火光映射,影又倍之。招宝山凭槛俯视,如烹斗煮星,釜汤正沸。火炮轰裂,如风雨晦冥中电光翕焱[5],使人不敢正视;又如雷斧断崖石,下坠不测之渊,观者褫魄。

① 招宝山:在浙江镇海县东北,又名候涛山,上有威远城,山麓有靖海城,俱嘉靖九年置。 ② 唬船:即喇叭唬船,浙江沿海常用的一种底尖面阔、轻快的战船。 蒙冲:古代战船,以生牛皮蒙船覆背,两厢开棹孔,左右有弩窗矛穴,便于攻击和自卫。 斗舰:船上设矮墙,前后左右设旗帜、金鼓,船体较大,直接用于作战。 ③ 艓:又称"艓子",小船。艨:江中大船。 ④ 休:同"溺",沉没于水。 ⑤ 翕焱:火花闪烁。

## 阿育王寺舍利

阿育王寺[1],梵宇深静,阶前老松八九棵,森罗有古色。殿隔山门远,烟光树樾,摄入山门,望空视明,冰凉晶沁。右旋至方丈门外,有娑罗二株[2],高插霄汉。便殿供旃檀佛[3],中储一铜塔,铜色甚古,万历间慈圣皇太后所赐[4],藏舍利子塔也。舍利子常放光,琉璃五彩,百道迸裂,出塔缝中,岁三四见。凡人瞻礼舍利,随人因缘现诸色相。如墨墨无所见者,是人必死。

昔湛和尚至寺[5],亦不见舍利,而是年死。屡有验。次早,日光初曙,僧导余礼佛,开铜塔,一紫檀佛龛供一小塔,如笔筒,六角,非木非楮,非皮非漆,上下皺定[6],四围镂刻花楞梵字。舍利子悬塔顶,下垂摇摇不定,人透眼光入楞内,复眂眼上视舍利,辨其形状。余初见三珠连络如牟尼串[7],煜煜有光。余复下顶礼,求见形相,再视之,见一白衣观音小像,眉目分明,鬋鬘皆见[8]。秦一生反复视之,讫无所见,一生惶遽,面发赤,出涕而去。一生果以是年八月死,奇验若此。

① 阿育王寺:在宁波鄞县宝幢镇。晋太康中得塔基一座,内悬宝磬,中缀舍利,传是释迦牟尼涅槃后的遗骨,塔是阿育王所造八万四千塔之一。南朝宋元嘉二年始建寺院,梁普通三年赐额阿育王寺。② 娑罗:见卷一《日月湖》注。③ 旃檀佛:檀香木雕制的佛像。④ 慈圣皇太后:明神宗生母。性好佛,京师内外,多置梵刹,动费巨万。⑤ 湛和尚:即湛然,唐代高僧。⑥ 皺:皮,物体外表的保护层,此处谓覆盖。⑦ 牟尼:又作摩尼,宝珠名。佛家传说以此珠投浊水,水即清。⑧ 鬋鬘:头发下垂,此指菩萨的发髻。

## 过剑门

南曲中妓[1],以串戏为韵事,性命以之。杨元、杨能、顾眉生、李十、董白以戏名[2],属姚简叔期余观剧[3]。傒僮下午唱《西楼》[4],夜则自串。傒僮为兴化大班,余旧伶马小卿、陆子云在焉,加意唱七出,戏至更定,曲中大咤异。杨元走鬼房问小卿曰[5]:“今日戏,气色大异,何也?”小卿曰:“坐上坐者余主人。主人精赏鉴,延师课戏,童手指千[6],傒僮到其家谓‘过剑门’[7],焉敢草草!”杨元始来物色余。《西楼》不及完,串《教子》[8]。顾眉生:周羽;杨元:周娘子;杨能:周瑞隆。杨元胆怯肤栗,不能出声,眼眼相觑,渠欲讨好不能,余欲献媚不得,持久之,伺便喝采一二,杨元始放胆,戏亦遂发。嗣后曲中戏,必以余为导师,余不至,虽夜分不开台也。以余而长声价,以余长声价之人,而后长余声价者,多有之。

① 南曲:指南京秦淮河妓院。 ② 顾眉生:见卷四《牛首山打猎》注。李十、董白见同篇注。 ③ 姚简叔:见卷五《姚简叔画》注。④《西楼》:即传奇《西楼记》,袁于令撰,叙御史之子于鹃与妓女穆素徽爱情故事。 ⑤ 鬼房:指后台。旧称戏台上下场门为鬼门道,后台屋子为鬼房。 ⑥ 童手指千:《汉书·货殖传》:“童手指千,筋角丹沙千斤。”颜师古注:“手指,谓有巧伎者。指千则人百。” ⑦ 过剑门:比喻考评严格,难以通过。剑门,在四川剑阁县北,大小剑阁山之间有栈道,名曰剑阁,又名剑门关。 ⑧《教子》:即《教子记》,又名《寻亲记》,无名氏作,故事叙书生周羽为土豪陷害,流放乞食,其妻郭氏教子瑞隆读书成进士,得知其父踪迹,乃弃官寻访,周氏一家终于夫妇父子团圆。

## 冰 山 记

魏珰败,好事者作传奇十数本,多失实,余为删改之,仍名《冰山》[1]。城隍庙扬台[2],观者数万人,台址鳞比,挤至大门外。一人上，白曰：“某杨涟[3]。”口口谇谇曰：“杨涟！杨涟！”声达处，如潮涌，人人皆如之。杖范元白[4]，逼死裕妃[5]，怒气忿涌，噤断嚄唶。至颜佩韦击杀缇骑[6]，嗥呼跳蹴，汹汹崩屋。沈青霞缚稾人射相嵩[7]，以为笑乐，不过是也。

是秋，携之至兖，为大人寿[8]。一日，宴守道刘半舫[9]，半舫曰：“此剧已十得八九，惜不及内操、菊宴，及逼灵犀与囊收数事耳[10]。”余闻之，是夜席散，余填词，督小傒强记之。次日，至道署搬演，已增入七出，如半舫言。半舫大骇异，如余所构，遂诣大人，与余定交。

①《冰山》：即《冰山记》，传奇名。明陈开泰撰。叙魏忠贤奸党残害忠良及最后垮台事。 ② 扬台：搭台演戏。 ③ 杨涟：字元孺，号大洪，万历进士，官至左副都御史，因弹劾魏忠贤二十四大罪，被迫害致死。 ④ 范元白：“范”当作“万”。万燝，字阇夫，一字元白，万历进士，官至屯田郎中，因上疏劾魏忠贤获罪，被杖杀。 ⑤ 裕妃：熹宗妃。《明史·后妃传》：“性直烈，客、魏恚其异己，幽于别宫，绝其饮食。天雨，妃匍匐饮檐溜而死。” 客，客氏，熹宗乳母。 ⑥ 颜佩韦：苏州市民，与马杰、沈扬、杨念如、周文元等，因抗议魏党逮捕吏部主事周顺昌，同时被逮遭杀害。事详《明史·周顺昌传》、张溥《五人墓碑记》。 缇骑：指魏忠贤掌管的东厂缉捕校卒。 ⑦ 沈青霞：即沈鍊，见卷六《齐景公墓花樽》注。沈鍊，既谪保安塞上，日与塞上人相与詈严嵩父子，且缚草为人，象李林甫、秦桧及嵩，醉则聚子弟攒射之。见《明史·沈鍊传》。 ⑧ 大人：指作者父张耀芳，时为山东鲁王长史。 ⑨ 守道：明布政使以参政、参议分守各道，主管粮储、屯田、清军、驿传、水利、抚民等事。 刘半舫：刘荣嗣，字敬仲，号半舫，曲周(今属河北)人。万历进士，历官工部尚书。 ⑩ 内操：魏忠贤于宫内操练士兵，多至万人，衷甲出入，恣为威虐。 菊宴：事未详。 逼灵犀：指妓女萧灵犀

卖与魏忠贤腹心兵部尚书崔呈秀作妾事,见《梼杌闲评》。 囊收:魏忠贤败时,将定从逆案,思宗以为内侍同恶者亦当入,乃召大学士韩爌等入便殿,案有布囊,盛章疏甚夥,指之曰:"此皆奸党颂疏,可案名悉入。"于是案名罗列无脱遗者。见《明史·阉党列传》。

# 卷　八

## 龙山放灯

万历辛丑年[1]，父叔辈张灯龙山，剡木为架者百，涂以丹雘[2]，帨以文锦，一灯三之。灯不专在架，亦不专在磴道，沿山袭谷，枝头树杪无不灯者，自城隍庙门至蓬莱岗上下，亦无不灯者。山下望如星河倒注，浴浴熊熊；又如隋炀帝夜游，倾数斛萤火于山谷间[3]，团结方开，倚草附木，迷迷不去者。

好事者卖酒，缘山席地坐。山无不灯，灯无不席，席无不人，人无不歌唱鼓吹。男女看灯者，一入庙门，头不得顾，踵不得旋，只可随势潮上潮下，不知去落何所，有听之而已。庙门悬禁条：禁车马，禁烟火，禁喧哗，禁豪家奴不得行辟人。父叔辈台于大松树下，亦席，亦声歌，每夜鼓吹笙簧与宴歌弦管，沈沈昧旦。

十六夜，张分守宴织造太监于星宿阁[4]，傍晚至山下，见禁条，太监忙出舆笑曰："遵他，遵他，自咱们遵他起！"却随役，用二丱角扶掖上山[5]。夜半，星宿阁火罢，宴亦遂罢。

灯凡四夜，山上下糟丘肉林[6]，日扫果核蔗滓及鱼肉骨蠡蜕[7]，堆砌成高阜，拾妇女鞋挂树上，如秋叶。相传十五夜，灯残人静，当垆者政收盘核[8]，有美妇六七人买酒，酒尽，有未开瓮者。买大罍一，可四斗许，出袖中蓏果，顷刻罄罍而去，疑是女人星,或曰酒星。又一事:有无赖子于城隍庙左借空楼数楹,以姣童实之,为"帘子胡同"。是夜,有美少年来狎某童,剪烛殢酒,媟亵非理,解襦,乃女子也,未曙即去,不知其地其人,或是妖狐所化。

① 万历辛丑:公元1601年。 ② 丹雘:红色涂料。 ③"又如"二句:《资治通鉴·隋纪七》:"帝于景华宫征求萤火,得数斛,夜出游山,放之,光遍岩谷。" ④ 织造太监:明代在南京、苏州、杭州各设提督织造太监一人,专掌织造各项丝织品,以供皇宫消费。 星宿阁:在卧龙山城隍庙西。 ⑤ 丱角:头发束成两角形式,为儿童发式。此指童仆。 ⑥ 糟丘肉林:相传殷纣王"以酒为池,县肉为林,使男女倮相逐其间,为长夜之饮。"事见《史记·殷本纪》。 ⑦ 蠡蜕:螺壳。⑧ 当垆:卖酒。垆,放酒瓮的土墩子。

## 王 月 生

南京朱市妓[①],曲中羞与为伍[②];王月生出朱市,曲中上下三十年,决无其比也。面色如建兰初开,楚楚文弱,纤趾一牙,如出水红菱。矜贵寡言笑,女兄弟、闲客多方狡侩嘲弄咍侮,不能勾其一粲。善楷书,画兰、竹、水仙,亦解吴歌,不易出口。南京勋戚大老力致之,亦不能竟一席。富商权胥得其主席半晌,先一日送书帕[③],非十金则五金,不敢亵订。与合卺[④],非下聘一二月前,则终岁不得也。

好茶,善闵老子,虽大风雨、大宴会,必至老子家啜茶数壶始去。所交有当意者,亦期与老子家会。一日,老子邻居有大贾,集曲中妓十数人,群谇嘻笑,环坐纵饮。月生立露台上,倚徙栏楯,眠娗羞涩[5],群婢见之皆气夺,徙他室避之。

月生寒淡如孤梅冷月,含冰傲霜,不喜与俗子交接;或时对面同坐起,若无睹者。有公子狎之,同寝食者半月,不得其一言。一日口嗫嚅动,闲客惊喜,走报公子曰:“月生开言矣!”哄然以为祥瑞,急走伺之,面赪,寻又止。公子力请再三,蹇涩出二字曰:“家去。”

① 朱市:秦淮低档妓院。 ② 曲中:指地位较高的妓坊。 ③ 书帕:聘约和订金。 ④ 合卺:男女成婚,饮交杯酒。 ⑤ 眠娗:同“腼腆”,害羞,难为情。

## 张东谷好酒

余家自太仆公称豪饮[1],后竟失传,余父余叔不能饮一蠡壳[2],食糟茄[3],面即发赪,家常宴会,但留心烹饪,庖厨之精,遂甲江左。一簋进,兄弟争啖之立尽,饱即自去,终席未尝举杯。有客在,不待客辞,亦即自去。

山人张东谷,酒徒也,每悒悒不自得。一日起谓家君曰:“尔兄弟奇矣!肉只是吃,不知会吃不会吃。”二语颇韵,有晋人风味。而近有伧父载之《舌华录》[4],曰:“张氏兄弟赋性奇哉!肉不论美恶,只是吃;酒不论美恶,只是不吃。”字字板实,一去千里,世上真不少点金成铁手也。

东谷善滑稽,贫无立锥。与恶少讼,指东谷为万金豪富,东谷忙忙走诉大父曰:“绍兴人可恶,对半说谎[5],便说我是万金豪富!”大父常举以为笑。

① 太仆公:见卷一《筠芝亭》注。 ② 蠡壳:螺壳,贝壳,喻一小杯酒。 ③ 糟茄:《遵生八笺》“糟茄子法”条:“中样晚茄,水浸一宿,每斤用盐四两,糟一斤。” ④《舌华录》:九卷,明曹臣撰。 ⑤ 对半:当面,绍兴方言。

## 楼 船

家大人造楼,船之;造船,楼之。故里中人谓船楼,谓楼船,颠倒之不置。是日落成,为七月十五,自大父以下,男女老稚,靡不集焉。以木排数重搭台演戏,城中村落来观者,大小千余艘。午后飓风起,巨浪礴礴,大雨如注,楼船孤危,风逼之几覆,以木排为戙[1],索缆数千条,网网如织,风不能撼。少顷风定,完剧而散。越中舟如蠡壳,局蹐篷底看山,如矮人观场,仅见鞋靸而已。升高视明,颇为山水吐气。

① 戙:系缆绳的木桩。

## 阮 圆 海 戏

阮圆海家优[1],讲关目,讲情理,讲筋节,与他班孟浪不同。

然其所打院本，又皆主人自制，笔笔勾勒，苦心尽出，与他班卤莽者又不同。故所搬演，本本出色，脚脚出色，出出出色，句句出色，字字出色。余在其家看《十错认》、《摩尼珠》、《燕子笺》三剧[2]，其串架斗笋、插科打诨、意色眼目，主人细细与之讲明。知其义味，知其指归，故咬嚼吞吐，寻味不尽。至于《十错认》之龙灯、之紫姑，《摩尼珠》之走解[3]、之猴戏，《燕子笺》之飞燕、之舞象、之波斯进宝，纸札装束，无不尽情刻画，故其出色也愈甚。阮圆海大有才华，恨居心勿静，其所编诸剧，骂世十七，解嘲十三，多诋毁东林，辩宥魏党，为士君子所唾弃，故其传奇不之著焉。如就戏论，则亦镞镞能新，不落窠臼者也。

① 阮圆海：阮大铖，字集之，号圆海、石巢、百子山樵，怀宁（今安徽安庆）人。万历进士，天启时依附魏忠贤，崇祯中废斥，避居南京，福王时任兵部尚书，后降清，死于仙霞岭。人品卑劣，为士林不齿，但善诗文词曲。　②《十错认》：一名《春灯谜》，叙宇文兄弟与韦氏姐妹经过种种倒错而终于互相结为夫妇的故事。《摩尼珠》：一名《牟尼合》，叙萧思远遇难而夫妻父子终于团圆故事。《燕子笺》：叙书生霍都梁和名妓华行云、贵家小姐郦飞云之间爱情婚姻故事。按，《十错认》等均为阮大铖所作传奇。　③ 走解：见卷四《兖州阅武》注。

## 巘　花　阁

巘花阁在筠芝亭松峡下[1]，层崖古木，高出林皋，秋有红叶。坡下支壑回涡[2]，石跼棱棱[3]，与水相距。阁不槛不牖，地不楼不台，意政不尽也。

五雪叔归自广陵[4]，一肚皮园亭，于此小试，台之，亭之，廊之，栈道之，照面楼之，侧又堂之阁之，梅花缠折旋之，未免伤板，伤实，伤排挤，意反跼蹐，若石窟书砚。隔水看山，看阁，看石麓，看松峡上松，庐山面目反于山外得之[5]。

五雪叔属余作对，余曰："身在襄阳袖石里[6]，家来辋口扇图中[7]。"言其小处。

① 巘花阁：园名，在绍兴卧龙山南麓。 ② 支壑回涡：川谷歧出，水流回旋。 ③ 石踦棱棱：假山下的岩山突出有棱角。 ④ 五雪：又作五泄，作者从叔父，季祖张汝懋之子。 ⑤"庐山"句：苏轼《题西林壁》诗"不识庐山真面目，只缘身在此山中"。 ⑥ 襄阳：北宋书法家米芾，世居山西太原，后迁湖北襄阳，自号襄阳漫士，人称米襄阳。性爱奇石，平日藏石于袖中，行住坐卧不离。 ⑦ 辋口：即辋川，在陕西蓝田西南二十里，本为唐宋之问别墅，后为王维所有。

# 范 与 兰

范与兰[1]，七十有三，好琴，喜种兰，及盆池小景。建兰三十余缸，大如簸箕。早舁而入，夜舁而出者，夏也；早舁而出，夜舁而入者，冬也。长年辛苦，不减农事。花时香出里外，客至坐一时，香袭衣裾，三五日不散。余至花期至其家，坐卧不去，香气酷烈，逆鼻不敢嗅，第开口吞欱之，如沆瀣焉。花谢，粪之满箕，余不忍弃，与与兰谋曰："有面可煎，有蜜可浸，可火可焙，奈何不食之也？"与兰首肯余言。

与兰少年学琴于王明泉[2]，能弹《汉宫秋》、《山居吟》、《水龙吟》三曲。后见王本吾琴[3]，大称善，尽弃所学而学焉。半年学《石上流泉》一曲，生涩犹棘手。王本吾去，旋亦忘之，旧所学又锐意去之，不复能记忆，究竟终无一字，终日抚琴，但和弦而已。

所畜小景，有豆板黄杨[4]，枝干苍古奇妙，盆石称之。朱樵峰以二十金售之，不敢易，与兰珍爱，"小妾"呼之。余强借斋头三月，枯其垂一干，余懊惜，急异归与兰。与兰惊惶无措，煮参汁浇灌，日夜摩之不置，一月后枯干复活。

① 范与兰：见卷二《绍兴琴派》注。 ② 王明泉：绍兴人，音乐家。作者与范与兰等曾向他学琴。 ③ 王本吾：见卷二《绍兴琴派》注。 ④ 黄杨：常绿小灌木，树小而肌极坚细，枝丛而叶繁，四季长青，其叶小如豆板(瓣)，故称豆板黄杨。

## 蟹　　会

食品不加盐醋而五味全者，为蚶，为河蟹。河蟹至十月与稻粱俱肥，壳如盘大，坟起。而紫螯巨如拳，小脚肉出，油油如螾蜇[1]。掀其壳，膏腻堆积，如玉脂珀屑，团结不散，甘腴虽八珍不及。

一到十月，余与友人兄弟辈立蟹会，期于午后至，煮蟹食之。人六只，恐冷腥，迭番煮之。从以肥腊鸭、朱乳酪。醉蚶如琥珀，以鸭汁煮白菜如玉版[2]。果蓏以谢橘[3]，以风栗，以风菱。饮以玉壶冰，蔬以兵坑笋[4]，饭以新余杭白[5]，漱以兰雪茶[⑥]。由今思之,真如天厨仙供,酒醉饭饱,惭愧惭愧!

①蛸蛩:即蚰蜒,一种昆虫,形似蜈蚣。 ②玉版:指竹笋。 ③谢橘:见卷五《樊江陈氏橘》注。 ④兵坑:在绍兴,以产笋干著名。 ⑤余杭白:余杭,县名,今属浙江;此地所产精米,名余杭白。《绍兴府志·物产志》:"余杭白,粒圆而白,俗传种自余杭来。" ⑥兰雪茶:见卷三《兰雪茶》注。

## 露　兄

崇祯癸酉[①],有好事者开茶馆,泉实玉带[②],茶实兰雪,汤以旋煮,无老汤;器以时涤,无秽器。其火候、汤候,亦时有天合之者。余喜之,名其馆曰"露兄",取米颠"茶甘露有兄"句也[③]。为之作《斗茶檄》,曰:"水淫茶癖,爰有古风;瑞草雪芽[④],素称越绝。特以烹煮非法,向来葛灶生尘[⑤];更兼赏鉴无人,致使羽《经》积蠹[⑥]。迩者择有胜地,复举汤盟,水符递自玉泉,茗战争来兰雪。瓜子炒豆,何须瑞草桥边;橘柚查梨,出自仲山圃内[⑦]。八功德水[⑧],无过甘滑香洁清凉;七家常事,不管柴米油盐酱醋。一日何可少此,子猷竹庶可齐名[⑨];七碗吃不得了,卢仝茶不算知味[⑩]。一壶挥麈[⑪],用畅清谈;半榻焚香,共期白醉[⑫]。

①崇祯癸酉:公元1633年。 ②玉带:指绍兴惠泉,见卷二《禊泉》注。 ③米颠:宋米芾举止颠狂,人称"米颠"。 ④瑞草雪芽:见卷三《兰雪茶》注。 ⑤葛灶:晋葛洪好炼丹,后人遂将神仙

家炼丹之灶称葛灶。　⑥ 羽《经》：指唐代陆羽所著《茶经》。⑦ 仲山圃：指哀仲家梨园。《世说新语·轻诋》注："秣陵有哀仲家梨，甚美，大如升，入口消释。"　⑧ 八功德水：指一清、二冷、三香、四柔、五甘、六净、七不噎、八除病，各地佳泉，每取此义。见张岱《夜航船》卷二十八。　⑨ "一日"二句：王徽之爱竹，空宅旁便令种竹，尝云："何可一日无此君？"见《世说新语·任诞》。　⑩ "七碗"二句：唐诗人卢仝《走笔谢孟谏议寄新茶》有句云："七碗吃不得也，唯觉两腋习习清风生。"⑪ 挥麈：晋人清谈时，每执麈（一种似骆驼的鹿类动物）尾挥动，以为谈助，后人因称谈论为挥麈。　⑫ 白醉：酒醉。此谓大杯饮酒，一醉方休。

## 闰元宵

崇祯庚辰闰正月①，与越中父老约重张五夜灯②，余作张灯致语曰："两逢元正，岁成闰于摄提之辰③；再值孟陬④，天假人以闲暇之月。《春秋传》详记二百四十二年事，春王正月⑤，孔子未得重书；开封府更放十七、十八两夜灯，乾德五年，宋祖犹烦钦赐⑥。兹闰正月者，三生奇遇，何幸今日而当场；百岁难逢，须效古人而秉烛。况吾大越，蓬莱福地⑦，宛委洞天⑧。大江以东，民皆安堵；遵海而北，水不扬波。含哺嬉兮⑨，共乐太平之世界；重译至者⑩，皆言中国有圣人。千百国来朝，白雉之陈无算⑪；十三年于兹，黄耇之说有征。乐圣衔杯⑫，宜纵饮屠苏之酒⑬；较书分火，应暂辍太乙之藜⑭。前此元宵，竟因雪妒，天亦知点缀丰年；后来灯夕，欲与月期，人不可蹉跎胜事。六鳌山立，只说飞来东武⑮，使鸡犬不惊；百兽室悬⑯，毋曰下守海澨，唯鱼鳖是见。笙箫聒地，竹椽出自柯亭；花草盈街，禊帖携来兰渚[17]。士女潮涌，撼动蠡城[18]；车马雷殷，唤醒龙屿[19]。况时逢丰穰，呼庚呼癸[20]，一岁自兆重登；且科际辰年[21]，为龙为光，两榜必征双首。莫轻此五夜之乐，眼望何时？试问那百年之人，躬逢几次？敢祈同志，勿负良宵。敬藉赫蹄[22]，喧传口号。"

① 崇祯庚辰：公元1640年。 ② 五夜灯：相传自宋朝起，民间习俗元宵前后放灯五夜，称五夜灯。 ③ 摄提：指寅年。 ④ 孟陬：指正月。 ⑤ 春王正月：《春秋》系年，鲁新君即位，例书"元年春，王正月"，但同一个国君在位未见重书者。 ⑥ "开封"三句：北宋乾德五年(967)正月，吴越王钱镠入贡，太祖以年丰时平，诏开封增放十七、十八两夜灯。 ⑦ 蓬莱：山名，在绍兴城北三十五里，有云海风洞之奇及墨池、浴日亭诸胜，故称"福地"。 ⑧ 宛委：山名，又称石篑山、玉笥山、天柱山，在会稽东南十五里，有洞曰"阳明洞天"。 ⑨ 含哺嬉兮：《庄子·马蹄》："含哺而熙，鼓腹而游。"含哺，口含食物。熙，同"嬉"。 ⑩ 重译：见卷一《钟山》注。 ⑪ 白雉：瑞鸟。 ⑫ 乐圣衔杯：杜甫《饮中八仙歌》："衔杯乐圣称避贤。"乐圣，谓嗜酒。 ⑬ 屠苏酒：酒名。古俗，阴历正月初一，家人先幼后长，饮屠苏酒。又《夜航船》卷一"屠苏酒"条："屠苏，庵名。汉时有人居草庵造酒，除夕以药囊浸酒中，辟除百病，故元日饮之。" ⑭ "较书"二句：《夜航船》卷一："元夕，人皆游赏，独刘向在天禄阁校书，太乙真人以青藜杖燃火照之。"事本《拾遗记》。 太乙，又作"太一"，神名。较，通"校"。 ⑮ 东武：山名，又名飞来山，俗称塔山，在绍兴城内卧龙山之南，传由琅玡东武县海中飞来，故名。 ⑯ 百兽：指灯彩。 ⑰ 禊帖：指王羲之《兰亭序》。 兰渚：见卷六《水浒牌》注。 ⑱ 蠡城：见卷三《禊泉》注。 ⑲ 龙屿：即卧龙山。 ⑳ 呼庚呼癸：谓丰年饮食充足，事见《左传·哀公十三年》。庚，西方，主谷。癸，北方，主水。 ㉑ 科：

科举考试，此指崇祯庚辰十三年(1640)会试。 ㉒ 赫蹄：小幅薄纸，借指信札。

## 合 采 牌

余作文武牌①，以纸易骨，便于角斗，而燕客复刻一牌②，集天下之斗虎、斗鹰、斗豹者，而多其色目，多其采，曰“合采牌”。余为之作叙曰：“太史公曰：‘凡编户之民，富相什则卑下之，伯则畏惮之，千则役，万则仆，物之理也。③’古人以钱之名不雅驯，缙绅先生难道之，故易其名曰赋、曰禄、曰饷，天子千里外曰采。采者，采其美物以为贡，犹赋也。诸侯在天子之县内曰采，有地以处其子孙亦曰采，名不一，其实皆谷也，饭食之谓也。周封建多采则胜，秦无采则亡。采在下无以合之，则齐桓、晋文起矣。列国有采而分析之，则主父偃之谋也④。由是而亮采服采⑤，好官不过多得采耳。充类至义之尽，窃亦采也，盗亦采也，鹰虎豹由此其选也。然则奚为而不禁？曰：小役大，弱役强，斯二者天也⑥。《皋陶谟》曰⑦：‘载采采⑧’，微哉、之哉、庶哉⑨！”

① 文武牌：纸牌上画古代文臣武将图像，即所谓“叶子”，劝酒时抽取之以为戏。 ② 燕客：见卷一《天砚》注。 ③ “凡编户”六句：所引见《史记·货殖列传》。 ④ 主父偃：齐临淄人，汉武帝时任中大夫，提议使诸侯王分封子弟，名为“德施”，“实分其国”，“不削而稍弱矣。”见《史记·平津侯主父列传》。 ⑤ 亮采：协助天子处理政事。《尚书·皋陶谟》：“亮采有邦。” 服采：朝祭之近臣。《尚书·酒诰》：“矧惟尔事，服休服采。” ⑥ “小役大”三句：《孟子·离娄上》：“天下无道，小

役大,弱役强,斯二者天也。”役,役于,被役使。 ⑦《皋陶谟》:《尚书》篇名。 ⑧载采采:谓举其行事以验其言。载,举证。采采:事事。 ⑨“微哉”句:此作者模拟《尚书》语气。微,微妙。之,归趋。庶,庶几。

## 瑞草溪亭

瑞草溪亭为龙山支麓,高与屋等。燕客相其下有奇石,身执蘽臿[①],为匠石先发掘之。见土夆土[②],见石甃石,去三丈许,始与基平,乃就其上建屋。屋今日成,明日拆,后日又成,再后日又拆,凡十七变而溪亭始出,盖此地无溪也,而溪之;溪之不足,又潴之,壑之,一日鸠工数千指,索性池之,索性阔一亩,索性深八尺。无水,挑水贮之,中留一石如案,回潴浮峦,颇亦有致。燕客以山石新开,意不苍古,乃用马粪涂之,使长苔藓,苔藓不得即出,又呼画工以石青石绿皴之。一日左右视,谓此石案焉可无天目松数棵盘郁其上,遂以重价购天目松五六棵,凿石种之。石不受锸,石崩裂,不石不树,亦不复案。燕客怒,连夜凿成砚山形,缺一角,又夆一岩石补之[③]。燕客性卞急,种树不得大,移大树种之,移种而死,又寻大树补之。种不死不已,死亦种不已,以故树不得不死,然亦不得即死。

溪亭比旧址低四丈,运土至东多成高山,一亩之室,沧桑或变。见其一室成,必多坐看之,至隔宿或即无有矣。故溪亭虽渺小,所费至巨万焉。燕客看小说:“姚崇梦游地狱[④],至一大厂,炉鞴千副[⑤],恶鬼数千,铸泻甚急,问之,曰:‘为燕国公铸横财[⑥]。'后至一处，炉灶冷落，疲鬼一二人鼓橐，奄奄无力，崇问之，曰：'此相公财库也。'崇痞而叹曰：'燕公豪奢，殆天纵也。'"燕客喜其事，遂号"燕客"。二叔业四五万[⑦]，燕客缘手立尽。甲申，二叔客死淮安[⑧]，燕客奔丧，所积薪俸及玩好币帛之类又二万许，燕客携归，甫三月又辄尽，时人比之鱼弘四尽焉[⑨]。溪亭住宅，一头造，一头改，一头卖，翻山倒水无虚日。有夏耳金者[⑩]，制灯剪彩为花，亦无虚日。人称耳金为"败落隋炀帝"，称燕客为"穷极秦始皇"，可发一粲。

① 虆：盛土之器。臿：又作"锸"，即锹。 ② 輂：驾马的大车。此指以车运输。 ③ 岩：大石。 ④ 姚崇：唐代名相，开元间与宋璟并称"姚宋"。 ⑤ 鞴：一种鼓风吹火器。 ⑥ 燕国公：张说，玄宗时官至中书令，封燕国公。 ⑦ 二叔：指张联芳，作者叔父，张萼之父。 ⑧ "二叔"句：时张联芳任扬州司马，分署淮安，李自成破河南，淮安告警，联芳练乡兵守城，以积劳成疾，遂不起。 ⑨ 鱼弘：南朝梁人，历南谯、盱眙、竟陵等地太守，尝语人曰："我为郡，所谓四尽：水中鱼鳖尽，山中獐鹿尽，田中米谷尽，村里人庶尽。"见《梁书·鱼弘传》。 ⑩ 夏耳金：见卷四《世美堂灯》注。

## 琅嬛福地

陶庵梦有夙因，常梦至一石厂，峆窅岩覆[①]，前有急湍洄溪，水落如雪，松石奇古，杂以名花。梦坐其中，童子进茗果，积书满架，开卷视之，多蝌蚪、鸟迹、霹雳篆文[②]，梦中读之，似能通其棘涩。闲居无事，夜辄梦之，醒后伫思，欲得一胜地仿佛为之。郊外有一小山，石骨棱砺，上多筠篁，偃伏园内。余欲造厂，堂东西向，前后轩之，后磥一石坪，植黄山松数棵，奇石峡之。堂前树娑罗二[③]，资其清樾。左附虚室，坐对山麓，磴磴齿齿，划裂如试剑，匾曰“一丘”。右踞厂阁三间，前临大沼，秋水明瑟，深柳读书，匾曰“一壑”。

缘山以北，精舍小房，绌屈蜿蜒，有古木，有层崖，有小涧，有幽篁，节节有致。山尽有佳穴，造生圹，俟陶庵蜕，碑曰“呜呼有明陶庵张长公之圹”[④]。圹左有空地亩许，架一草庵，供佛，供陶庵像，迎僧住之奉香火。大沼阔十亩许，沼外小河三四折，可纳舟入沼。河两崖皆高阜，可植果木，以橘、以梅、以梨、以枣，枸菊围之。山顶可亭。山之西鄙，有腴田二十亩，可秫可杭[⑤]。门临大河，小楼翼之，可看炉峰、敬亭诸山[⑥]。楼下门之，匾曰“琅嬛福地”。缘河北走，有石桥极古朴，上有灌木，可坐、可风、可月。

① 峆窅岩寱：《文选·马融·长笛赋》：“嶰壑浍峣，峆窅岩寱。”刘良注：“山下深阔窟穴也。”窅，深远。寱，洞窟。 ② 蝌蚪：即蝌蚪书。上古时无笔墨，以竹梃点漆书竹上，漆腻不能行，头粗尾细，形同蝌蚪，故云。 鸟迹：周武王因丹鸟入室作鸟书。 霹雳：或即云书，黄帝因卿云作云书。 篆文：周宣王史籀始为大篆，秦李斯始为小篆。见《夜航船》卷八“字祖”条。 ③ 娑罗：树名。佛家谓释迦于娑罗树下入灭。④ “造生圹”三句：张岱曾营生圹于项王里之鸡头山，友人李研斋题其圹曰：“呜呼！有明著述鸿儒陶庵张长公之圹。”见《自为墓志铭》。生圹，在世时预造的坟墓。蜕，死的讳称。 ⑤ 可秫可杭：秫，粘高粱。杭，同“稉”（粳）。萧统《陶渊明传》：“公田悉令吏种秫，曰：‘吾常得醉于酒，足矣。’妻子固请种杭，乃使二顷五十亩种秫，五十亩种杭。”⑥ 炉峰：见卷五《炉峰月》。 敬亭：或即亭山，绍兴城南十里，山形独立如亭，故名。

# 补遗

## 鲁王

福王南渡[①]，鲁王播迁至越[②]，以先父相鲁先王[③]，幸旧臣第。岱接驾，无所考仪注，以意为之。踏脚四扇，氍毹借之，高厅事尺，设御座，席七重，备山海之供。鲁王至，冠翼善[④]，玄色，蟒袍玉带，朱玉绶。观者杂沓，前后左右，用梯、用台、用凳，环立看之，几不能步，剩御前数武而已。传旨："勿辟人。"岱进，行君臣礼，献茶毕，安席，再行礼。不送杯箸，示不敢为主也。趋侍坐。书堂官三人[⑤]，执银壶二，一斟酒，一折酒[⑥]，一举杯，跪进上。膳一肉簋，一汤盏，盏上用银盖盖之，一面食，用三黄绢笼罩，三臧获捧盘加额，跪献之。书堂官捧进御前，汤点七进，队舞七回，鼓吹七次，存七奏意。是日演《卖油郎》传奇[⑦]，内有泥马渡康王故事[⑧]，与时事巧合，睿颜大喜。

二鼓转席，临不二斋、梅花书屋，坐木犹龙，卧岱书榻，剧谈移时。出登席，设二席于御坐傍，命岱与陈洪绶侍饮，谐谑欢笑如平交。睿量宏，已进酒半斗矣，大犀觥一气尽。陈洪绶不胜饮，呕哕御座旁。寻设一小几，命洪绶书策，醉捉笔不起，止之。剧完，饶戏十余出[⑨]，起驾转席，后又进酒半斗，睿颜微酡，进辇，两书堂官掖之，不能步。岱送至闾外，命书堂官再传旨曰："爷今日大喜，爷今日喜极！"君臣欢洽，脱略至此，真属异数。

①福王：朱由崧，明神宗孙。甲申之变，李自成克北京，马士英等立由崧于南京，年号弘光，次年即覆亡。 ②鲁王：朱以海，鲁肃王朱寿镛第五子，明亡，由藩国山东兖州逃至浙江台州。顺治二年，清兵陷南京，张国维等迎鲁王于绍兴，称监国，次年即陷落，鲁王流亡海上。③"以先父"句：作者父燿芳曾任鲁王朱寿镛长史。 ④翼善：皇帝冠冕，初由唐太宗考古法制定，后代因其名。《明史·舆服志》："永乐三年更定，冠以乌纱冒之，折角向上，其后名翼善冠。" ⑤书堂官：指近侍宦官。 ⑥折酒：温酒，兑酒。 ⑦《卖油郎》：事详《醒世恒言·卖油郎独占花魁》。 ⑧"内有"句：宋高宗赵构原封康王，相传为金人所逐，乃骑马渡长江，及渡始知所骑乃泥马。 ⑨饶戏：为江西弋阳腔之一支，流行于饶州府波阳、乐平、景德镇一带。

## 苏州白兔

崇祯戊寅至苏州[①]，见白兔，异之。及抵武林，金知县汝砺宦福建[②]，携白兔二十余只归。己卯、庚辰[③]，杭州遍城市皆白兔，越中生育至百至千，此兽妖也。余少时不识烟草为何物，十年之内，老壮童稚妇人女子无不吃烟，大街小巷尽摆烟桌[④]，此草妖也。妇人不知何故，一年之内都着对襟衫，戴昭君套[⑤]。此服妖也。庚辰冬底，燕客家琴砖十余块，结冰花如牡丹、芍药，花瓣枝叶如绣如绘，间有人物、鸟兽，奇形怪状，十余砖底面皆满。燕客迎余看，至三日不消，此冰妖也。燕客误认为祥瑞，作《冰花赋》，檄友人作诗咏之。

① 崇祯戊寅:公元1638年。　② 金知县汝砺:金汝砺:仁和(浙江杭州)人,崇祯七年进士。　③ 己卯:崇祯十二年(1639)。　庚辰:崇祯十三年(1640)。　④ "余少时"四句:吸烟始盛于崇祯年间。王士禛《香祖笔记》:"今世公卿士大夫下逮舆隶妇女,无不嗜烟草者,田家种之连畛,颇获厚利。"赵翼《陔余丛考》引王肱云:"予儿时尚不识烟为何物,崇祯末三尺童子莫不吃烟矣。"　⑤ 昭君套:妇女头饰,以条状貂皮围在髻下额上,如同帽套。传说为昭君出塞时所戴。

## 草　妖

河北观察使袁茂林楷所记草妖尤异[①]:崇祯七年七月初一,孟县民孙光显[②],祖墓有野葡萄,草蔓延长丈许,今夏枝桠间忽抽新条,有似美人者,似达官者,有似龙、似凤、似麟、似龟、似雀、似鱼、似蝉、似蛇、似孔雀,有似鼠伏于枝者,有似鹦鹉栖于架者,架上有盏,盏中有粒,凤则苞羽具五彩,美人上下衣裳,裳白衣黄,面上依稀似粉黛,人间物象,种种具备。七月初八日,地方人始报闻,急使人取之,已为好事者撷尽,止得美人一、鹦鹉一、凤一,故述此三物尤悉。余谓此草木之妖。适晤史云岫[③],言汉灵帝中平元年,东郡有草如鸠雀、蛇龙、鸟兽之状[④]。若然,则余所臆度者更可杞忧。此异宜上闻,县令以萎草不耐,恐取观不便,遂寝其事。特为记之如左。

① 观察使:即巡按,明代派遣监察御史分赴各省区巡视,考核吏治,称为巡按。　袁茂林楷:袁楷,字茂林,陕西凤翔人,天启进士。

② 孟县：今属河南。 ③ 史云岫：或即史起夔，绍兴余姚人，天启元年举人，官教谕。 ④“言汉”二句：史载汉灵帝中平元年(184)，“郡国生异草，备龙蛇鸟兽之形”，是岁巨鹿人张角自称“黄天”，举事反汉。见《后汉书·灵帝纪》。

# 祁世培

乙酉秋九月[①]，余见时事日非，辞鲁国主[②]，隐居剡中[③]。方磐石遣礼币[④]，聘余出山，商确军务，檄县官上门敦促。余不得已，于丙戌正月十一日[⑤]，道北山[⑥]，逾唐园岭，宿平水韩店[⑦]。余适疽发于背，痛楚呻吟，倚枕假寐。见青衣持一刺示余，曰：“祁彪佳拜！”余惊起，见世培排闼入[⑧]，白衣冠。余肃入，坐定。余梦中知其已死，曰：“世培尽忠报国[⑨]，为吾辈生色。”世培微笑，遽言曰：“宗老此时不埋名屏迹，出山何为耶？”余曰：“余欲辅鲁监国耳。”因言其如此如此，已有成算。世培笑曰：“尔要做，谁许尔做？且强尔出，无他意，十日内有人勒尔助饷。”余曰：“方磐石诚心邀余共事，应不我欺。”世培曰：“尔自知之矣。天下事至此，已不可为矣。尔试观天象。”拉余起，下阶西南望，见大小星堕落如雨，崩裂有声。世培曰：“天数如此，奈何！奈何！宗老，尔速还山，随尔高手，到后来只好下我这着！”起，出门附耳曰：“完《石匮书》[⑩]。”洒然竟去。余但闻犬声如豹，惊寤，汗浴背，门外犬吠嗥嗥，与梦中声接续。蹴儿子起，语之。次日抵家，阅十日，镳儿被缚去[⑪]，果有逼勒助饷之事。忠魂之笃，而灵也如此。

① 乙酉：清顺治二年(1645)。 ② 鲁国主：指朱以海，鲁王以派弟。 ③ 剡中：指嵊县西白山。 ④ 方磐石：方国安，见卷一《越俗扫墓》注。 ⑤ 丙戌：清顺治三年(1646)。 ⑥ 北山：在绍兴城东三十余里。 ⑦ 平水：市镇名，在绍兴城东二十五里。 ⑧ 世培：即祁彪佳，见卷三《白洋潮》注。 ⑨ 尽忠报国：指祁彪佳于顺治二年(1645)六月六日夜分沉池殉节。 ⑩《石匮书》：见《陶庵梦忆序》注。 ⑪ 镳儿：张岱之子。

# 西◇湖◇梦◇寻

# 自　序

余生不辰，阔别西湖二十八载，然西湖无日不入吾梦中，而梦中之西湖，未尝一日别余也。前甲午、丁酉[①]，两至西湖，如涌金门商氏之楼外楼[②]，祁氏之偶居[③]，钱氏、余氏之别墅[④]，及余家之寄园，一带湖庄，仅存瓦砾。则是余梦中所有者，反为西湖所无。及至断桥一望，凡昔日之弱柳夭桃、歌楼舞榭，如洪水淹没，百不存一矣。余乃急急走避，谓余为西湖而来，今所见若此，反不若保我梦中之西湖，尚得完全无恙也。因想余梦与李供奉异[⑤]。供奉之梦天姥也[⑥]，如神女名姝，梦所未见，其梦也幻。余之梦西湖也，如家园眷属，梦所故有，其梦也真。今余僦居他氏已二十三载，梦中犹在故居。旧役小傒，今已白头，梦中仍是总角。夙习未除，故态难脱。而今而后，余但向蝶庵岑寂[⑦]，蘧榻于徐[⑧]，惟吾旧梦是保，一派西湖景色，犹端然未动也。儿曹诘问，偶为言之，总是梦中说梦，非魇即呓也。因作《梦寻》七十二则，留之后世，以作西湖之影。余犹山中人，归自海上，盛称海错之美[⑨]，乡人竞来共舐其眼。嗟嗟！金齑瑶柱[⑩]，过舌即空，则舐眼亦何救其馋哉！

岁辛亥七月既望[⑪]，古剑蝶庵老人张岱题。

① 甲午：清顺治十一年(1654)。　丁酉：清顺治十四年(1657)。

② 涌金门：在西湖之南。翟灏《湖山便览》卷七《南山路》谓吴越时曾引湖水入池，称涌金池，北宋在此建城门。　商氏：指明吏部尚书商周祚。③ 祁氏：指明右佥都御史祁彪佳。　④ 钱氏：指明东阁大学士钱象坤。　余氏：指明翰林院修撰余煌。　⑤ 李供奉：指李白(701—762)，字太白，唐代大诗人，天宝初任翰林供奉。　⑥ 天姥：山名，在浙江新昌东南。李白有《梦游天姥吟留别》诗。　⑦ 蝶庵：作者斋名，典出庄子梦蝶事。　⑧ 蘧榻：犹蘧庐之榻。蘧庐，指旅店。典出《庄子·天运》。　⑨ 海错：海产美味。　⑩ 金齑瑶柱：泛指美味食物。金齑，吴中以菰菜为羹，菜黄如金，故名。冯贽《云仙杂记》卷十："所谓金齑玉脍，东南佳味也。"瑶柱，江瑶柱，贝类海鲜珍品。　⑪ 辛亥：指清康熙十年(1671)。

# 卷 一

## 西湖总记

### 明 圣 二 湖[①]

自马臻开鉴湖[②]，而由汉及唐，得名最早。后至北宋，西湖起而夺之，人皆奔走西湖，而鉴湖之淡远，自不及西湖之冶艳矣。至于湘湖则僻处萧然[③]，舟车罕至，故韵士高人无有齿及之者。余弟毅孺常比西湖为美人[④]，湘湖为隐士，鉴湖为神仙。余不谓然。余以湘湖为处子，眠娗羞涩[⑤]，犹及见其未嫁之时；而鉴湖为名门闺淑，可钦而不可狎；若西湖则为曲中名妓，声色俱丽，然倚门献笑，人人得而媟亵之矣。人人得而媟亵，故人人得而艳羡；人人得而艳羡，故人人得而轻慢。在春夏则热闹之至，秋冬则冷落矣；在花朝则喧哄之至，月夕则星散矣；在晴明则萍聚之至，雨雪则寂寥矣。故余尝谓："善读书，无过董遇三余[⑥]，而善游湖者，亦无过董遇三余。董遇曰：'冬者，岁之余也；夜者，日之余也；雨者，月之余也。'雪巘古梅，何逊烟堤高柳；夜月空明，何逊朝花绰约；雨色涳濛，何逊晴光滟潋。深情领略，是在解人。"即湖上四贤[⑦]，余亦谓："乐天之旷达[⑧]，固不若和靖之静深[9]；邺侯之荒诞[10]，自不若东坡之灵敏也[11]。”其余如贾似道之豪奢[12]，孙东瀛之华赡[13]，虽在西湖数十年，用钱数十万，其于西湖之性情、西湖之风味，实有未曾梦见者在也。世间措大[14]，何得易言游湖。

苏轼《夜泛西湖》诗：

菰蒲无边水茫茫，荷花夜开风露香。
渐见灯明出远寺，更待月黑看湖光。

又《湖上夜归》诗：

我饮不尽器，半酣尤味长。
篮舆湖上归，春风吹面凉。
行到孤山西，夜色已苍苍。
清吟杂梦寐，得句旋已忘。
尚记梨花村，依依闻暗香。

又《怀西湖寄晁美叔》诗[15]：

西湖天下景，游者无愚贤。
深浅随所得，谁能识其全。
嗟我本狂直，早为世所捐。
独专山水乐，付与宁非天。
三百六十寺，幽寻遂穷年。
所至得其妙，心知口难传。
至今清夜梦，耳目余芳鲜。
君持使者节[16]，风采烁云烟。
清流与碧巘，安肯为君妍。
胡不屏骑从，暂借僧榻眠。
读我壁间诗，清凉洗烦煎。

策杖无道路，直造意所便。

应逢古渔父，苇间自夤缘。

问道若有得，买鱼弗论钱[17]。

李奎《西湖》诗[18]：

锦帐开桃岸，兰桡系柳津。

鸟歌如劝酒，花笑欲留人。

钟磬千山夕，楼台十里春。

回看香雾里，罗绮六桥新[19]。

苏轼《开西湖》诗：

伟人谋议不求多，事定纷纭自唯阿[20]。

尽放龟鱼还绿净，肯容萧苇障前坡。

一朝美事谁能继，百尺苍崖尚可磨。

天上列星当亦喜，月明时下浴金波。

周立勋《西湖》诗[21]：

平湖初涨绿如天，荒草无情不记年。

犹有当时歌舞地，西泠烟雨丽人船。

夏炜《西湖竹枝词》[22]：

四面空波卷笑声，湖光今日最分明。

舟人莫定游何处，但望鸳鸯睡处行。

平湖竟日只溟濛，不信韶光只此中。

笑拾杨花装半臂，恐郎到晚怯春风。

行觞次第到湖湾，不许莺花半刻闲。

眼看谁家金络马，日驼春色向孤山。

春波四合没晴沙，昼在湖船夜在家。

怪杀春风归不断，担头原自插梅花。

欧阳修《西湖》诗[23]：

菡萏香消画舸浮，使君宁复忆扬州。

都将二十四桥月[24]，换得西湖十顷秋。

赵子昂《西湖》诗[25]：

春阴柳絮不能飞，雨足蒲芽绿更肥。

只恐前呵惊白鹭，独骑款段绕湖归。

袁宏道《西湖总评》诗[26]：

龙井饶甘泉，飞来富石骨。

苏桥十里风，胜果一天月[27]。

钱祠无佳处，一片好石碣[28]。

孤山旧亭子[29]，凉荫满林樾。

一年一桃花，一岁一白发。

南高看云生，北高见月没。

楚人无羽毛[30]，能得几游越。

范景文《西湖》诗[31]：

湖边多少游观者，半在断桥烟雨间。

尽逐春风看歌舞，几人着眼看青山。

张岱《西湖》诗：

追想西湖始，何缘得此名。

恍逢西子面，大服古人评[32]。

冶艳山川合，风姿烟雨生。

奈何呼不已，一往有深情[33]。

一望烟光里，沧茫不可寻。

吾乡争道上，此地说湖心。
泼墨米颠画[34]，移情伯子琴[35]。
南华秋水意[36]，千古有人钦。

到岸人心去，月来不看湖。
渔灯隔水见，堤树带烟糢。
真意言词尽，淡妆脂粉无。
问谁能领略，此际有髯苏。

又《西湖十景》诗：

一峰一高人，两人相与语。
此地有西湖，勾留不肯去。

（两峰插云）

湖气冷如冰，月光淡于雪。
肯弃与三潭，杭人不看月[37]。

（三潭印月）

高柳荫长堤，疏疏漏残月。
蹩躠步松沙[38]，恍疑是踏雪。

（断桥残雪）

夜气滃南屏[39]，轻岚薄如纸。
钟声出上方[40]，夜渡空江水。

（南屏晚钟）

烟柳幕桃花，红玉沉秋水。
文弱不胜夜[41]，西施刚睡起。

（苏堤春晓）

颊上带微酡，解颐开笑口。
何物醉荷花，暖风原似酒。

（曲院风荷）

深柳叫黄鹂，清音入空翠。
若果有诗肠，不应比鼓吹[42]。

（柳浪闻莺）

残塔临湖岸，颓然一醉翁。
奇情在瓦砾，何必藉人工。

（雷峰夕照）

秋空见皓月，冷气入林皋。
静听孤飞雁，声轻天正高。

（平湖秋月）

深恨放生池[43]，无端造鱼狱。
今来花港中，肯受人拘束？

（花港观鱼）

柳耆卿《望海潮》词[44]：

东南形胜，三吴都会[45]，钱塘自古繁华。烟柳画桥，风帘翠幕，参差十万人家。云树绕堤沙。怒涛卷霜雪，天堑无涯。市列珠玑，户盈罗绮，竞豪奢。　重湖叠巘清佳，有三秋桂子，十里荷花。羌管弄晴，菱歌泛夜，嬉嬉钓叟莲娃。千骑拥高牙。乘醉听箫鼓，吟赏烟霞。异日图将好景，归去凤池夸[46]。（金主阅此词，慕西湖胜景，遂起投鞭渡江之思[47]。）

于国宝《风入松》词：

一春常费买花钱，日日醉湖边。玉骢惯识西湖路，骄嘶过、沽酒楼前。红杏香中箫鼓，绿杨影里秋千。　暖风十里丽人天，花压鬓云偏。画船载得春归去，余情付、湖水湖烟。明日重扶残醉，来寻陌上花钿。

① 明圣二湖：杭州西湖古时又称明圣湖，见田汝成《西湖游览志·西湖总叙》。二湖，明圣湖分里湖与外湖。 ② 马臻：东汉前期会稽太守，曾掘镜湖蓄水灌溉。鉴湖，即镜湖，在今绍兴西南。 ③ 湘湖：在浙江萧山城西，宋代县令杨时所筑。 ④ 毅孺：张弘，字毅孺，作者族弟。 ⑤ 眠娗：同腼腆。 ⑥ 董遇：三国魏明帝时人，曾言读书以“三余”，则不患无日。 三余：《三国志·王肃传》裴注引《魏略》曰：或问三余之意，遇言“冬者岁之余，夜者日之余，阴雨者时之余也”。 ⑦ 四贤：明代正德时杭州知府杨孟瑛所祀李泌、白居易、林逋、苏轼四人。 ⑧ 乐天：白居易(772—846)，字乐天，太原(今属山西)人，唐代诗人。在杭州刺史任上曾筑湖堤以引水灌溉。 ⑨ 和靖：林逋(967—1028)，字君复，宋初钱塘(今杭州)人，隐居孤山，以梅、鹤为伴，人称“梅妻鹤子”。谥和靖先生。 ⑩ 邺侯：李泌(722—789)，字长源，唐京兆(长安)人。历仕玄宗、肃宗、代宗、德宗四朝，封邺侯。代宗时任杭州刺史，曾开六井，引西湖水便民饮用。 ⑪ 东坡：苏轼(1036—1101)，字子瞻，号东坡居士，眉山(今属四川)人，北宋文学家，曾任杭州知府，浚湖筑堤。下文“髯苏”亦指苏轼，因其多须，故称。 ⑫ 贾似道(1213—1275)：字师宪，天台(今属浙江)人，南宋奸相，曾为平章军国重事都督诸路军马。 ⑬ 孙东瀛：孙隆，号东瀛，明万历时司礼太监，掌苏、杭织造，曾修整西湖名胜。 ⑭ 措大：寒酸书生。 ⑮ 晁美叔：晁端彦，字美叔，清丰(今属河南)人。宋嘉祐进士。 ⑯ “君持”句：晁美叔时出任两浙提点刑狱，故云。节，符节，信物。 ⑰ “应逢”四句：孔子游于缁帷林中，有渔父下船，孔子向前问道，渔父指点一番后，撑船沿着芦苇边远去。孔子感叹道：“故道之所在，圣人尊之。今渔父之于道，可谓有矣，吾敢不敬乎！”见《庄子·渔父》。《南史·隐逸传》：有一渔父不知姓名，孙缅为寻阳太守时，见一轻舟，凌波隐显。片刻渔父至，神情萧洒，垂纶长啸。孙缅好奇地上前问道：“有鱼卖乎？”渔父回答说：“其钓非钓，宁卖鱼者邪？”此处合用其事。延缘，同夤缘，沿循。 ⑱ 李奎：号珠山，浙江归安人，明嘉靖

间与李攀龙等共为诗社，又曾与茅坤同游西湖。见《茅鹿门先生文集》卷二十四。 ⑲ 六桥：指苏堤上的映波、锁澜、望山、压堤、东浦、跨虹六座桥。 ⑳ 唯阿：应诺声，比喻差别很小。《老子》第二十章："唯之与阿，相去几何？" ㉑ 周立勋：字勒卣，明末松江华亭（今属上海）人，与同郡陈子龙、夏允彝等创几社。见《松江府志》卷五十五。 ㉒ 夏炜：浙江乌程人，明万历进士。 ㉓ 欧阳修（1007—1072）：字永叔，号醉翁、六一居士，庐陵（今江西吉安）人。北宋文学家。 ㉔ 二十四桥：见《陶庵梦忆》卷四《二十四桥风月》。 ㉕ 赵子昂：赵孟頫（1254—1322），字子昂，号松雪道人，浙江湖州人。宋元之际书画家。 ㉖ 袁宏道：明代文学家，见《陶庵梦忆》卷一《葑门荷宕》注。 ㉗ 胜果：即胜果寺。 ㉘"一片"句：梁庾信读北魏温子昇《韩陵山寺碑》，有人问道："北方文士何如？"庾信回答说："唯有韩陵山一片石堪共语。"见张鷟《朝野佥载》卷六。此处用来称赞钱王祠中苏轼所撰《表忠观碑记》。 ㉙"孤山"句：指孤山放鹤亭。 ㉚ 楚人：袁宏道自称，因其为湖北公安人，古属楚地。 ㉛ 范景文：字梦章，河间吴桥（今属河北）人。明末东阁大学士。 ㉜ 古人评：指宋代苏轼将西湖比作西子，见其《饮湖上初晴后雨》诗。 ㉝"奈何"二句：刘义庆《世说新语·任诞》："桓子野每闻清歌，辄唤奈何。谢公闻之曰：'子野可谓一往有深情。'" ㉞ 米颠：米芾（1051—1107），字元章，太原人。北宋画家。因举止颠狂，人称"米颠"。 ㉟ 伯子：伯牙，春秋时著名琴师。 ㊱ 南华：即《庄子》。秋水：《庄子》篇名。此篇阐述人必须顺从天意，无欲无为。 ㊲"杭人"句：见卷三《西湖中路·十锦塘》后录作者《西湖七月半记》。 ㊳ 蹴躤：信步而走。 ㊴ 南屏：山名，胡翰祥《西湖新志》卷二引《咸淳志》谓其在兴教寺后，上有石壁若屏障。 ㊵ 上方：寺庙，此指兴教寺，其钟声即所谓南屏晚钟。 ㊶ 夜：当作"衣"。 ㊷ 鼓吹：用鼓、钲、箫、笳等合奏的音乐。这里指蛙噪，语出《南齐书·孔稚珪传》。 ㊸ 放生池：见卷三《西湖中路·放生池》。 ㊹ 柳耆卿：柳永，字耆卿，福建崇安人。北宋词人。 ㊺ 三吴：古时指吴兴、吴、会稽三郡，与今苏南、浙北大体相当。 ㊻ 凤池：中书省所在，借指朝廷。 ㊼ 金主三句：罗大经《鹤林玉露》卷一："孙何帅钱塘，柳耆卿作《望海潮》词赠之。此词流播，金主亮闻歌，欣然有慕于'三秋桂子，十里荷花。'遂起投鞭渡江之志。"金主，指金国海陵王完颜亮（1122—1161），曾率兵大举进攻南宋。

# 西湖北路

## 玉　莲　亭

白乐天守杭州，政平讼简。贫民有犯法者，于西湖种树几株；富民有赎罪者，令于西湖开葑田数亩。历任多年，湖葑尽拓，树木成荫。乐天每于此地，载妓看山，寻花问柳，居民设像祀之。亭临湖岸，多种青莲，以象公之洁白。

右折而北，为缆舟亭，楼船鳞集，高柳长堤。游人至此，买舫入湖者，喧阗如市。东去为玉凫园，湖水一角，僻处城阿，舟楫罕到。寓西湖者，欲避嚣杂，莫于此地为宜。园中有楼，倚窗南望，沙际水明，常见浴凫数百，出没波心，此景幽绝。

白居易《玉莲亭》诗：

湖上春来似画图，乱峰围绕水平铺。
松排山面千层翠，月照波心一点珠。
碧毯绿头抽早麦，青罗裙带展新蒲。
未能抛得杭州去，一半勾留是此湖。

孤山寺北谢亭西，水面初平云脚低。
几处早莺争暖谷，谁家燕子啄新泥。
乱花渐欲迷人眼，浅草才能没马蹄。
最爱湖东行不足，绿杨阴里白沙堤①。

① 白沙堤：在孤山下，始筑年代不详，今称白堤。

# 昭庆寺

昭庆寺，自狮子峰、屯霞石发脉①，堪舆家谓之火龙。石晋元年始创②，毁于钱氏乾德五年③。宋太平兴国元年重建④，立戒坛。天禧初⑤，改名昭庆。是岁又火。迨明洪武至成化⑥，凡修而火者再。四年奉敕再建，廉访杨继宗监修⑦。有湖州富民应募，挈万金来。殿宇室庐，颇极壮丽。嘉靖三十四年以倭乱⑧，恐贼据为巢，遽火之。事平再造，遂用堪舆家说，辟除民舍，使寺门见水，以厌火灾。隆庆三年复毁⑨。万历十七年⑩，司礼监太监孙隆以织造助建⑪，悬幢列鼎，绝盛一时。而两庑栉比，皆市廛精肆，奇货可居。春时有香市，与南海、天竺、山东香客及乡村妇女儿童⑫，往来交易，人声嘈杂，舌敝耳聋，抵夏方止。崇祯十三年又火⑬，烟焰障天，湖水为赤。及至清初，踵事增华⑭，戒坛整肃，较之前代，尤更庄严。一说建寺时，为钱武肃王八十大寿⑮，寺僧圆净订缁流古朴、天香、胜莲、胜林、慈受、慈云等⑯，结莲社⑰，诵经放生，为王祝寿。每月朔，登坛设戒，居民行香礼佛，以昭王之功德，因名昭庆。今以古德诸号⑱，即为房名。

袁宏道《昭庆寺小记》：

从武林门而西，望保俶塔，突兀层崖中，则已心飞湖上也。午刻入昭庆，茶毕，即棹小舟入湖。山色如娥，花光如颊，温风如酒，波纹如绫，才一举头，已不觉目酣神醉。此时欲下一语描写不得，大约如东阿王梦中初遇洛神时也[19]。余游西湖始此，时万历丁酉二月十四日也[20]。晚同子公渡净寺[21]，觅小修旧住僧房[22]。取道由六桥、岳坟归。草草领略，未极遍赏。阅数日，陶周望兄弟至[23]。

张岱《西湖香市记》[24]：

西湖香市，起于花朝，尽于端午。山东进香普陀者日至，嘉湖进香天竺者日至，至则与湖之人市焉，故曰香市。然进香之人市于三天竺，市于岳王坟，市于湖心亭，市于陆宣公祠，无不市，而独凑集于昭庆寺。昭庆寺两廊故无日不市者，三代八朝之古董，蛮夷闽貊之珍异，皆集焉。至香市，则殿中边甬道上下、池左右、山门内外，有屋则摊，无屋则厂，厂外又棚，棚外又摊，节节寸寸。凡胭脂簪珥、牙尺剪刀，以至经典木鱼、孖儿嬉具之类，无不集。此时春暖，桃柳明媚，鼓吹清和，岸无留船，寓无留客，肆无留酿。袁石公所谓"山色如娥，花光如颊，温风如酒，波纹如绫"，已画出西湖三月。而此以香客杂来，光景又别。士女闲都，不胜其村妆野妇之乔画；芳兰芗泽，不胜其合香芫荽之薰蒸；丝竹管弦，不胜其摇鼓欱笙之聒帐；鼎彝光怪，不胜其泥人竹马之行情；宋元名画，不胜其湖景佛图之纸贵。如逃如逐，如奔如追，撩扑不开，牵挽不住。数百十万男男女女、老老少少，日簇拥于寺之前后左右者，凡四阅月方罢。恐大江以东，断无此二地矣。崇祯庚辰三月，昭庆寺火。是岁及辛巳、壬午洊饥，民强半饿死。壬午虏鲠山东，香客断绝，无有至者，市遂废。辛巳夏，余在西湖，但见城中饿殍舁出，扛挽相属。时杭州刘太守梦谦，汴梁人，乡里抽丰者多寓西湖，日以民词馈送。有轻薄子改古诗诮之曰："山不青山楼不楼，西湖歌舞一时休。暖风吹得死人臭，还把杭州送汴州。"可作西湖实录。

① 狮子峰、屯霞石：均在宝石山。屯霞石赭如霞，介立岸畔，有摩崖"赤霞"二字，见《湖山便览》卷四《北山路》。 ② 石晋：即后晋。公元936年石敬瑭引契丹兵灭后唐称帝，国号晋，史称后晋。 ③ 钱氏乾德：五代吴越国钱氏所奉宋太祖年号(963—968)。 ④ 太平兴国：宋太宗年号(976—984)。 ⑤ 天禧：宋真宗年号(1017—1021)。⑥ 洪武：明太祖年号(1368—1398)。 成化：明宪宗年号(1465—1487)。 ⑦ 廉访：指按察使，明代主管一省司法和监察的官员。杨继宗：字承芳，阳城(在今山西)人。 ⑧ 嘉靖：明世宗年号(1522—1566)。 ⑨ 隆庆：明穆宗年号(1567—1572)。 ⑩ 万历：明神宗年号(1573—1620)。 ⑪ 司礼监：明代京城设二十四太监衙门，以司礼监居首，其中秉笔太监权势常在首辅之上。 织造：指提督织造太监。明代于江南设专局，由织造掌其事，为皇室提供丝织品。⑫ 南海：普陀山等处。 天竺：杭州山名，亦为寺名，见卷二《西湖西路·上天竺》。 山东：指浙东一带。 ⑬ 崇祯：明思宗年号(1628—1644)。 ⑭ 踵事增华：继承前代并有所创新，语出萧统《文选序》。⑮ 钱武肃王：即钱镠。见卷四《西湖南路·钱王祠》。 ⑯ 缁流：指众僧。缁，僧衣。 ⑰ 莲社：即白莲社，东晋僧人慧远等创立于庐山东林寺、奉佛教净土宗的组织，因寺中有白莲池而得名。唐以后莲社向各地发展。 ⑱ 古德：僧徒对教门先辈的敬称。 ⑲"大约如东阿王"句：相传三国时东阿王曹植过洛水，梦见神女宓妃，惊其艳丽，因作《洛神赋》。 ⑳ 万历丁酉：万历二十五年(1597)。 ㉑ 子公：

方文僎字子公,徽州(今安徽歙县)人,与袁宏道交往。 净寺:见卷四《西湖南路·净慈寺》。 ㉒ 小修:袁中道(1570—1623),字小修,宏道弟。公安派人物之一。 ㉓ 陶周望:即陶石篑,见《陶庵梦忆》卷二《花石纲遗石》注。 ㉔《西湖香市记》:此篇即《陶庵梦忆》卷七《西湖香市》,注同。

## 哇 哇 宕

哇哇石在棋盘山上①,昭庆寺后,有石池深不可测,峭壁横空,方圆可三四亩,空谷相传,声唤声应,如小儿啼焉。上有棋盘石,耸立山顶。其下烈士祠,为朱跸、金胜、祝威诸人②,皆宋时死金人难者,以其生前有护卫百姓功,故至今祀之。

屠隆《哇哇宕》诗③:

昭庆庄严尽佛图,如何空谷有呱呱。
千儿乳坠成贤劫④,五觉声闻报给孤⑤。
流出桃花缘古宕,飞来怪石入冰壶。
隐身岩下传消息,任尔临崖动地呼。

① 哇哇石:石疑作"宕"。 ② 朱跸、金胜、祝威:均为南宋初年抵抗金兵而死的钱塘县官吏。事详田汝成《西湖游览志·北山胜迹》。 ③ 屠隆(1542—1605):号赤水,浙江鄞县人。晚明文学家。曾为颍上、青浦知县,迁礼部主事。 ④ 乳坠:出生。 贤劫:佛家称天地从产生到毁灭历三住劫,即过去住劫为庄严劫;未来住劫为星宿劫;现在住劫为贤劫,有千佛出世,故称。《大悲经》三《礼拜品》八:"如此劫中,当有千

佛出兴于世,以是因缘,遂名此劫号之为贤。” ⑤ 五觉:又译菩提、正觉,佛教指悟道的过程。 声闻:佛教三乘之一。意谓由诵经听法而得道者。 给孤:即给孤独,古印度长者,好施孤贫。据说其曾以黄金布地的价格购祇陀太子园林,供释迦说法。

# 大 佛 头

大石佛寺,考旧史,秦始皇东游入海,缆舟于此石上。后因贾平章住里湖葛岭①,宋大内在凤凰山②,相去二十余里,平章闻朝钟响,即下湖船,不用篙楫,用大锦缆绞动盘车③,则舟去如驶,大佛头,其系缆石桩也。平章败,后人镌为半身佛像,饰以黄金,构殿覆之,名大石佛院。至元末毁。明永乐间④,僧志琳重建,敕赐大佛禅寺。贾秋壑为误国奸人,其于山水书画古董,凡经其鉴赏,无不精妙。所制锦缆,亦自可人。一日临安失火,贾方在半闲堂斗蟋蟀,报者络绎,贾殊不顾,但曰:“至太庙则报。”俄而,报者曰:“火直至太庙矣!”贾从小肩舆,四力士以椎剑护,舁舆人里许即易,倏忽至火所,下令肃然,不过曰:“焚太庙者,斩殿帅⑤。”于是帅率勇士数十人,飞身上屋,一时扑灭。贾虽奸雄,威令必行,亦有快人处。

张岱《大石佛院》诗:

余少爱嬉游,名山恣探讨。
泰岳既峗峨,补陀复杳渺⑥。
天竺放光明⑦,齐云集百鸟⑧。

活佛与灵神，金身皆藐小。
自到南明山⑨，石佛出云表。
食指及拇指，七尺犹未了。
宝石更特殊，当年石工巧。
岩石数丈高，止塑一头脑。
量其半截腰，丈六犹嫌少。
问佛几许长，人天不能晓。
但见往来人，盘旋如虱蚤。
而我独不然，参禅已到老。
入地而摩天，何在非佛道。
色相求如来⑩，巨细皆心造。
我视大佛头，仍然一茎草。

甄龙友《西湖大佛头赞》⑪：

色如黄金，面如满月。
尽大地人，只见一橛。

① 贾平章：即贾似道，见本卷《西湖总记·明圣二湖》注。下文"贾秋壑"同。 ② 宋大内：南宋皇城。 凤凰山：见卷五《西湖外景·凤凰山》。 ③ 盘车：一种击水使船前进的装置。 ④ 永乐：明成祖年号(1403—1424)。 ⑤ 殿帅：指殿前都指挥使。 ⑥ 补陀：同普陀，在今浙江普陀县，佛教名山，四面环海。 ⑦ "天竺"句：参见卷二《西湖西路·上天竺》。 ⑧ "齐云"句：今安徽休宁齐云山西北有齐云岩，相传其玄武殿真像由百鸟衔泥所塑。 ⑨ 南明山，在浙江新昌南，其大石佛像造于南朝梁代。 ⑩ 色相：佛教指人或物的外在形式。《大方广佛华严经》："诸色相海，无边显现。" ⑪ 甄龙友：宋永嘉(今属浙江)人。诙谐善辩。

# 保 俶 塔

宝石山高六十三丈，周一十三里。钱武肃王封寿星宝石山，罗隐为之记[①]。其绝顶为宝峰，有保俶塔，一名宝所塔，盖保俶塔也。宋太平兴国元年，吴越王俶[②]，闻唐亡而惧[③]，乃与妻孙氏、子惟濬、孙承祐入朝，恐其被留，许造塔以保之。称名，尊天子也。至都，赐礼贤宅以居，赏赉甚厚。留两月遣还，赐一黄袱，封识甚固，戒曰："途中宜密观。"及启之，则皆群臣乞留俶章疏也，俶甚感惧。既归，造塔以报佛恩。保俶之名，遂误为保叔。不知者遂有"保叔缘何不保夫"之句[④]。俶为人敬慎，放归后，每视事，徙坐东偏，谓左右曰："西北者，神京在焉，天威不违颜咫尺[⑤]，俶敢宁居乎！"每修省入贡，焚香而后遣之。未几，以地归宋，封俶为淮海国王。其塔，元至正末毁[⑥]，僧慧炬重建。明成化间又毁，正德九年僧文镛再建[⑦]。嘉靖元年又毁，二十二年僧永固再建。隆庆三年大风折其顶，塔亦渐圮，万历二十二年重修。其地有寿星石、屯霞石[⑧]。去寺百步，有看松台，俯临巨壑，凌驾松杪，看者惊悸。塔下石壁孤峭，缘壁有精庐四五间，为天然图画阁。

黄久文《冬日登保俶塔》诗：

当峰一塔微，落木净烟浦。
日寒山影瘦，霜泐石棱苦。
山云自悠然，来者适为主。

与子欲谈心，松风代吾语。

夏公谨《保俶塔》诗[⑨]：

客到西湖上，春游尚及时。

石门深历险，山阁静凭危。

午寺鸣钟乱，风潮去舫迟。

清樽欢不极，醉笔更题诗。

钱思复《保俶塔》诗[⑩]：

金刹天开画，铁檐风语铃。

野云秋共白，江树晚逾青。

凿屋岩藏雨，粘崖石坠星。

下看湖上客，歌吹正沉冥。

① 罗隐（？—909）：字昭谏，余杭（今属浙江）人，唐末归钱镠。其诗文多讥刺现实。 ② 吴越王俶：吴越末代国王钱弘俶（948—978年在位）。 ③ 唐亡：指五代十国之南唐为北宋所灭。 ④“保叔缘何不保夫”：全诗为“保叔缘何不保夫？夫情谅比叔情多。西湖纵有千顷水，难洗心头一点污”。未知何人所作。 ⑤“天威”句：意为天子犹如就在身旁，语出《左传·僖公九年》。 ⑥ 至正：元顺帝年号（1341—1368）。 ⑦ 正德：明武宗年号（1506—1521）。 ⑧ 寿星石：初名落星子，凡二，分别在塔后与看松台下，各大数十围，湖中遥望之，圆活如星，亦即下文“粘崖石坠星”所云。 屯霞石：见本卷《昭庆寺》注。 ⑨ 夏公谨：夏言（1482—1548），字公谨，江西贵溪人。嘉靖时首辅，被严嵩谗杀。 ⑩ 钱思复：钱惟善，字思复，钱塘人，号曲江居士。元代文人。

# 玛瑙寺

玛瑙坡，在保俶塔西，碎石文莹，质若玛瑙，土人采之，以镌图篆。晋时遂建玛瑙宝胜院，元末毁，明永乐间重建。有僧芳洲仆夫艺竹得泉，遂名仆夫泉。山巅有阁，凌空特起，凭眺最胜，俗称玛瑙山居。寺中有大钟，侈弇齐适[1]，舒而远闻，上铸《莲经》七卷[2]，《金刚经》三十二分[3]。昼夜十二时，保六僧撞之[4]。每撞一声，则《法华》七卷、《金刚》三十二分，字字皆声。吾想法夜闻钟[5]，起人道念，一至旦昼，无不牿亡[6]。今于平明白昼时听钟声，猛为提醒，大地山河，都为震动，则铿锵一响，是竟《法华》一转、《般若》一转矣。内典云[7]：人间钟鸣未歇际，地狱众生刑具暂脱此间也。鼎革以后，恐寺僧惰慢，不克如前。

张岱《玛瑙寺长鸣钟》诗：

女娲炼石如炼铜[8]，铸出梵王千斛钟[9]。
仆夫泉清洗刷早，半是顽铜半玛瑙。
锤金琢玉昆吾刀[10]，盘旋钟纽走蒲牢[11]。
十万八千《法华》字，《金刚般若》居其次。
贝叶灵文满背腹[12]，一声撞破莲花狱[13]。
万鬼桁杨暂脱离，不愁漏尽啼荒鸡。
昼夜百刻三千杵，菩萨慈悲泪如雨。
森罗殿前免刑戮，恶鬼狰狞齐退役。

一击渊渊大地惊，青莲字字有潮音⑭。
特为众生解冤结，共听毗庐广长舌⑮。
敢言佛说尽荒唐，劳我阇黎日夜忙⑯。
安得成汤开一面⑰，吉网罗钳都不见⑱。

① 侈弇齐适：意为钟口大小适中。侈，宽阔。 弇，狭窄。 ②《莲经》：《妙法莲花经》的简称，又名《法华经》。 ③《金刚经》：《金刚般若经》的简称，一名《般若》。 分：佛经的章节。 ④ 保：使，分派。 ⑤ 法夜：疑为"清夜"。 ⑥ "一至"二句：《孟子·告子上》"其好恶与人相近也者几希，则其旦昼之所为有牿亡之矣。"赵岐注："旦昼，昼日也。其所为万事，有牿乱之，使亡失其日夜之所息也。"牿亡，遭桎梏而消亡。 ⑦ 内典：佛经。 ⑧ 女娲炼石：《淮南子·览冥训》："女娲炼五色石以补苍天。" ⑨ 梵王："大梵天王"的简称，《法苑珠林》五《三界篇》注："大梵天王独于上住，以别群下。"这里代指佛家。 ⑩ 昆吾刀：《山海经·中山经》："昆吾之山，其上多赤铜。"郭璞注："此山出名铜，色赤如火，以之作刃，切玉如割泥也。" ⑪ 钟纽：钟底供悬挂用的部分。 蒲牢：兽名。《文选》薛综《西京赋》注："海中有大鱼曰鲸，海边又有兽名蒲牢，蒲牢素畏鲸，鲸鱼击蒲牢，辄大鸣。凡钟欲令声大者，故作蒲牢于上，所以撞之者为鲸鱼。" ⑫ 贝叶灵文：指佛经。贝叶为贝多树叶，常用以书写佛经。柳宗元《晨诣超师院读禅经》诗："闲持贝叶书，步出东斋读。" ⑬ 莲花狱：佛家谓地狱。 ⑭ "青莲"句：撞击刻有《莲经》的寺钟，其声响如诵经。潮音，比喻诵经声。 ⑮ 毗庐：佛名，毗庐舍那的略称。 广长舌：言佛舌广而长，故善辩。 ⑯ 阇黎：佛徒之师，指能规范弟子品行的人。 ⑰ 成汤开一面：即法不苛密，网开一面，语出《史记·殷本纪》。 ⑱ 吉网罗钳：《新唐书·酷吏传》："吉温与罗希奭，相助以虐，号罗钳吉网。"

# 智　果　寺

智果寺,旧在孤山,钱武肃王建。宋绍兴间[①],造四圣观[②],徙于大佛寺西。先是东坡守黄州,於潜僧道潜[③],号参寥子,自吴来访,东坡梦与赋诗,有“寒食清明都过了[④],石泉槐火一时新”之句。后七年,东坡守杭,参寥卜居智果,有泉出石罅间。寒食之明日,东坡来访,参寥汲泉煮茗,适符所梦。东坡四顾坛壝,谓参寥曰:“某生平未尝至此,而眼界所视,皆若素所经历者。自此上忏堂,当有九十三级。”数之,果如其言,即谓参寥子曰:“某前身寺中僧也,今日寺僧皆吾法属耳,吾死后,当舍身为寺中伽蓝[⑤]。”参寥遂塑东坡像,供之伽蓝之列,留偈壁间,有:“金刚开口笑钟楼,楼笑金刚雨打头,直待有邻通线,两重公案　时修。”后寺破败。崇祯壬申[⑥],有扬州茂才鲍同德字有邻者,来寓寺中。东坡两次入梦,属以修寺,鲍辞以“贫士安办此”。公曰:“子第为之,自有助子者。”次日,见壁间偈有“有邻”二字,遂心动立愿,作《西泠记梦》,见人辄出示之。一日至邸[⑦],遇维扬姚永言[⑧],备言其梦。座中有粤东谒选进士宋公兆禴者[⑨],甚为骇异。次日,宋公筮仕[⑩],遂得仁和[⑪]。永言怂恿之,宋公力任其艰,寺得再葺。时有泉适出寺后,好事者仍名之参寥泉焉。

① 绍兴:宋高宗年号(1131—1162)。　② 四圣观:即四圣延祥观,见卷三《西湖中路·六一泉》。　③ 於潜:县名,在今浙江。　道

潜：宋僧，俗姓何，号参寥子，能诗。 ④ 寒食：在清明前一日，相传为纪念春秋时晋国的介子推，此日只吃生食。 ⑤ 伽蓝：佛教中的护法神。 ⑥ 崇祯壬申：即崇祯五年(1632)。 ⑦ 邸：此处指京城。 ⑧ 维扬：即江苏扬州。 ⑨ 谒选进士：到吏部等候选派的进士。 ⑩ 筮仕：古人将要出仕时，预占吉凶。这里指初次任职。 ⑪ 仁和：县名，在今杭州市。

## 六贤祠

宋时西湖有三贤祠两：其一在孤山竹阁[①]。三贤者，白乐天、林和靖、苏东坡也。其一在龙井资圣院。三贤者，赵阅道、僧辨才、苏东坡也[②]。宝庆间[③]，袁樵移竹阁三贤祠于苏公堤，建亭馆以沽官酒。或题诗云："和靖东坡白乐天，三人秋菊荐寒泉。而今满面生尘土，欲与袁樵趁酒钱。"又据陈眉公笔记[④]，钱塘有水仙王庙，林和靖祠堂近之。东坡先生以和靖清节映世，遂移神像配食水仙王。黄山谷有《水仙花》诗用此事[⑤]："钱塘昔闻水仙庙，荆州今见水仙花。暗香靓色撩诗句，宜在孤山处士家。"则宋时所祀，止和靖一人。明正德三年，郡守杨孟瑛重浚西湖[⑥]，立四贤祠，以祀李邺侯、白、苏、林四人，杭人益以杨公，称五贤。而后乃祧杨公，增祀周公维新、王公弇州[⑦]，称六贤祠。张公亮曰[⑧]："湖上之祠，宜以久居其地，与风流标令为山水深契者，乃列之。周公冷面，且为神明，有别祠矣。弇州文人，与湖非久要，今并四公而坐，恐难熟热也。"人服其确论。

张明弼《六贤祠》诗：

山川亦自有声气[⑨]，西湖不易与人热。
五日京兆王弇州[⑩]，冷面臬司号寒铁[⑪]。
原与湖山非久要，心胸不复留风月。
犹议当时李邺侯，西泠尚未通舟楫。
惟有林苏白乐天，真与烟霞相接纳。
风流俎豆自千秋，松风菊露梅花雪。

① 竹阁：原在孤山寺，白居易有《宿竹阁》诗，绍兴年间与寺俱徙北山。 ② 赵阅道：赵抃(1008—1084)，字阅道，北宋衢州西安(今浙江衢县)人。曾任杭州知州。 辨才：见卷二《西湖西路·上天竺》注。 ③ 宝庆：宋理宗年号(1225—1227)。 ④ 陈眉公：陈继儒(1558—1639)，字仲醇，号眉公，松江华亭(今属上海)人，晚明名士，隐居佘山，善诗文书画。 ⑤ 黄山谷：黄庭坚(1045—1105)，字鲁直，号山谷道人，江西分宁(今修水)人，其诗、书与苏轼并称"苏、黄"。 ⑥ 杨孟瑛：四川丰都人。明成化进士，曾任杭州知府。 ⑦ 周公维新：即周新，见卷五《西湖外景·城隍庙》。 王公弇州：即王世贞，见《陶庵梦忆》卷一《奔云石》注。 ⑧ 张公亮：张明弼，字公亮，号琴张居士，江苏金坛人。崇祯进士。 ⑨ 声气：《易·乾》："同声相应，同气相求。" ⑩ 五日京兆：语出《汉书·张敞传》，此处形容王世贞任杭州知府为期极短。 ⑪ "冷面"句：周新有"冷面寒铁"之称。 臬司，按察使。

## 西 泠 桥

西泠桥一名西陵，或曰：即苏小小结同心处也[①]。及见方子公诗有云[②]:"'数声渔笛知何处,疑在西泠第一桥。'陵作泠,苏小恐误。"余曰:"管不得,只西陵便好。且白公断桥诗'柳色青藏苏小家',断桥去此不远,岂不可借作西泠故实耶!"昔赵王孙孟坚子固常客武林[③],值菖蒲节[④],周公谨同好事者邀子固游西湖[⑤]。酒酣,子固脱帽,以酒晞发,箕踞歌《离骚》[⑥],旁若无人。薄暮入西泠桥,掠孤山,舣舟茂树间,指林麓最幽处,瞪目叫曰:"此真洪谷子、董北苑得意笔也[⑦]。"邻舟数十,皆惊骇绝叹,以为真谪仙人[⑧]。得山水之趣味者,东坡之后,复见此人。

袁宏道《西泠桥》诗:

西泠桥,水长在。松叶细如针,不肯结罗带。莺如衫,燕如钗。油壁车,砍为柴。青骢马,自西来。昨日树头花,今日陌上土。恨血与啼魂,一半逐风雨。

又《桃花雨》诗:

浅碧深红大半残,恶风催雨剪刀寒。
桃花不比杭州女,洗却胭脂不耐看。

李流芳《西泠桥题画》[⑨]:

余尝为孟旸题扇[⑩]:"多宝峰头石欲摧,西泠桥边树不开。轻烟薄雾斜阳下,曾泛扁舟小筑来。"西泠桥树色,真使人可念,桥亦自有古色。近闻且改筑,当无复旧观矣。对此怅然。

① 苏小小:南齐杭州名妓,见卷三《西湖中路·苏小小墓》。
② 方子公:明代文人,见本卷《昭庆寺》注。
③ 赵王孙孟坚子固:赵孟坚(1199—1295),字子固,善诗画,宋亡后隐居,曾拒见时已仕元的

从弟赵孟頫。因为宋宗室,故称“王孙”。 武林:杭州。 ④ 菖蒲节:端午节。 ⑤ 周公谨:周密(1232—1308),字公谨,号草窗,流寓吴兴(今属浙江)。著《武林旧事》。 ⑥ 箕踞:席地而坐,张开两腿,表示不拘礼节。《离骚》:《楚辞》中的篇名,战国屈原作。 ⑦ 洪谷子:荆浩字浩然,沁水(今属山西)人,号洪谷子。五代后梁山水画家。董北苑:董源字叔达,钟陵(今江西进贤)人。五代南唐山水画家,曾任北苑副使。 ⑧ “谪仙人”:这是贺知章对李白的赞叹,见《新唐书·李白传》。 ⑨ 李流芳(1575—1629),嘉定(今属上海)人。工诗画,与程嘉燧等并称“嘉定四先生”。 ⑩ 孟旸:程嘉燧(1565—1643),字孟旸,休宁(今属安徽)人,流寓嘉定。能诗。

# 岳王坟

岳鄂王死[①],狱卒隗顺负其尸,逾城至北山以葬。后朝廷购求葬处,顺之子以告。及启棺如生,乃以礼服殓焉。隗顺,史失载。今之得以崇封祀享,肸蚃千秋[②],皆顺力也。倪太史元璐曰[③]:“岳王祠,泥范忠武,铁铸桧、卨[④],人之欲不朽桧、卨也,甚于忠武。”按公之改谥忠武,自隆庆四年。墓前之有秦桧、王氏、万俟卨三像[⑤],始于正德八年,指挥李隆以铜铸之,旋为游人挞碎。后增张俊一像[⑥]。四人反接,跪于丹墀。自万历二十六年,按察司副使范涞易之以铁[⑦],游人椎击益狠,四首齐落,而下体为乱石所掷,止露肩背。旁墓为银瓶小姐。王被害,其女抱银瓶坠井中死。杨铁崖乐府曰[⑧]:“岳家父,国之城;秦家奴,城之倾。皇天不灵,杀我父与兄。嗟我银瓶为我父,缇萦生不赎父死[⑨],不如无生。千尺井,一尺瓶,瓶中之水精卫鸣[10]。"墓前有分尸桧。天顺八年[11]，杭州同知马伟锯而植之，首尾分处，以示磔桧状。隆庆五年，大雷击折之。朱太史之俊曰[12]："一秦桧耳，铁首木心，俱不能保至此。"天启丁卯[13]，浙抚造祠媚珰[14]，穷工极巧，徙苏堤第一桥于百步之外，数日立成，骇其神速。崇祯改元，魏珰败，毁其祠，议以木石修王庙。卜之王，王弗许。

岳云，王之养子，年十二从张宪战，得其力，大捷，号曰"赢官人"，军中皆呼焉。手握两铁锤，重八十斤。王征伐，未尝不与，每立奇功，王辄隐之。官至左武大夫、忠州防御使。死年二十二，赠安远军承宣使。所用铁锤犹存。

张宪为王部将，屡立战功。绍兴十年，兀术屯兵临颖[15]，宪破其兵，追奔十五里，中原大振。秦桧主和，班师。桧与张俊谋杀岳飞，诱飞部曲能告飞事者，卒无人应。张俊锻炼宪，被掠无完肤，强辩不伏，卒以冤死。景定二年[16]，追封烈文侯。正德十二年，布衣王大祐发地得碣石，乃崇封焉。郡守梁材建庙，修撰唐皋记之[17]。

牛皋墓在栖霞岭上。皋字伯远，汝州人，岳鄂王部将，素立战功。秦桧惧其怨己，一日大会众军士，置毒害之。皋将死，叹曰："吾年近六十，官至侍从郎，一死何恨，但恨和议一成，国家日削。大丈夫不能以马革裹尸报君父[18]，是为叹耳！"

张景元《岳坟小记》[19]：

岳少保坟祠，祠南向，旧在阛阓[20]。孙中贵为买民居[21]，开道临湖，殊惬大观。祠右衣冠葬焉。石门华表，形制不巨，雅有古色。

周诗《岳王坟》诗[22]：

将军埋骨处，过客式英风。

北伐生前烈，南枝死后忠[23]。

干戈戎马异，涕泪古今同。

目断封丘上，苍苍夕照中。

高启《岳王坟》诗[24]：

大树无枝向北风，千年遗恨泣英雄。

班师诏已成三殿[25]，射虏书犹说两宫[26]。

每忆上方谁请剑[27]，空嗟高庙自藏弓[28]。

栖霞岭上今回首[29]，不见诸陵白雾中[30]。

唐顺之《岳王坟》诗[31]：

国耻犹未雪，身危亦自甘。

九原人不返，万壑气长寒。

岂恨藏弓早，终知借剑难。

吾生非壮士，于此发冲冠。

蔡汝南《岳王墓》诗[32]：

谁将三字狱[33]，堕此一长城[34]。

北望真堪泪，南枝空自荣。

国随身共尽，君恃相为生。

落日松风起，犹闻剑戟鸣。

王世贞《岳坟》诗：

落日松杉覆古碑，英风飒飒动灵祠。

空传赤帝中兴诏[35]，自折黄龙大将旗[36]。

三殿有人朝北极，六陵无树对南枝。

莫将乌喙论勾践，鸟尽弓藏也不悲[37]。

徐渭《岳坟》诗[38]：

墓门惨淡碧湖中，丹雘朱扉射水红。

四海龙蛇寒食后[39]，六陵风雨大江东[40]。

英雄几夜乾坤博，忠孝传家俎豆同。

肠断两宫终朔雪，年年麦饭隔春风[41]。

张岱《岳王坟》诗：

西泠烟雨岳王宫，鬼气阴森碧树丛。

函谷金人长堕泪[42]，昭陵石马自嘶风[43]。

半天雷电金牌冷[44]，一族风波夜壑红[45]。

泥塑岳侯铁铸桧，只令千载骂奸雄。

董其昌《岳坟柱对》[46]：

南人归南，北人归北[47]，小朝廷岂求活耶。

孝子死孝，忠臣死忠，大丈夫当如是矣。

张岱《岳坟柱铭》：

呼天悲铁像，此冤未雪，常闻石马哭昭陵。

拓地饮黄龙，厥志当酬，尚见泥兵湿蒋庙[48]。

① 岳鄂王：岳飞（1103—1142），字鹏举，相州汤阴（今属河南）人。南宋抗金名将，被秦桧谗杀。宁宗嘉定四年（1211），追封鄂王。 ② 肸蚃千秋：谓神灵感念，百世流芳。 ③ 倪太史元璐：倪元璐（1593—1644），字玉汝，号鸿宝，明末浙江上虞人。官至户部尚书。 ④ 桧、卨：桧指秦桧（1090—1155），字会之，宋江宁（今南京）人。高宗朝宰相，力主降金。卨指万俟卨（1083—1157），宋开封阳武（今河南原阳）人。任监察御史，为秦桧帮凶。 ⑤ 王氏：秦桧妻，谋害岳飞元凶之一。 ⑥ 张俊（1068—1154）：字伯英，成纪（今甘肃天水）人。累官至枢密使，与秦桧勾结陷害岳飞。 ⑦ 范涞：字原易，号希阳，安徽休宁人，曾任福建布政使。 ⑧ 杨铁崖乐府：杨维桢（1296—1370），字廉夫，号铁崖，浙江诸暨人。明初参与修订礼乐，善古乐府，有《铁崖乐府》。 ⑨ 缇萦：西汉时上书文帝、愿入身为官婢以赎父罪

的少女，事见《汉书·刑法志》。 ⑩ 精卫：神话中衔木石填东海的鸟名，见《山海经·北山经》。 ⑪ 天顺：明英宗年号（1457—1464）。 ⑫ 朱太史之俊：朱之俊，明代山西汾阳人。曾为翰林学士（即“太史”）。 ⑬ 天启：明熹宗年号（1621—1627）。天启丁卯即天启七年（1627）。 ⑭ 珰：这里指明末太监魏忠贤。 ⑮ 兀术：即完颜宗弼（？—1148），本名兀术，太祖阿骨打子，曾率金兵攻宋。 ⑯ 景定：宋理宗年号（1260—1264）。 ⑰ 唐皋：明代直隶歙县（今属安徽）人。曾任翰林院修撰。 ⑱ 马革裹尸：《汉书·马援传》：“大丈夫当死于疆场，以马革裹尸耳。” ⑲ 张景元：当作张京元，字思德，号无始，明代江苏泰兴人。官至江西提学副使。 ⑳ 阛阓：街市。阛，市垣；阓，市之外门。 ㉑ 孙中贵：即孙隆，明太监。 ㉒ 周诗：字以言，江苏昆山人。明代文人。 ㉓ 南枝：传说岳坟上树枝皆南向，昭示岳飞虽死犹对南宋忠心耿耿。见田汝成《西湖游览志》卷九。

㉔ 高启：（1336—1374），字季迪，号青邱子，长洲（今江苏苏州）人。明初诗人。 ㉕ 班师诏：指高宗所下撤回岳家军的命令。 三殿：指徽宗到高宗三代。 ㉖“射虏书”句：此处谓向敌方交涉，坚持要金人归还被掳的徽、钦二帝。射虏书，系于箭上，射向敌营的文书。

㉗ 上方：同尚方，剑名。《汉书·朱云传》：“愿赐尚方斩马剑，断佞臣一人，以厉其余。” ㉘“空嗟”句：意为空叹宋高宗杀害了功臣。高庙，指高宗。藏弓，《史记·淮阴侯列传》：“狡兔死，走狗烹。高鸟尽，良弓藏。” ㉙ 栖霞岭：在西湖北，旧多桃花，灿如凝霞，故得名。

㉚ 诸陵：指杭州郊外的南宋诸帝陵墓。 ㉛ 唐顺之（1507—1560）：字应德，号荆川，江苏武进人。明代中叶散文家，曾任右佥都御史。

㉜ 蔡汝南（1516—1565）：字子木，浙江德清人。曾任南京工部右侍郎。

㉝ 三字狱：指秦桧诬陷岳飞的“莫须有”的罪名。 ㉞“堕此”句：《宋书·檀道济传》：“道济见收，脱帻投地曰：‘乃复坏汝万里之长城！’”

㉟“空传”句：谓宋高宗即位诏书有关中兴国家的誓言完全落空。赤帝，谓汉高祖刘邦，见《史记·高祖本纪》。这里指宋高宗。 ㊱ 黄龙：

即金国北方的黄龙府,岳飞曾对部下说:“直抵黄龙府,与诸君痛饮耳!” ㊲“莫将”二句:《史记·越王勾践世家》:“范蠡遂去,自齐遗大夫种书曰:‘蜚鸟尽,良弓藏;狡兔死,走狗烹。越王为人长颈鸟喙,可与共患难,不可与共乐。子何不去?’” ㊳徐渭(1521—1593):字文长,晚号青藤道人,山阴人。明代书画家,工诗文,曾入胡宗宪幕府。 ㊴龙蛇、寒食:皆用介子推事。子推有功无禄,从者怜之,作书云:“龙欲上天,五蛇为辅。龙已升云,四蛇各入其宇,一蛇独怨。”文公派人召之,子推逃入山中。后人为纪念子推,在寒食这天禁火。见《史记·晋世家》、《荆梦岁时记》。这里是为岳飞愤愤不平。 ㊵“六陵”句:指南宋六陵被掘的遗恨,事见卷五《西湖外景·宋大内》。 ㊶麦饭:子孙贡献给祖先的祭品。 隔:意为远离而无法享用。 ㊷“函谷”句:用三国魏宫金铜仙人被移而落泪事,喻北宋之倾覆。 ㊸“昭陵”句:相传昭陵前石人马曾助唐军与安禄山战而不胜,此喻宋军之败无可挽回。昭陵,唐太宗陵墓。 ㊹金牌:《宋史·岳飞传》:“一日,奉(高宗退军令)十二金字牌,飞愤惋泣下,东向再拜曰,十年之力,废于一旦!” ㊺风波:风波亭,岳飞被害处。 ㊻董其昌(1555—1636):字玄宰,号思白,华亭人。明代书画家,官至南京礼部尚书。 ㊼“南人”二句:指秦桧屈辱投降的主张。事见《宋史·秦桧传》。 ㊽“尚见”句:相传南北朝时蒋帝神助南军克北军,事后庙中人马塑像脚尚有湿泥。事见《太平广记》卷二九六《蒋帝神》。

## 紫云洞

紫云洞在烟霞岭右。其地怪石苍翠,劈空开裂,山顶层层,如厦屋天构。贾似道命工疏剔建庵,刻大士像于其上①。

双石相倚为门，清风时来，谽谺透出[2]，久坐使人寒栗。又有一坎突出洞中，蓄水澄洁，莫测其底。洞下有懒云窝，四山围合，竹木掩映，结庵其中。名贤游览至此，每有遗世之思。洞旁一壑幽深，昔人凿石，闻金鼓声而止，遂名“金鼓洞”。洞下有泉，曰“白沙”。好事者取以瀹茗，与虎跑齐名。

王思任诗[3]：

笋舆幽讨遍[4]，大壑气沉沉。
山叶逢秋醉，溪声入午喑。
是泉从竹护，无石不云深。
沁骨凉风至，僧寮絮碧阴。

① 大士：菩萨。 ② 谽谺：山谷空阔貌。 ③ 王思任：字季重，号谑庵，山阴人。明亡，于鲁王政权任礼部尚书。 ④ 笋舆：竹轿。

# 卷 二

## 西湖西路

### 玉 泉 寺

玉泉寺为故净空院。南齐建元中[①]，僧昙起说法于此[②]，龙王来听，为之抚掌出泉，遂建龙王祠。晋天福三年[③]，始建净空院于泉左。宋理宗书“玉泉净空院”额[④]。祠前有池亩许，泉白如玉，水望澄明，渊无潜甲[⑤]。中有五色鱼百余尾，投以饼饵，则奋鬐鼓鬣，攫夺盘旋，大有情致。泉底有孔，出气如橐籥，是即神龙泉穴。又有细雨泉，晴天水面如雨点，不解其故。泉出可溉田四千亩。近者曰鲍家田，吴越王相鲍庆臣采地也。万历二十八年，司礼孙东瀛于池畔改建大士楼居。春时，游人甚众，各携果饵到寺观鱼，喂饲之多，鱼皆餍饫，较之放生池，则侏儒饱欲死矣[⑥]。

道隐《玉泉寺》诗[⑦]：

在昔南齐时，说法有昙起。

天花堕碧空[⑧]，神龙听法语。

抚掌一赞叹，出泉成白乳。
澄洁更空明，寒凉却酷暑。
石破起冬雷，天惊逗秋雨[9]。
如何烈日中，水纹如碎羽。
言有橐籥声，气孔在泉底。
内多海大鱼，狰狞数百尾。
饼饵骤然投，要遮全振旅[10]。
见食即忘生，无怪盗贼聚。

① 建元：南朝齐高帝年号(479—482)。 ② 昙起：或作昙超，南朝齐高僧。 ③ 天福：后晋高祖年号，天福三年即938年。 ④ 宋理宗：南宋皇帝赵昀，1225—1264年在位。 ⑤ 渊无潜甲：极言水清。潜甲，指潜游的鱼、虾、鳖之类水产。 ⑥ 侏儒饱欲死：语出《汉书·东方朔传》。 ⑦ 道隐：即金堡，字卫公，一字道隐，浙江仁和人。明亡后为僧，名澹归。 ⑧ "天花"句：指昙起说法妙语连篇。《佛顶心经》："观世音菩萨说此陀罗尼已，天雨宝花，缤纷而下。" ⑨ "石破"二句：语本李贺《李凭箜篌引》诗。 ⑩ "要遮"句：形容游鱼结队而来。振旅，整队班师。《左传·僖公二十八年》："振旅恺以入于晋。"

## 集庆寺

九里松，唐刺史袁仁敬植[1]。松以达天竺，凡九里，左右各三行，每行相去八九尺。苍翠夹道，藤萝冒涂，走其下者，人面皆绿。行里许，有集庆寺，乃宋理宗所爱阎妃功德院也[2]。淳祐十一年建造[3]。阎妃，鄞县人，以妖艳专宠后宫。寺额皆御书，巧丽冠于诸刹。经始时，望青采斫，勋旧不保，鞭笞追逮，扰及鸡豚。时有人书法堂鼓云："净慈灵隐三天竺，不及阎妃好面皮。"理宗深恨之，大索不得。此寺至今有理宗御容两轴。六陵既掘，冬青不生，而帝之遗像竟托阎妃之面皮以存，何可轻诮也。元季毁，明洪武二十七年重建。

张京元《九里松小记》：

九里松者，仅见一株两株，如飞龙劈空，雄古奇伟。想当年万绿参天，松风声壮于钱塘潮，今已化为乌有。更千百岁，桑田沧海，恐北高峰头有螺蚌壳矣，安问树有无哉！

陈玄晖《集庆寺》诗[4]：

玉钩斜内一阎妃[5]，姓氏犹传真足奇。
宫嫔若非能佞佛，御容焉得在招提[6]。

布地黄金出紫薇[7]，官家不若一阎妃。
江南赋税凭谁用，日纵平章恣水嬉[8]。

开荒筑土建坛壝，功德巍峨在石碑。
集庆犹存宫殿毁，面皮真个属阎妃。

昔日曾传九里松，后闻建寺一朝空。
放生自出罗禽鸟，听信阇黎说有功[9]。

① 袁仁敬：开元中为杭州刺史，行前，玄宗赐诗并诏宰相、诸王送

于洛滨。 ② 功德院：为祈福而捐造的寺院。 ③ 淳祐：宋理宗年号(1241—1252)。 ④ 陈玄晖：浙江海盐人。万历进士。⑤ 玉钩斜：地名，在今扬州。相传隋葬宫女处。陈师道《后山诗话》谓"广陵(今扬州)亦有戏马台，其下有路，号玉钩斜"。 ⑥ 招提：寺庙。杜甫《游龙门奉先寺》诗："已从招提游，更宿招提境。" ⑦ 布地黄金：见卷一《西湖北路·哇哇宕》注。 紫薇：指皇宫。 ⑧ 平章：谓贾似道。 ⑨ 阇黎：见卷一《西湖北路·玛瑙寺》附诗注。

# 飞来峰

飞来峰，棱层剔透，嵌空玲珑，是米颠袖中一块奇石[①]。使有石癖者见之，必具袍笏下拜，不敢以称谓简亵，只以石丈呼之也。深恨杨髡[②]，遍体俱凿佛像，罗汉世尊，栉比皆是，如西子以花艳之肤，莹白之体，刺作台池鸟兽，乃以黔墨涂之也。奇格天成，妄遭锥凿，思之骨痛。翻恨其不匿影西方，轻出灵鹫[③]，受人戮辱；亦犹士君子生不逢时，不束身隐遁，以才华杰出，反受摧残，郭璞、祢衡并受此惨矣[④]。慧理一叹，谓其何事飞来，盖痛之也，亦惜之也。且杨髡沿溪所刻罗汉，皆貌己像，骑狮骑象，侍女皆裸体献花，不一而足。田公汝成锥碎其一[⑤]；余少年读书岣嵝[⑥]，亦碎其一。闻杨髡当日住德藏寺，专发古冢，喜与僵尸淫媾。知寺后有来提举夫人与陆左丞化女，皆以色夭，用水银灌殓。杨命发其冢。有僧真谛者，性呆戆，为寺中樵汲，闻之大怒，噪呼诟谇。主僧惧祸，锁禁之。及五鼓，杨髡起，趣众发掘，真谛逾垣而出，抽韦驮木杵[⑦]，奋击杨髡，裂其脑盖。从人救护，无不被伤。但见真谛于众中跳跃，每逾寻丈，若隼撇虎腾，飞捷非人力可到。一时灯炬皆灭，耰锄畚锸都被毁坏。杨髡大惧，谓是韦驮显圣，不敢往发，率众遽去，亦不敢问。此僧也，洵为山灵吐气。

袁宏道《飞来峰小记》：

湖上诸峰，当以飞来峰为第一。峰石逾数十丈，而苍翠玉立。渴虎奔猊[8]，不足为其怒也；神呼鬼立，不足为其怪也；秋水暮烟，不足为其色也；颠书吴画[9]，不足为其变幻诘曲也。石上多异木，不假土壤，根生石外。前后大小洞四五，窈窕通明，溜乳作花[10]，若刻若镂。壁间佛像，皆杨髡所为，如美人面上瘢痕，奇丑可厌。余前后登飞来者五：初次与黄道元、方子公同登[11]，单衫短后，直穷莲花峰顶。每遇一石，无不发狂大叫。次与王闻溪同登[12]；次为陶石篑、周海门[13]；次为王静虚、陶石篑兄弟[14]；次为鲁休宁[15]。每游一次，辄思作一诗，卒不可得。

又《戏题飞来峰》诗：

试问飞来峰，未飞在何处。
人世多少尘，何事飞不去。
高古而鲜妍，扬、班不能赋[16]。

白玉簇其颠，青莲借其色。
惟有虚空心，一片描不得。
平生梅道人[17]，丹青如不识。

张岱《飞来峰》诗：

石原无此理，变幻自成形。

天巧疑经凿,神功不受型。
搜空或涔水[18],开辟必雷霆。
应悔轻飞至,无端遭巨灵[19]。

石意犹思动,躨跜势若撑。
鬼工穿曲折,儿戏斫珑玲。
深入营三窟[20],蛮开倩五丁[21]。
飞来或飞去,防尔为身轻。

① 米颠:即米芾,见卷一《西湖总记·明圣二湖》注。 ② 杨髡:指元代和尚杨琏真伽。 ③ 灵鹫:灵鹫山,在古印度,相传为释迦牟尼讲经处。东晋时有天竺僧慧理至杭,登飞来峰曰:"此中天竺国灵鹫山之小岭,不知何年飞来?"见《咸淳临安志》。 ④ 郭璞(276—324):字景纯,东晋河东闻喜(今属山西)人。撰有《尔雅注》,因反对王敦谋反遇害。 祢衡:字正平,东汉平原(今属山东)人。曾当众羞辱曹操,被遣送而见杀。 ⑤ 田公汝成:田汝成,字叔禾,钱塘人。曾任福建提学副使,撰《西湖游览志》。 ⑥ 岣嵝:见《陶庵梦忆》卷二《岣嵝山房》。 ⑦ 韦驮:护持佛法、驱除邪恶之神。 ⑧ 猊:狮子。 ⑨ 颠书:张旭的草书。张旭,字伯高,唐代吴(今江苏苏州)人。常醉酒狂呼而书,人谓草圣。 吴画:吴道子的画。吴道子,名道玄,唐阳翟(今河南禹县)人。擅画人物、山水,笔墨精工,人称画圣。 ⑩ 溜乳:石灰溶岩的水滴。 ⑪ 黄道元:袁宏道友,能诗文。 方子公:见卷一《西湖北路·西泠桥》注。 ⑫ 王闻溪:王禹声字文溪,一作闻溪,吴县(今属江苏)人。曾任湖广承天府知府。 ⑬ 周海门:周汝登,字继元,号海门,浙江嵊县人,万历进士。官至尚宝司卿。 ⑭ 王静虚:王赞化,字静虚,明代山阴人。 ⑮ 鲁休宁:鲁点字子与,号乐同,南彰(今属湖北)人。曾官休宁知县。 ⑯ 扬、班:扬雄和班固。

扬雄(前53—18),字子云,成都人。西汉文学家。班固(32—92),字孟坚,东汉安陵(今陕西咸阳北)人。善赋,并作《汉书》。 ⑰ 梅道人:吴镇(1285—1354),字仲圭,号梅花道人,浙江嘉兴人。元代画家。⑱ 搜空:铲除泥土。 洚水:《孟子·滕文公下》云"洚水者,洪水也。"⑲ "无端"句:指飞来峰石壁无故饱受雕凿。巨灵,传说中凿山通河的神。 ⑳ 三窟:《战国策·齐策》:"狡兔有三窟,仅得免其死耳。今君有一窟,未得高枕而卧也。请为君复凿二窟。" ㉑ "蛮开"句:开辟荒远之地有赖于五丁。五丁,传说中的五个力士,见《华阳国志》卷三《蜀志》。

# 冷泉亭

冷泉亭在灵隐寺山门之左。丹垣绿树,翳映阴森。亭对峭壁,一泓冷然,凄清入耳。亭后西栗十余株[1],大皆合抱,冷飔暗樾,遍体清凉。秋初栗熟,大若樱桃,破苞食之,色如蜜珀,香若莲房。天启甲子[2],余读书岣嵝山房,寺僧取作清供。余谓鸡头实无其松脆[3],鲜胡桃逊其甘芳也。夏月乘凉,移枕簟就亭中卧月,涧流淙淙,丝竹并作。张公亮听此水声[4],吟林丹山诗[5]:"流向西湖载歌舞,回头不似在山时。"言此水声带金石,已先作歌舞声矣,不入西湖安入乎!余尝谓住西湖之人,无人不带歌舞,无山不带歌舞,无水不带歌舞,脂粉纨绮,即村妇山僧,亦所不免。因忆眉公之言曰[6]:"西湖有名山,无处士;有古刹,无高僧;有红粉,无佳人;有花朝,无月夕。"曹娥雪亦有诗嘲之曰[7]:"烧鹅羊肉石灰汤,先到湖心次岳王。斜日未曛客未醉,齐抛明月进钱塘。"余在西湖,多在湖船作寓,夜夜见湖上之月，而今又避嚣灵隐，夜坐冷泉亭，又夜夜对山间之月，何福消受。余故谓西湖幽赏，无过东坡，亦未免遇夜入城。而深山清寂，皓月空明，枕石漱流[8]，卧醒花影，除林和靖、李岣嵝之外[9]，亦不见有多人矣。即慧理、宾王[10]，亦不许其同在卧次。

袁宏道《冷泉亭小记》：

灵隐寺在北高峰下，寺最奇胜，门景尤好。由飞来峰至冷泉亭一带，涧水溜玉，画壁流香，是山之极胜处。亭在山门外，尝读乐天记有云："亭在山下水中，寺西南隅，高不倍寻，广不累丈，撮奇搜胜，物无遁形。春之日，草薰木欣，可以导和纳粹[11]；夏之日，风泠泉渟，可以蠲烦析酲[12]。山树为盖，岩石为屏，云从栋生，水与阶平。坐而玩之，可濯足于床下；卧而狎之，可垂钓于枕上。潺湲洁澈，甘粹柔滑，眼目之嚣，心舌之垢，不待盥涤，见辄除去。"观此记，亭当在水中，今依涧而立。涧阔不丈余，无可置亭者。然则冷泉之景，比旧盖减十分之七矣。

① 西栗：相传由慧理自天竺携来而植的树木。 ② 天启甲子：即天启四年(1624)。 ③ 鸡头实：即芡实，一种植物。 ④ 张公亮：明人，见卷一《西湖北路·六贤祠》附诗注。 ⑤ 林丹山：林稹，号丹山，南宋诗人。 ⑥ 眉公：陈眉公，见卷一《西湖北路·六贤祠》注。 ⑦ 曹娥雪：晚明文人。 ⑧ 枕石漱流：《世说新语·排调》："所以枕流，欲洗其耳；所以漱石，欲厉其齿。" ⑨ 李岣嵝：即李芰，见本卷《岣嵝山房》。 ⑩ 宾王：骆宾王(640—?)，婺州义乌(今属浙江)人。唐初文学家。 ⑪ 导和纳粹：吸入新鲜空气。 ⑫ 蠲烦析酲：除

闷解酒。

## 灵隐寺

明季昭庆寺火，未几而灵隐寺火，未几而上天竺又火，三大寺相继而毁。是时唯具德和尚为灵隐住持，不数年而灵隐早成。盖灵隐自晋咸和元年[①]，僧慧理建，山门匾曰“景胜觉场”，相传葛洪所书[②]。寺有石塔四，钱武肃王所建。宋景德四年[③]，改景德灵隐禅寺，元至正三年毁。明洪武初再建，改灵隐寺。宣德七年[④]，僧昙赞建山门，良玠建大殿。殿中有拜石，长丈余，有花卉鳞甲之文，工巧如画。正统十一年，玹理建直指堂，堂额为张即之所书[⑤]，隆庆三年毁。万历十二年，僧如通重建；二十八年司礼监孙隆重修，至崇祯十三年又毁。具和尚查如通旧籍，所费八万，今计工料当倍之。具和尚惨淡经营，咄嗟立办。其因缘之大[⑥]，恐莲池金粟所不能逮也[⑦]。具和尚为余族弟，丁酉岁[⑧]，余往候之，则大殿、方丈尚未起工，然东边一带，闳阁精蓝凡九进[⑨]，客房僧舍百什余间，棐几藤床，铺陈器皿，皆不移而具[⑩]。香积厨中[⑪]，初铸三大铜锅，锅中煮米三担，可食千人。具和尚指锅示余曰：“此弟十余年来所挣家计也。”饭僧之众，亦诸刹所无。午间方陪余斋，见有沙弥持赫蹄送看[⑫]，不知何事，第对沙弥曰：“命库头开仓。”沙弥去。及余饭后出寺门，见有千余人蜂拥而来，肩上担米，顷刻上廪，斗斛无声，忽然竟去。余问和尚，和尚曰：“此丹阳施主某，岁致米五百担，水脚挑钱，纤悉自备，不许饮常住勺水[⑬]，七年于此矣。”余为嗟叹。因问大殿何时可成,和尚对以:“明年六月,为弟六十,法子万人,人馈十金,可得十万,则吾事济矣。”逾三年而大殿、方丈俱落成焉。余作诗以记其盛。

张岱《寿具和尚并贺大殿落成》诗:

飞来石上白猿立,石自呼猿猿应石。
具德和尚行脚来,山鬼啾啾寺前泣。
生公叱石同叱羊[14],沙飞石走山奔忙。
驱使万灵皆辟易,火龙为之开洪荒[15]。
正德初年有簿对,八万今当增一倍。
谈笑之间事已成,和尚功德可思议。
黄金大地破悭贪,聚米成丘粟若山。
万人团簇如蜂蚁,和尚植杖意自闲。
余见催科只数贯,县官敲扑加锻炼。
白粮升合尚怒呼,如坻如京不盈半[16]。
忆昔访师坐法堂,赫蹄数寸来丹阳。
和尚声色不易动,第令侍者开仓场。
去不移时阶戺乱,白粲驮来五百担。
上仓斗斛寂无声,千百人夫顷刻散。
米不追呼人不系,送到座前犹屏气。
公侯福德将相才,罗汉神通菩萨慧。
如此工程非戏谑,向师颂之师不诺。
但言佛自有因缘,老僧只怕因果错。
余自闻言请受记,阿难本是如来弟[17]。
与师同住五百年,挟取飞来复飞去。

张祜《灵隐寺》诗[18]:

峰峦开一掌，朱槛几环延。
佛地花分界，僧房竹引泉。
五更楼下月，十里郭中烟。
后塔耸亭后，前山横阁前。
溪沙涵水静，洞石点苔鲜。
好是呼猿父[19]，西岩深响连。

贾岛《灵隐寺》诗[20]：

峰前峰后寺新秋，绝顶高窗见沃洲。
人在定中闻蟋蟀[21]，鹤于栖处挂猕猴。
山钟夜度空江水，汀月寒生古石楼。
心欲悬帆身未逸，谢公此地昔曾游[22]。

周诗《灵隐寺》诗：

灵隐何年寺，青山向此开。
涧流原不断，峰石自飞来。
树覆空王苑[23]，花藏大士台。
探冥有玄度[24]，莫遣夕阳催。

① 咸和：晋成帝年号(326—334)。 ② 葛洪(281—341)：字稚川，号抱朴子，句容(今属江苏)人，东晋道教人物。 ③ 景德：宋真宗年号(1004—1007)。 ④ 宣德：明宣宗年号(1426—1435)。 ⑤ 张即之(1186—1263)：字温夫，历阳(今安徽和县)人，南宋书法家。 ⑥ 因缘：佛教谓产生结果的直接原因及促成其结果的辅助条件。 ⑦ 莲池：明代高僧，见卷五《西湖外景·云栖》。 金粟：即佛教中的维摩居士。 ⑧ 丁酉：清世祖顺治十四年(1657)。 ⑨ 阒：幽静。 蓝：僧舍。 ⑩ 不移而具：形容很快置齐。语出《汉书·贾山传》："钟鼓帷帐，不移而具。" ⑪ 香积厨：寺院厨房。 ⑫ 赫蹄：西汉末年用来书写的小幅薄纸。见《汉书·孝成赵皇后传》。此指信件。

⑬ 常住：寺院僧、道拥有的寺舍、田园、粮食、杂物等，均称为常住物。省称“常住”。 ⑭“生公”句：以传说形容具德和尚能力非常。生公叱石，梁高僧竺道生曾讲经于虎丘寺，聚石为徒，石皆点头。见《莲社高贤传》。 叱羊，传说晋皇初平牧羊，入一石室，只见白石不见羊。初平对石叱曰：“羊起！”于是白石皆变为羊。事见《太平广记》卷七。 ⑮“火龙”句：谓大火为重建寺院开辟了地基。 ⑯ 如坻如京：形容谷物堆积之高，《诗经·小雅·甫田》：“曾孙之庾，如坻如京。” ⑰ 阿难：释迦牟尼弟子，侍佛二十五年，号称“多闻第一”。 ⑱ 张祜：(？—853)，字承吉，清河(今属河北)人，唐代诗人。 ⑲ 呼猿父：见本卷《呼猿洞》。 ⑳ 贾岛(779—843)：字阆仙，范阳(今河北涿县)人，曾出家为僧。其诗以清瘦称。 ㉑ 定：入定，僧人闭目静坐。 ㉒ 谢公：指谢灵运，南朝山水诗人。 ㉓ 空王：佛。佛教谓世界皆空，故称。 ㉔ 玄度：月亮。《列仙传》：“仰玩玄度。”

## 北 高 峰

北高峰在灵隐寺后，石磴数百级，曲折三十六湾。上有华光庙，以祀五圣。山半有马明王庙[①]，春日祈蚕者咸往焉。峰顶浮屠七级，唐天宝中建[②]，会昌中毁[③]；钱武肃王修复之，宋咸淳七年复毁[④]。此地群山屏绕，湖水镜涵，由上视下，歌舫渔舟，若鸥凫出没烟波，远而益微，仅觌其影。西望罗刹江[⑤]，若匹练新濯，遥接海色，茫茫无际。张公亮有句：“江气白分海气合，吴山青尽越山来。”诗中有画。郡城正值江湖之间，委蛇曲折，左右映带，屋宇鳞次，竹木云蓊，郁郁葱葱，凤舞龙盘，真有王气蓬勃。山麓有无着禅师塔。师名文喜，唐肃宗时人也[⑥]，瘗骨于此。韩侂胄取为葬地[7],启其塔,有陶龛焉。容色如生,发垂至肩,指爪盘屈绕身,舍利数百粒,三日不坏,竟荼毗之[8]。

苏轼《游灵隐高峰塔》诗:

言游高峰塔,蓐食始野装[9]。
火云秋未衰,及此初旦凉。
雾霏岩谷暗,日出草木香。
嘉我同来人,又便云水乡。
相劝小举足,前路高且长。
古松攀龙蛇,怪石坐牛羊。
渐闻钟磬音,飞鸟皆下翔。
入门空无有,云海浩茫茫。
惟见聋道人,老病时绝粮。
问年笑不答,但指穴梨床[10]。
心知不复来,欲归更彷徨。
赠别留匹布,今岁天早霜。

① 马明王:又称马头娘,蚕神名。翟灏《通俗编》卷十九引《七修类稿》:"所谓马头娘,本《荀子·蚕赋》'舟女好而头马首'一语附会,俗称马明王。" ② 天宝:唐玄宗年号(742—755)。 ③ 会昌:唐武宗年号(841—846)。 ④ 咸淳:宋度宗年号,咸淳七年即1271年。 ⑤ 罗刹江:即钱塘江。罗隐《钱塘江潮》诗:"怒声汹汹势悠悠,罗刹江边势欲浮。" ⑥ 唐肃宗:唐朝皇帝李亨,756—761年在位。 ⑦ 韩侂胄(1151—1207):字节夫,相州安阳(今属河南)人。宋宁宗时执政,力主北伐,被朝廷杀害以乞和。 ⑧ 荼毗:火葬。 ⑨ 蓐食:《左传·文公七年》:"秣马蓐食,潜师夜起。"杜预注:"蓐食,早食于寝蓐也。" ⑩ 穴梨床:谓梨木床被磨损穿孔。《高士传·管宁》:"常坐

一木榻上，积五十五年未尝箕踞，榻上当膝处皆穿。”

## 韬 光 庵

韬光庵在灵隐寺右之半山，韬光禅师建。师，蜀人，唐太宗时，辞其师出游，师嘱之曰：“遇天可留，逢巢即止。”师游灵隐山巢沟坞，值白乐天守郡[①]，悟曰：“吾师命之矣。”遂卓锡焉[②]。乐天闻之，遂与为友，题其堂曰“法安”。内有金莲池、烹茗井，壁间有赵阅道、苏子瞻题名。庵之右为吕纯阳殿[③]，万历十二年建，参政郭子章为之记。骆宾王亡命为僧，匿迹寺中。宋之问自谪所还至江南[④]，偶宿于此。夜月极明，之问在长廊索句，吟曰：“鹫岭郁岧峣，龙宫锁寂寥[⑤]。”后句未属，思索良苦。有老僧点长明灯，问曰：“少年夜不寐，而吟讽甚苦，何耶？”之问曰：“适欲题此寺，得上联而下句不属。”僧请吟上句，宋诵之。老僧曰：“何不云‘楼观沧海日，门对浙江潮’？”之问愕然，讶其遒丽，遂续终篇。迟明访之，老僧不复见矣。有知者曰：此骆宾王也。

袁宏道《韬光庵小记》：

韬光在山之腰，出灵隐后一二里，路径甚可爱。古木婆娑，草香泉渍，淙淙之声，四分五络，达于山厨。庵内望钱塘江，浪纹可数。余始入灵隐，疑宋之问诗不似，意古人取景，或亦如近代词客捃拾帮凑。及登韬光，始知“沧海”、“浙江”、“扪萝”、“刳木”数语，字字入画，古人真不可及矣。宿韬光之次日，余与石篑、子公同登北高峰，绝顶而下。

张京元《韬光庵小记》：

韬光庵在灵鹫后，鸟道蛇盘，一步一喘。至庵，入坐一小室，峭壁如削，泉出石罅，汇为池，蓄金鱼数头。低窗曲槛，相向啜茗，真有武陵世外之想[6]。

萧士玮《韬光庵小记》[7]：

初二，雨中上韬光庵。雾树相引，风烟披薄，木末飞流，江悬海挂。倦时踞石而坐，倚竹而息。大都山之姿态，得树而妍；山之骨格，得石而苍；山之营卫[8]，得水而活；惟韬光道中能全有之。初至灵隐，求所谓"楼观沧海日，门对浙江潮"，竟无所有。至韬光，了了在吾目中矣。白太傅碑可读[9]，雨中泉可听，恨僧少可语耳。枕上沸波，竟夜不息，视听幽独，喧极反寂。益信声无哀乐也[10]。

受肇和《自韬光登北高峰》诗：

高峰千仞玉嶙峋，石磴攀跻翠蔼分。
一路松风长带雨，半空岚气自成云。
上方楼阁参差见，下界笙歌远近闻。
谁似当年苏内翰[11]，登临处处有遗文。

白居易《招韬光禅师》诗：

白屋炊香饭[12]，荤膻不入家。
滤泉澄葛粉，洗手摘藤花。
青菜除黄叶，红姜带紫芽。
命师相伴食，斋罢一瓯茶。

韬光禅师《答白太守》诗：

山僧野性爱林泉，每向岩阿倚石眠。
不解栽松陪玉勒[13]，惟能引水种青莲。

白云乍可来青嶂，明月难教下碧天。
城市不能飞锡至[14]，恐妨莺啭翠楼前。

杨蟠《韬光庵》诗[15]：

寂寂阶前草，春深鹿自耕。
老僧垂白发，山下不知名。

王思任《韬光庵》诗[16]：

云老天穷结数楹，涛呼万壑尽松声。
鸟来佛座施花去[17]，泉入僧厨漉菜行。
一捺断山流海气，半株残塔插湖明。
灵峰占绝杭州妙，输与韬光得隐名。

又《韬光涧道》诗：

灵隐入孤峰，庵庵叠翠重。
僧泉交竹驿[18]，仙屋破云封。
绿暗天俱贵，幽寒月不浓。
涧桥秋倚处，忽一响山钟。

① "值白"句：白乐天即白居易，生活于中唐，并非唐太宗时人。此处所言，传说而已。 ② 卓锡：僧人出行多执锡杖，因指僧人居止。 ③ 吕纯阳：即吕洞宾，民间传说曾修道于终南山，为八仙之一。 ④ 宋之问（？—712）：字延清，唐汾州（今山西隰县）人，以诗闻名。 ⑤ 龙宫：这里指寺院。 ⑥ 武陵：即武陵源，东晋陶潜《桃花源记》中所描绘的清静幽美的世外桃源。 ⑦ 萧士玮（1585—1651）：字伯玉，明代江西泰和人，官至光禄少卿。 ⑧ 营卫：这里指血脉，生机。 ⑨ 白太傅：指白居易。 ⑩ 声无哀乐：嵇康《声无哀乐论》："夫殊方异俗，歌哭不同，使错而用之，或闻哭而欢，或听歌而戚，然哀乐之情均也。" ⑪ 苏内翰：指曾任翰林学士的苏轼。 ⑫ 白屋：茅屋，《汉书·吾丘寿王传》："三公有司或由穷巷、起白屋，裂地而封。" ⑬ 玉

勒：谓贵客的坐骑。 ⑭ 飞锡：僧人云游。 ⑮ 杨蟠：字公济，宋浙江章安（今临海）人，曾任杭州通判。 ⑯ 王思任：见卷一《西湖北路·紫云洞》附诗注。 ⑰“鸟来”句：唐法融禅师入牛头山幽栖寺北岩之石室修行，该处有百鸟献花之异。见《五灯会元》卷二。 ⑱ 竹驿：引送山泉的竹筒。

# 岣嵝山房

李茇号岣嵝，武林人，住灵隐韬光山下。造山房数楹，尽驾回溪绝壑之上。溪声淙淙出阁下，高厓插天，古木蓊蔚，大有幽致。山人居此，孑然一身。好诗，与天池徐渭友善[①]。客至，则呼僮驾小舫，荡桨于西泠断桥之间，笑咏竟日。以山石自磦生圹，死即埋之[②]。所著有《岣嵝山人诗集》四卷。天启甲子[③]，余与赵介臣、陈章侯、颜叙伯、卓珂月、余弟平子读书其中[④]。主僧自超，园蔬山蔌，淡薄凄清。但恨名利之心未净，未免唐突山灵，至今犹有愧色。

张岱《岣嵝山房小记》[⑤]：

岣嵝山房，逼山、逼溪、逼韬光路，故无径不梁，无屋不阁。门外苍松傲睨，蓊以杂木，冷绿万顷，人面俱失。

石桥低磴，可坐十人。寺僧刳竹引泉，桥下交交牙牙，皆为竹节。天启甲子，余键户其中者七阅月，耳饱溪声，目饱清樾。山上下多西栗、边笋，甘芳无比。邻人以山房为市，蓏果、羽族日致之，而独无鱼。乃潴溪为壑，系巨鱼数十头。有客至，辄取鱼给鲜。日晡，必步冷泉亭、包园、飞来峰。一日，缘溪走看佛像，口口骂杨髡。见一波斯胡坐龙象，蛮女四五献花果，皆裸形，勒石志之，乃真伽像也。余椎落其首，并碎诸蛮女，置溺溲处以报之。寺僧以余为椎佛也，咄咄作怪事，及知为杨髡，皆欢喜赞叹。

徐渭《访李岣嵝山人》诗：

岣嵝诗客学全真⑥，半日深山说鬼神。
送到涧声无响处，归来明月满前津。
七年火宅三车客(文长被系七年才释)⑦，
十里荷花两桨人。
两岸鸥凫仍似昨，就中应有旧相亲。

王思任《岣嵝僧舍》诗：

乱苔膏古荫，惨绿蔽新芊。
鸟语皆番异，泉心即佛禅。
买山应较尺，赊月敢辞钱。
多少清凉界，幽僧抱竹眠。

① 天池徐渭：徐渭号天池山人，见卷一《西湖北路·岳王坟》附诗注。 ② 死即埋之：《晋书·刘伶传》："常乘鹿车，携一壶酒，使人荷锸而随之，谓曰：'死便埋我。'其遗形骸如此。" ③ 天启甲子：即天启四年(1624年)。 ④ 陈章侯：即陈洪绶，见《陶庵梦忆》卷三《陈章侯》。 卓珂月：卓人月，字珂月，明末浙江仁和人，能诗文。 ⑤《岣嵝山房小记》：即《陶庵梦忆》卷二《岣嵝山房》一文，注略。 ⑥ 全真：道教中一派。 ⑦"七年"句：钱谦益《列朝诗集小传·徐渭传》："(渭)妻死，辄以嫌弃妇，又击杀其后娶者，论死系狱，愤懑欲自杀。张宫谕元汴力救乃解。"此指其事。 火宅，着火之宅，佛教喻俗界种种苦痛与灾难。 三车，指羊车、鹿车、牛车以喻三乘，据说均能引人脱离火宅。

# 青莲山房

青莲山房，为涵所包公之别墅也[①]。山房多修竹古梅，倚莲花峰[②]，跨曲涧，深岩峭壁，掩映林峦间。公有泉石之癖，日涉成趣。台榭之美，冠绝一时。外以石屑砌坛，柴根编户，富贵之中，又着草野。正如小李将军作丹青界画[③]，楼台细画，虽竹篱茅舍，无非金碧辉煌也。曲房密室，皆储偫美人，行其中者，至今犹有香艳。当时皆珠翠团簇，锦绣堆成。一室之中，宛转曲折，环绕盘旋，不能即出。主人于此精思巧构，大类迷楼[④]。而后人欲如包公之声伎满前，则亦两浙荐绅先生所绝无者也。今虽数易其主，而过其门者必曰"包氏北庄"。

陈继儒《青莲山房》诗：

造园华丽极，反欲学村庄。
编户留柴叶，磊坛带石霜。
梅根常塞路，溪水直穿房。
觅主无从入，裴回走曲廊。

主人无俗态，筑圃见文心。
竹暗常疑雨，松梵自带琴。
牢骚寄声伎，经济储山林[⑤]。
久已无常主，包庄说到今。

① 涵所包公：见《陶庵梦忆》卷三《包涵所》。　② 莲花峰：与飞来峰相连，其形开散如莲花，山顶有泉。　③ 小李将军：李昭道，唐代画家，因其父李思训官武卫大将军，而称小李将军。父子皆善画山水树石，以金碧辉映闻名。　④ 迷楼：位于扬州，相传为隋炀帝所建，其门户千百，房廊迂回，外人进入无法辨识。　⑤ 经济：经纶济世之人才。

# 呼 猿 洞

呼猿洞在武林山。晋慧理禅师，常畜黑白二猿，每于灵隐寺月明长啸，二猿隔岫应之，其声清皦。后六朝宋时，有僧智一仿旧迹而畜数猿于山，临涧长啸，则群猿毕集，谓之猿父。好事者施食以斋之，因建饭猿堂。今黑白二猿尚在。有高僧住持，则或见黑猿，或见白猿。具德和尚到山间，则黑白皆见。余于方丈作一对送之："生公说法，雨堕天花，莫论飞去飞来，顽皮石也会点头。慧理参禅，月明长啸，不问是黑是白，野心猿都能答应。"具和尚在灵隐，声名大著。后以径山佛地谓历代祖师多出于此[①]，徙往径山。事多格迕，为时无几，遂致涅槃[②]。方知盛名难居，虽在缁流，亦不可多取。

陈洪绶《呼猿洞》诗：

慧理是同乡，白猿供使令。

以此后来人，十呼十不应。

明月在空山，长啸是何意。
呼山山自来，麾猿猿不去。

痛恨遇真伽，斧斤残怪石。
山亦悔飞来，与猿相对泣。

洞黑复幽深，恨无巨灵力。
余欲锤碎之，白猿当自出。

张岱《呼猿洞》对：

洞里白猿呼不出，崖前残石悔飞来。

① 径山：在浙江余杭西北，有径上山，历代均有高僧居此。
② 涅槃：指高僧去世。

## 三 生 石

三生石在下天竺寺后。东坡《圆泽传》曰：洛师惠林寺[①]，故光禄卿李憕居第。禄山陷东都[②]，憕以居守死之。子源，少时以贵游子豪侈善歌闻于时。及憕死，悲愤自誓，不仕，不娶，不食肉，居寺中五十余年。寺有僧圆泽，富而知音。源与之游甚密，促膝交语竟日，人莫能测。一日相约游蜀青城峨嵋山，源欲自荆州溯峡，泽欲取长安斜谷路。源不可，曰："吾以绝世事，岂可复到京师哉！"泽默然久之，曰："行止固不由人。"遂自荆州路。舟次南浦[③]，见妇人锦裆负罂而汲者，泽望而叹曰：

"吾不欲由此者,为是也。"源惊问之。泽曰:"妇人姓王氏,吾当为之子。孕三岁矣,吾不来,故不得乳[4]。今既见,无可逃之。公当以符咒助吾速生。三日浴儿时,愿公临我,以笑为信。后十三年中秋月夜,杭州天竺寺外,当与公相见。"源悲悔,而为具沐浴易服。至暮,泽亡而妇乳。三日,往观之,儿见源果笑。具以语王氏,出家财葬泽山下。源遂不果行。返寺中,问其徒,则既有治命矣[5]。后十三年,自洛还吴,赴其约。至所约,闻葛洪川畔有牧童扣角而歌之曰:"三生石上旧精魂,赏月吟风不要论。惭愧情人远相访,此身虽异性长存。"呼问:"泽公健否?"答曰:"李公真信士,然俗缘未尽,慎弗相近,惟勤修不堕,乃复相见。"又歌曰:"身前身后事茫茫,欲话因缘恐断肠。吴越山川寻已遍,却回烟棹上瞿唐[6]。"遂去不知所之。后二年,李德裕奏源忠臣子[7],笃孝,拜谏议大夫。不就,竟死寺中,年八十一。

王元章《送僧归中竺》诗[8]:

天香阁上风如水[9],千岁岩前云似苔[10]。
明月不期穿树出,老夫曾此听猿来。
相逢五载无书寄,却忆三生有梦回。
乡曲故人凭问讯,孤山梅树几番开。

苏轼《赠下天竺惠净师》诗:

予去杭十六年而复来,留二年而去。平生自觉出处老少,粗似乐天,虽才名相远,而安分寡求亦庶几焉。三月六日,来别南北山诸道人,而下天竺惠净师以丑石赠,作三绝句:

当年衫鬓两青青,强说重来慰别情。

衰鬓只今无可白，故应相对说来生。

出处依稀似乐天，敢将衰朽较前贤。
便从洛社休官去，犹有闲居二十年⑪。

在郡依前六百日，山中不记几回来⑫。
还将天竺一峰去，欲把云根到处栽。

① 洛师：洛阳。 ②“禄山”句：安禄山(？—757)，唐营州柳城(今辽宁朝阳)奚族人，为三镇节度使，天宝十四载(755)冬于范阳(今北京西南)起兵叛唐，次年攻陷洛阳。 ③ 南浦：地名，在今江西南昌西南。王勃《滕王阁》诗：“画栋朝飞南浦云。” ④ 乳：《说文》：“人及鸟生子曰乳，兽曰产。” ⑤ 治命：遗嘱。《左传·宣公十五年》：“尔用先人之治命。” ⑥ 瞿唐：即瞿塘峡，长江三峡之一，在今重庆奉节县东。 ⑦ 李德裕(787—849)：字文饶，赵郡(今河北赵县)人，唐武宗时宰相。 ⑧ 王元章：王冕(1335—1407)，字元章，号煮石山农、梅花屋主，浙江诸暨人，明初画家。 ⑨ 天香阁：在中天竺。黄溍《天香阁》诗：“曾是高人行道处，天香云外至今飘。” ⑩ 千岁岩：岩石名，在中天竺山中。 ⑪“便从”二句：仿效白居易晚年休官闲居于洛，与僧如满结香火社，文酒娱乐二十年。 ⑫“在郡”二句：语出白居易《留题天竺灵隐两寺》诗：“在郡六百日，入山十二回。”

## 上 天 竺

上天竺，晋天福间，僧道翊结茅庵于此。一夕，见毫光发于前涧，俛视之，得一奇木，刻画观音大士像。后汉乾祐间[1]，有僧从勋自洛阳持古佛舍利来，置顶上，妙相庄严[2]，端正殊好，昼放白光，士民崇信。钱武肃王常梦白衣人求葺其居，寤而有感，遂建天竺观音看经院。宋咸平中[3]，浙西久旱，郡守张去华率僚属具幡幢华盖迎请下山，而澍雨沾足。自是有祷辄应，而雨每滂薄不休，世传烂稻龙王焉。南渡时，施舍珍宝，有日月珠、鬼谷珠、猫睛等，虽大内亦所罕见。嘉祐中[4]，沈文通治郡[5]，谓观音以声闻宣佛力，非禅那所居[6]，乃以教易禅，令僧元净号辨才者主之[7]。凿山筑室，几至万础。治平中[8]，郡守蔡襄奏赐"灵感观音"殿额[9]。辨才乃益凿前山，辟地二十有五寻，殿加重檐。建炎四年[10]，兀术入临安，高宗航海。兀术至天竺，见观音像喜之，乃载后车，与《大藏经》并徙而北。时有比丘知完者，率其徒以从。至燕，舍于都城之西南五里，曰玉河乡，建寺奉之。天竺僧乃重以他木刻肖前像，诡曰"藏之井中，今方出现"，其实并非前像也。乾道三年[11]，建十六观堂。七年，改院为寺，门匾皆御书。庆元三年[12]，改天台教寺。元至元三年毁。五年，僧庆思重建，仍改天竺教寺。元末毁。明洪武初重建，万历二十七年重修。崇祯末年又毁，清初又建。时普陀路绝，天下进香者皆近就天竺，香火之盛，当甲东南。二月十九日[13]，男女宿山之多，殿内外无下足处，与南海潮音寺正等。

张京元《上天竺小记》：

天竺两山相夹，回合若迷。山石俱骨立，石间更绕松篁。过下竺，诸僧鸣钟肃客，寺荒落不堪入。中竺如之。至上竺，山峦环抱，风气甚固，望之亦幽致。

萧士玮《上天竺小记》：

上天竺，叠嶂四周，中忽平旷，巡览迎眺，惊无归路。余知身之入而不知其所由入也。从天竺抵龙井，曲涧茂林，处处有之。一片云、神运石，风气遒逸，神明刻露。选石得此，亦娶妻得姜矣[14]。泉色绀碧，味淡远，与他泉迥矣。

苏轼《记天竺诗引》：

轼年十二，先君自虔州归[15]，谓予言："近城山中天竺寺，有乐天亲书诗云：'一山门作两山门，两寺原从一寺分。东涧水流西涧水，南山云起北山云。前台花发后台见，上界钟鸣下界闻。遥想吾师行道处，天香桂子落纷纷。'笔势奇逸，墨迹如新。"今四十七年，予来访之，则诗已亡，有刻石在耳。感涕不已，而作是诗。

又《赠上天竺辨才禅师》诗：

南北一山门，上下两天竺。
中有老法师，瘦长如鹳鹄。
不知修何行，碧眼照山谷。
见之自清凉，洗尽烦恼毒。
坐令一都会，方丈礼白足[16]。
我有长头儿[17]，角颊峙犀玉。
四岁不知行，抱负烦背腹。
师来为摩顶，起走趁奔鹿[18]。
乃知戒律中，妙用谢羁束。
何必言法华，佯狂啖鱼肉[19]。

张岱《天竺柱对》：

佛亦爱临安，法像自北朝留住。

山皆学灵鹫，洛伽从南海飞来⑳。

① 乾祐：五代后汉高祖年号(948—950)。 ② 妙相：佛或菩萨的形象。 ③ 咸平：宋真宗年号(998—1003)。 ④ 嘉祐：宋仁宗年号(1056—1063)。 ⑤ 沈文通：沈遘，字文通，北宋钱塘人，曾任杭州知府。 ⑥ 禅那：佛教指静思，《愣严经》卷一注："禅那，华严静虑。" ⑦ 元净：字无象，宋杭州於潜人，通佛理。 ⑧ 治平：宋英宗年号(1064—1067)。 ⑨ 蔡襄(1012—1067)：字君谟，北宋仙游(今属福建)人。工书法。 ⑩ 建咸：当为建炎，宋高宗年号(1127—1130)。 ⑪ 乾道：宋孝宗年号(1165—1173)。 ⑫ 庆元：宋宁宗年号(1195—1200)。 ⑬ 二月十九日：相传是观世音生日。 ⑭ 娶妻得姜：谓娶到极其美丽的妻子。姜，指庄姜，春秋时卫庄公夫人，美艳异常。 ⑮ 虔州：今江西赣州。 ⑯ 白足：《高僧传》谓东晋昙始"足白于面，虽跣涉泥水，未尝沾湿，天下皆称白足和上"。后世即称僧人为白足。 ⑰ 长头儿：《后汉书·贾逵传》谓逵好学，号称"问事不休贾长头"。 ⑱ "四岁"四句：苏辙《龙井辩才法师塔碑》："予兄子瞻中子迨生，三年不能行，请师为落发，磨顶祝之，不数日能行如他儿。" 奔鹿，《晋书·唐彬传》："身长八尺，走及奔鹿。" ⑲ "何必"二句：相传开宝僧好诵《法华经》，行为怪僻。又，苏州义师，状如疯狂，好活烧鲤鱼，不待熟而食之。 ⑳ 洛伽：普陀洛伽山。

# 卷　三

## 西湖中路

### 秦　楼

秦楼初名水明楼，东坡建，常携朝云至此游览[①]。壁上有三诗，为坡公手迹。过楼数百武，为镜湖楼，白乐天建。宋时宦杭者，行春则集柳洲亭[②]，竞渡则集玉莲亭[③]，登高则集天然图画阁[④]，看雪则集孤山寺，寻常宴客则集镜湖楼。兵燹之后，其楼已废，变为民居。

苏轼《水明楼》诗：

黑云翻墨未遮山，白雨跳珠乱入船。
卷地风来忽吹散，望湖楼下水连天。

放生鱼鸟逐人来，无主荷花到处开。
水浪能令山俯仰，风帆似与月裴回。

未成大隐成中隐[⑤]，可得长闲胜暂闲。

我本无家更焉往，故乡无此好湖山。

① 朝云：苏轼妾，姓王名子霞，钱塘人。 ② 柳洲亭：见卷四《西湖南路·柳洲亭》。 ③ 玉莲亭：见卷一《西湖北路·玉莲亭》。 ④ 天然图画阁：见《西湖北路·保俶塔》。 ⑤ "未成"句：白居易《中隐》诗："大隐住朝市，小隐入丘樊。丘樊太冷落，朝市太嚣喧。不如作中隐，隐在留司官。"

# 片 石 居

由昭庆缘湖而西，为餐香阁，今名片石居。闳阁精庐，皆韵人别墅。其临湖一带，则酒楼茶馆，轩爽面湖，非惟心胸开涤，亦觉日月清朗[1]。张谓"昼行不厌湖上山，夜坐不厌湖上月"[2]，则尽之矣。再去则桃花港，其上为石函桥，唐刺史李邺侯所建，有水闸泄湖水以入古荡。沿东西马塍、羊角埂，至归锦桥，凡四派焉。白乐天记云："北有石函，南有笕，决湖水一寸，可溉田五十余顷。"闸下皆石骨磷磷，出水甚急。

徐渭《八月十六片石居夜泛》词：

月倍此宵多，杨柳芙蓉夜色蹉。鸥鹭不眠如昼里，舟过，向前惊换几汀莎。 筒酒觅稀荷，唱尽塘栖《白苎歌》[3]。天为红妆重展镜，如磨，渐照胭脂奈褪何。

① "非惟"二句：《世说新语·言语》："非惟使人情开涤，亦觉日月清

朗。” ② 张谓：字正言，唐代河南人，曾为礼部侍郎。 ③ 塘栖：镇名，在今余杭县。《白苎歌》：乐府名。其词盛称舞者姿态之美。

## 十锦塘

十锦塘[①]，一名孙堤，在断桥下。司礼太监孙隆于万历十七年修筑。堤阔二丈，遍植桃柳，一如苏堤。岁月既多，树皆合抱。行其下者，枝叶扶苏，漏下月光，碎如残雪。意向言断桥残雪，或言月影也。苏堤离城远，为清波孔道[②]，行旅甚稀。孙堤直达西泠，车马游人，往来如织。兼以西湖光艳，十里荷香，如入山阴道上，使人应接不暇[③]。湖船小者，可入里湖，大者缘堤倚徙，由锦带桥循至望湖亭，亭在十锦塘之尽。渐近孤山，湖面宽厂。孙东瀛修葺华丽，增筑露台，可风可月，兼可肆筵设席。笙歌剧戏，无日无之。今改作龙王堂，旁缀数楹，咽塞离披，旧景尽失。再去，则孙太监生祠，背山面湖，颇极壮丽。近为卢太监舍以供佛，改名卢舍庵，而以孙东瀛像置之佛龛之后。孙太监以数十万金钱装塑西湖，其功不在苏学士之下，乃使其遗像不得一见湖光山色，幽囚面壁，见之大为鲠闷。

袁宏道《断桥望湖亭小记》：

湖上由断桥至苏公堤一带，绿烟红雾，弥漫二十余里。歌吹为风，粉汗为雨，罗纨之盛，多于堤畔之柳，冶艳极矣。然杭人游湖，止午、未、申三时[④]，其实湖光染翠之工，山岚设色之妙，全在朝日始出、夕舂未下[⑤]，始极其浓媚。月景尤为清艳，花态柳情，山容水意，别是一种趣味。此乐留与山僧游客受用，安可为俗士道哉！望湖亭即断桥一带，堤甚工致，比苏公堤犹美。夹道种绯桃、垂柳、芙蓉、山茶之属二十余种。堤边白石砌如玉，布地皆软沙如茵。杭人曰："此内使孙公所修饰也。"此公大是西湖功德主。自昭庆、天竺、净慈、龙井及山中庵院之属，所施不下数十万。余谓白、苏二公，西湖开山古佛，此公异日伽蓝也。"腐儒，几败乃公事！"[6]可厌！可厌！

**张京元《断桥小记》：**

西湖之胜，在近；湖之易穷，亦在近。朝车暮舫，徒行缓步，人人可游，时时可游。而酒多于水，肉高于山，春时肩摩趾错，男女杂沓，以挨簇为乐。无论意不在山水，即桃容柳眼，自与东风相倚，游者何曾一着眸子也。

**李流芳《断桥春望图题词》：**

往时至湖上，从断桥一望，便魂消欲死。还谓所知，湖之潋滟熹微，大约如晨光之着树，明月之入庐。盖山水映发，他处即有澄波巨浸，不及也。壬子正月[7]，以访旧重至湖上，辄独往断桥，裴回终日，翌日为杨谶西题扇云："十里西湖意，都来到断桥。寒生梅萼小，春入柳丝娇。乍见应疑梦[8]，重来不待招。故人知我否，吟望正萧条。"又明日作此图。小春四月，同孟旸、子与夜话，题此。

**谭元春《湖霜草序》[9]：**

予以己未九月五日至西湖[10]，不寓楼阁，不舍庵刹，而以琴尊书札，托一小舟。而舟居之妙，在五善焉。舟人无酬答，一善也。昏晓不爽其候，二善也。访客登山，恣意所如，三善也。入断桥，出西泠，午眠夕兴，四善也。残客可避[11]，时时移棹，五善也。挟此五善，以长于湖。僧上凫下，觞止茗生，篙楫因风，渔筊聚火[12]。盖以朝山夕水，临涧对松，岸柳池莲，藏身接友，早放孤山，晚依宝石，足了吾生，足济吾事矣。

王叔杲《十锦塘》诗[13]：

横截平湖十里天，锦桥春接六桥烟。
芳林花发霞千树，断岸光分月两川[14]。
几度觞飞堤外景，一清棹发镜中船[15]。
奇观妆点知谁力，应有歌声被管弦。

白居易《望湖楼》诗：

尽日湖亭卧，心闲事亦稀。
起因残醉醒，坐待晚凉归。
松雨飘苏帽，江风透葛衣。
柳堤行不厌，沙软絮霏霏。

徐渭《望湖亭》诗：

亭上望湖水，晶光淡不流。
镜宽万影落，玉湛一矾浮。
寒入沙芦断，烟生野鹜投。
若从湖上望，翻羡此亭幽。

张岱《西湖七月半记》[16]：

西湖七月半，一无可看，止可看看七月半之人。看七月半之人，以五类看之。其一，楼船箫鼓，峨冠盛筵，灯火优傒，声光相乱，名为看月而实不见月者，看之。其一，亦船亦楼，名娃闺秀，携及童娈，笑啼杂之，环坐露台，左右盼望，身在月下而实不看月者，看之。其一，亦船亦声歌，名妓闲僧，浅酌低唱，弱管轻丝，竹肉相发，亦在月下，亦看月，而欲人看其看月者，看之。其一，不舟不车，不衫不帻，酒醉饭饱，呼群三五，挤入人丛，昭庆、断桥，嘄呼嘈杂，装假醉，唱无腔曲，月亦看，看月者亦看，不看月者亦看，而实无一看者，看之。其一，小船轻幌，净几暖炉，茶铛旋煮，素瓷静递，好友佳人，邀月同坐，或匿影树下，或逃嚣里湖，看月而人不见其看月之态，亦不作意看月者，看之。杭人游湖，巳出酉归，避月如仇，是夕好名，逐队争出，多犒门军酒钱，轿夫擎燎，列俟岸上。一入舟，速舟子急放断桥，赶入胜会。以故二鼓以前，人声鼓吹，如沸如撼，如魇如呓，如聋如哑，大船小船一齐凑岸，一无所见，止见篙击篙，舟触舟，肩摩肩，面看面而已。少刻兴尽，官府席散，皂隶喝道去，轿夫叫船上人，怖以关门，灯笼火把如列星，一一簇拥而去。岸上人亦逐队赶门，渐稀渐薄，顷刻散尽矣。吾辈始舣舟近岸，断桥石磴始凉，席其上，呼客纵饮。此时，月如镜新磨，山复整妆，湖复颒面。向之浅斟低唱者出，匿影树下者亦出，吾辈往通声气，拉与同坐。韵友来，名妓至，杯箸安，竹肉发。月色苍凉，东方将白，客方散去。吾辈纵舟，酣睡于十里荷花之中，香气拍人，清梦甚惬。

① 十锦塘：即白堤。明万历年间，孙隆以沙石花草修治白堤，更名十锦塘。 ② 清波：清波门，杭州西城门，南宋时建。 ③ “如入”二句：《世说新语·言语》：“从山阴道上行，山川自相映发，使人应接不暇。” ④ 午、未、申三时：约相当于现在所说的中午到傍晚。 ⑤ 夕舂：此指夕阳。语出《淮南子·天文训》。 ⑥ “腐儒”二句：《史记·留侯世家》：“竖儒，几败而公事！” ⑦ 壬子：指万历四十年

(1612)。 ⑧“乍见”句：司空曙《云阳馆与韩绅宿别》诗：“乍见翻疑梦，相悲各问年。” ⑨谭元春：字友夏(1586—1631)，湖广竟陵(今湖北天门)人，晚明文学家。 ⑩己未：指万历四十七年(1619)。 ⑪残客：谓不愿见的客人。《南史·张缵传》：“初，缵与参掌何敬容意趣不协……有过诣缵，缵辄距不前，曰‘吾不能对何敬容残客’。” ⑫渔篓：渔船的缆绳，这里指停船。 ⑬王叔杲：浙江永嘉人，明嘉靖进士。 ⑭“断岸”句：西湖被白堤分隔为内堤与外堤，两处均可见月。 ⑮一清：指一清埠，涌金门外的码头，古时游船大多由此出发。 ⑯《西湖七月半记》：见前《陶庵梦忆》卷七《西湖七月半》注，此略。

## 孤　山

《水经注》曰：水黑曰卢，不流曰奴；山不连陵曰孤[①]。梅花屿介于两湖之间[②]，四面岩峦，一无所丽，故曰孤也。是地水望澄明，皦焉冲照，亭观绣峙，两湖反景，若三山之倒水下[③]。山麓多梅，为林和靖放鹤之地。林逋隐居孤山，宋真宗征之不就[④]，赐号和靖处士。常畜双鹤，豢之樊中。逋每泛小艇，游湖中诸寺，有客来，童子开樊放鹤，纵入云霄，盘旋良久，逋必棹艇遄归，盖以鹤起为客至之验也。临终留绝句曰：“湖外青山对结庐，坟前修竹亦萧疏。茂陵他日求遗稿，犹喜曾无封禅书[⑤]。”绍兴十六年建四圣延祥观[⑥]，尽徙诸院刹及士民之墓，独逋墓诏留之，弗徙。至元，杨连真伽发其墓，唯端砚一、玉簪一。明成化十年，郡守李端修复之。天启间，有王道士欲于此地种梅千树。云间张侗初太史补《孤山种梅序》[⑦]。

袁宏道《孤山小记》：

孤山处士，妻梅子鹤，是世间第一种便宜人。我辈只为有了妻子，便惹许多闲事，撇之不得，傍之可厌，如衣败絮行荆棘中，步步牵挂[8]。近日雷峰下有虞僧儒，亦无妻室，殆是孤山后身。所著《溪上落花诗》，虽不知于和靖如何，然一夜得百五十首，可谓迅捷之极。至于食淡参禅，则又加孤山一等矣，何代无奇人哉！

张京元《孤山小记》：

孤山东麓，有亭翼然。和靖故址，今悉编篱插棘。诸巨家规种桑养鱼之利，然亦赖其稍葺亭榭，点缀山容。楚人之弓[9]，何问官与民也。

又《萧照画壁》：

西湖凉堂，绍兴间所构。高宗将临观之。有素壁四堵，高二丈，中贵人促萧照往绘山水[10]。照受命，即乞尚方酒四斗，夜出孤山，每一鼓即饮一斗，尽一斗则一堵已成，而照亦沉醉。上至，览之叹赏，宣赐金帛。

沈守正《孤山种梅疏》[11]：

西湖之上，葱蒨亲人，亦爽朗易尽。独孤山盘郁重湖之间，水石草木皆有幽色。唐时楼阁参差，诗歌点缀，冠于两湖。读"不雨山常润，无云水自阴"之句，犹可想见当时。道孤山者，不径西泠，必沿湖水，不似今从望湖折阛阓而入也。此地尚有古梅偃蹇，云是和靖故居。

李流芳《题孤山夜月图》：

曾与印持诸兄弟醉后泛小艇，从孤山而归。时月初上新堤，柳枝皆倒影湖中，空明摩荡，如镜中，复如画中。久怀此胸臆，壬子在小筑[12]，忽为孟旸写出，真画中矣。

苏轼《书林逋诗后》：

吴侬生长湖山曲，呼吸湖光饮山渌。
不论世外隐君子，佣儿贩妇皆冰玉。
先生可是绝俗人，神清骨冷无由俗。
我不识见曾梦见，瞳子瞭然光可烛。
遗篇妙字处处有，步绕西湖看不足。
诗如东野不言寒[13]，书似西台差少肉[14]。
平生高节已难继，将死微言犹可录。
自言不作封禅书，更肯悲吟白头曲[15]。
我笑吴人不好事，好作祠堂傍修竹。
不然配食水仙王[16]，一盏寒泉荐秋菊。

张祜《孤山》诗：

楼台耸碧岑，一径入湖心。
不雨山常润，无云水自阴。
断桥荒藓合，空院落花深。
犹忆西窗月，钟声出北林。

徐渭《孤山玩月》诗：

湖水淡秋空，练色澄初静。
倚棹激中流，幽然适吾性。
举酒忽见月，光与波相映。
西子拂淡妆，遥岚挂孤镜。
座客本玉姿，照耀几筵莹。
暇时吐高怀，四座尽倾听。
却言处士疏，徒抱梅花咏。
如以径寸鱼，蹄涔即成泳。
论久兴弥洽，返棹堤逾迥。

自顾纵清谈，何嫌麈麈柄[17]。

卓敬《孤山种梅》诗[18]：

风流东阁题诗客[19]，潇洒西湖处士家。

雪冷江深无梦到，自锄明月种梅花。

王稚登《赠林纯卿卜居孤山》诗[20]：

藏书湖上屋三间，松映轩窗竹映关。

引鹤过桥看雪去，送僧归寺带云还。

轻红荔子家千里，疏影梅花水一湾。

和靖高风今已远，后人犹得住孤山。

陈鹤《题孤山林隐君祠》诗[21]：

孤山春欲半，犹及见梅花。

笑踏王孙草[22]，闲寻处士家。

尘心莹水镜，野服映山霞。

岩壑长如此，荣名岂足夸。

王思任《孤山》诗：

淡水浓山画里开，无船不署好楼台。

春当花月人如戏，烟入湖灯声乱催。

万事贤愚同一醉，百年修短未须哀。

只怜逋老栖孤鹤，寂寞寒篱几树梅。

张岱《补孤山种梅叙》：

盖闻地有高人，品格与山川并重；亭遗古迹，梅花与姓氏俱香。名流虽以代迁，胜事自须人补。在昔西泠逸老，高洁韵同秋水，孤清操比寒梅。疏影横斜，远映西湖清浅；暗香浮动，长陪夜月黄昏[23]。今乃人去山空，依然水流花放。瑶葩洒雪，乱飘冢上苔痕；玉树迷烟，恍堕林间鹤羽。兹来韵友，欲步前贤，补种千梅，重修孤屿。凌寒三友，早连九里松篁；破腊一枝[24]，远谢六桥桃柳。伫想水边半树，点缀冰花；待将雪后横枝，低昂铁干。美人来自林下，高士卧于山中[25]。白石苍崖，拟筑草亭招放鹤；浓山淡水，闲锄明月种梅花。有志竟成，无约不践。将与罗浮争艳，还期庾岭分香[26]。实为林处士之功臣，亦是苏长公之胜友[27]。吾辈常劳梦想，应有宿缘。哦曲江诗（曲江张九龄有《庭梅吟》）[28]，便见孤芳风韵；读广平赋，尚思铁石心肠[29]。共策灞水之驴，且向断桥踏雪[30]；遥瞻漆园之蝶[31]，群来林墓寻梅。莫负佳期，用追芳躅。

张岱《林和靖墓柱铭》：

云出无心[32]，谁放林间双鹤；

月明有意，即思冢上孤梅。

① “《水经注》”四句：见《水经注·滱水》。《水经注》，北魏郦道元撰，古代地理著作。　② 梅花屿：即孤山。　两湖：里湖与外湖。③ 三山：传说中的蓬莱、方丈与瀛洲等三座海上仙山。　④ 宋真宗：北宋皇帝赵恒，998—1022年在位。　⑤ “茂陵”二句：《汉书·司马相如传》：相如病重，武帝遣人取其遗稿，“而相如已死，家无遗书……其遗札书言封禅事。”封禅书是为武帝歌功颂德之作。茂陵，汉武帝生前即为自己预造的陵墓。　⑥ 四圣延祥观：绍兴十四年(1144)，宋高宗下令拆毁在孤山南的“六一泉”后所建道观，所祀为天篷、天猷、翊武、真武等道教传说中的四大将。　⑦ 云间：今上海松江。　张侗初太史：张鼐，字世调，号侗初，明代翰林院庶吉士。　⑧ “如衣”二句：语本刘义庆《世说新语·排调》：“法师今日如著敝絮在荆棘中，触地挂阂。”⑨ 楚人之弓：《孔子家语·好生》：“楚王出游亡弓，左右请求之。王曰‘止。楚王失弓，楚人得之，又何求之？’”　⑩ 萧照：宋濩泽（今山西阳城）人。南宋画家。　⑪ 沈守正：字无回，明代钱塘人。官至巡

抚。　⑫ 壬子：指万历四十年(1612)。　小筑：住宅。　⑬ 东野：孟郊(751—814)，字东野，湖州武康(今浙江德清)人。唐代诗人，与贾岛齐名，人称“郊寒岛瘦”。　⑭ 西台：指宋初西台御史李建中，其书法风格肥厚。　⑮“更肯”句：意为林逋一生未娶，自然无所谓《白头吟》。白头曲，即《白头吟》，卓文君知司马相如聘茂陵女为妾而作。⑯ 配食：犹从祀。　水仙王：宋代孤山有水仙王祠。　⑰ 麈柄：麈尾柄，以驼鹿尾做成，魏晋名士常执以助清谈。《世说新语·容止》：“王夷甫容貌整丽，妙于谈玄，恒捉白玉柄麈尾，与手都无分别。”　⑱ 卓敬：字惟恭，明初浙江瑞安人，后为燕王兵所杀。　⑲“风流”句：指何逊，字仲言，东海郯(今属江苏)人，南朝诗人。杜甫诗曰：“东阁官梅动诗兴，还如何逊在扬州。”　⑳ 王稚登(1535—1612)：字百穀，明末江苏武进人，能诗。　㉑ 陈鹤：字鸣轩，明代浙江山阴人，善诗画。㉒ 王孙草：《楚辞·招隐士》：“王孙游兮不归，春草生兮萋萋。”㉓“疏影”四句：林逋《山园小梅》诗：“疏影横斜水清浅，暗香浮动月黄昏。”　㉔ 破腊：指梅花在腊月中破蕊而放。　㉕“美人”二句：高启《梅花》诗：“雪满山中高士卧，月明林下美人来。”　㉖“将与”二句：罗浮、庾岭，均为山名，在今广东，以产梅闻名。　㉗ 苏长公：指苏轼。　㉘ 张九龄(673—740)：字子寿，曲江(今属广东)人，唐玄宗时宰相。　㉙“读广平”二句：唐代宋璟少时曾作《梅花赋》，清新富艳。后为一代名相，封广平郡公，秉公执法，人称有铁石心肠。　㉚“共策”二句：《唐诗纪事·郑綮》：“诗思在灞桥风雪中、驴子上。”此用其事。㉛“遥瞻”句：漆园，指曾为蒙漆园吏的庄子。蝶，《庄子·齐物论》：“昔者庄周梦为胡蝶……不知周之梦为胡蝶与？胡蝶之梦为周与？”㉜ 云出无心：陶潜《归去来兮辞》：“云无心以出岫。”

# 关 王 庙

北山两关王庙，其近岳坟者，万历十五年为杭民施如忠所建。如忠客燕，涉潞河[①]，飓风作，舟将覆，恍惚见王率诸河神拯救获免，归即造庙祝之，并祀诸河神。冢宰张瀚记之[②]。其近孤山者，旧祠卑隘。万历四十二年，金中丞为导首鼎新之。太史董其昌手书碑石记之，其词曰："西湖列刹相望，梵宫之外，其合于祭法者，岳鄂王、于少保与关神而三尔[③]。甲寅秋[④]，神宗皇帝梦感圣母中夜传诏[⑤]，封神为伏魔帝君，易兜鍪而衮冕，易大纛而九斿[⑥]。五帝同尊[⑦]，万灵受职。视操、懿、莽、温偶奸大物[⑧]，生称贼臣，死堕下鬼，何啻天渊。顾旧祠湫隘，不称诏书播告之意，金中丞父子爰议鼎新，时维导首，得孤山寺旧址，度材垒土，勒墙墉，庄像设，先后三载而落成。中丞以余实倡议，属余记之。余考孤山寺，且名永福寺。唐长庆四年[⑨]，有僧刻《法华》于石壁。会元微之以守越州[⑩]，道出杭，而杭守白乐天为作记。有九诸侯率钱助工，其盛如此。成毁有数，金石可磨，越数百年而祠帝君。以释典言之，则旧寺非所谓现天大将军身，而今祠非所谓现帝释身者耶。至人舍其生而生在，杀其身而身存。孔曰成仁，孟曰取义[⑪]，与《法华》一大事之旨何异也[⑫]。彼谓忠臣义士犹待坐蒲团、修观行而后了生死者，妄矣。然则石壁峭然，而石经初未泐也。顷者四川歼叛[⑬]，神为助力，事达宸聪，非同语怪。惟辽西黠卤尚缓天诛[⑭]，帝君能报曹而有不报神宗者乎？左挟鄂王，右挟少保，驱雷部,掷火铃,昭陵之铁马嘶风,蒋庙之塑兵濡露⑮,谅荡魔皆如蜀道矣。先是金中丞抚闽,藉神之告,屡歼倭夷,上功盟府,故建祠之费,视众差巨,盖有夙意云。"寺中规制精雅,庙貌庄严,兼之碑碣清华,柱联工确,一以文理为之,较之施庙,其雅俗真隔霄壤。

董其昌《孤山关王庙柱铭》:

忠能择主,鼎足分汉室君臣;

德必有邻⑯,把臂呼岳家父子。

宋兆禴《关帝庙柱联》⑰:

从真英雄起家,直参圣贤之位;

以大将军得度⑱,再现帝王之身。

张岱《关帝庙柱对》:

统系让偏安⑲,当代天王归汉室;

春秋明大义,后来夫子属关公。

① 潞河:即潮白河,在今北京郊外。 ② 张瀚:字子文,仁和人。万历年间为吏部尚书。 ③ 于少保:于谦。见卷四《西湖南路·于坟》注。 ④ 甲寅:指万历四十三年(1614)。 ⑤ 神宗皇帝:明代皇帝朱翊钧,1573—1619 年在位,年号万历。 ⑥ 九旂:同"九旒"。帝王、诸侯冠冕垂悬的玉串。《周礼·夏官》:"诸侯之缫斿九就。"郑玄注:"每缫九成,则九斿也。" ⑦ 五帝:传说中的东方青帝、南方赤帝、中央黄帝、西方白帝、北方黑帝等五个天帝。 ⑧ 操:曹操(155—220),字孟德,沛国谯(今安徽亳县)人,为丞相,统一北方,封魏王。其子丕代汉称帝。 懿:司马懿(178—251),温(今河南温县)人,任大将军,杀曹爽,专国政,其孙司马炎代魏称帝。 莽:王莽(前 45—23),字巨君,汉外戚,西汉末为大将军,后称帝,改国号为新。 温:桓

温(312—373),字元子,谯国龙亢(今安徽怀远)人,以大司马专权,企图废晋自立。 ⑨ 长庆:唐穆宗年号(821—824)。 ⑩ 元微之:元稹(779—831),字微之,唐代河南人。累官至宰相。其诗论与白居易相似,时称“元白”。 越州:即绍兴。 ⑪ “孔曰”二句:成仁,《论语·卫灵公》:“志士仁人,无求生以害仁,有杀生以成仁。”取义,《孟子·告子上》:“生,我所欲也;义,亦我所欲也。二者不可兼,舍生而取义者也。” ⑫《法华》一大事:《法华经》谓生死为人之大事。 ⑬ 四川歼叛:指击溃四川张献忠的起义军。 ⑭ 辽西黠卤:指当时关外的后金(清)政权。卤:当作虏,此为张岱避清人所忌而改。 ⑮ “昭陵”二句:见卷一《西湖北路·岳王坟》注及其附诗注。 ⑯ 德必有邻:《论语·里仁》:“德不孤,必有邻。” ⑰ 宋兆禴:见卷一《西湖北路·智果寺》注。 ⑱ 度:化神。 ⑲ 统系:指帝王正统世系。

## 苏小小墓

苏小小者,南齐时钱塘名妓也。貌绝青楼,才空士类,当时莫不艳称。以年少早卒,葬于西泠之坞。芳魂不殁,往往花间出现。宋时有司马槱者,字才仲,在洛下梦一美人搴帷而歌,问其名,曰:西陵苏小小也。问歌何曲?曰:《黄金缕》。后五年,才仲以东坡荐举,为秦少章幕下官[①],因道其事。少章异之,曰:“苏小之墓,今在西泠,何不酹酒吊之。”才仲往寻其墓拜之。是夜,梦与同寝,曰:妾愿酬矣。自是幽昏三载,才仲亦卒于杭,葬小小墓侧。

西陵苏小小诗:

妾乘油壁车，郎跨青骢马。

何处结同心，西陵松柏下。

又词：

妾本钱塘江上住，花落花开，不管流年度。燕子衔将春色去，纱窗几阵黄梅雨。　斜插玉梳云半吐，檀板轻敲，唱彻《黄金缕》。梦断彩云无觅处，夜凉明月生南浦。

李贺《苏小小》诗[②]：

幽兰露，如啼眼。无物结同心，烟花不堪剪。草如茵，松如盖。风为裳，水为珮。油壁车，久相待。冷翠烛，劳光彩。西陵下，风吹雨。

沈原理《苏小小歌》：

歌声引回波[③]，舞衣散秋影。梦断别青楼，千秋香骨冷。青铜镜里双飞鸾，饥乌吊月啼勾栏。风吹野火火不灭，山妖笑入狐狸穴。西陵墓下钱塘潮，潮来潮去夕复朝。墓前杨柳不堪折，春风自绾同心结。

元遗山《题苏小像》[④]：

槐荫庭院宜清昼，帘卷香风透。美人图画阿谁留，都是宣和名笔内家收[⑤]。　莺莺燕燕分飞后，粉浅梨花瘦。只除苏小不风流，斜插一枝萱草凤钗头。

徐渭《苏小小墓》诗：

一抔苏小是耶非，绣口花腮烂舞衣。

自古佳人难再得[⑥]，从今比翼罢双飞。

薤边露眼啼痕浅，松下同心结带稀。

恨不颠狂如大阮[⑦]，欠将一曲恸兵闺[⑧]。

① 秦少章：秦觏字少章，秦观弟，宋代文人。　② 李贺（790—

816)：字长吉，福昌(今河南宜阳)人。唐代诗人。 ③ 回波：乐曲名，唐中宗时造，六言四句，例以“回波尔时”四字起始。 ④ 元遗山：元好问(1190—1257)，字裕之，号遗山，秀容(今山西忻县)人。金元之际诗人。 ⑤ 宣和：宋徽宗年号(1119—1125)。 内家：皇宫。 ⑥“自古”句：《汉书·孝武李夫人传》：“宁不知倾城与倾国，佳人难再得！” ⑦ 大阮：指阮籍(210—263)，西晋人。其蔑视礼俗，言行放荡不拘。 ⑧ 恸兵闺：指阮籍为兵氏女未嫁而死，往哭尽哀一事。见《晋书·阮籍传》。

## 陆宣公祠

孤山何以祠陆宣公也①？盖自陆少保炳为世宗乳母之子②，揽权怙宠，自谓系出宣公，创祠祀之。规制宏厂，吞吐湖山。台榭之盛，概湖无比。炳以势焰，孰有美产，即思攫夺。旁有故锦衣王佐别墅壮丽③，其孽子不肖，炳乃罗织其罪，勒以献产。捕及其母，故佐妾也。对簿时，子强辩。母膝行前，道其子罪甚详。子泣，谓母忍陷其死也。母叱之曰：“死即死，尚何说！”指炳座顾曰：“而父坐此非一日，作此等事亦非一日，而生汝不肖子，天道也，汝死犹晚！”炳颊发赤，趣遣之出，弗终夺。炳物故，祠没入官，以名贤得不废。隆庆间，御史谢廷杰以其祠后增祀两浙名贤，益以严光、林逋、赵忭、王十朋、吕祖谦、张九成、杨简、宋濂、王琦、章懋、陈选④。会稽进士陶允宜以其父陶大临自制牌版，令人匿之怀中，窃置其旁。时人笑其痴孝。

祁彪佳《陆宣公祠》诗：

东坡佩服宣公疏[5]，俎豆西泠蘋藻香[6]。

泉石苍凉存意气，山川开涤见文章。

画工界画增金碧，庙貌巍峨见裔皇。

陆炳湖头夸势焰，崇韬乃敢认汾阳[7]。

① 陆宣公：陆贽(754—805)，字敬舆，唐代嘉兴人。官至宰相，谥宣。 ② 陆少保炳：陆炳，明世宗乳母子，掌锦衣卫，权势灼人。世宗，即嘉靖帝朱厚熜，1522—1566 年在位。 ③ 王佐：曾掌锦衣卫，后为陆炳所代。 ④ 严光：字子陵，汉代余姚(今属浙江)人。少与光武帝同游学，后隐居，垂钓于富春江。 王十朋(1112—1171)：字龟龄，号梅溪，宋代浙江乐清人。曾任龙图阁学士。 吕祖谦(1137—1181)：字伯恭，宋代浙江金华人。世称东莱先生。 张九成：字子韶，宋代钱塘人。官至礼部尚书。 杨简：字敬仲，宋代浙江慈溪人。宝谟阁学士。 宋濂(1310—1381)：字景濂，浙江浦江人。明初翰林学士，主修《元史》。 王琦：宋代学官，与杨简并称"直友"。 章懋：字德懋，明代浙江兰溪人，世称枫山先生。 陈选：字士贤，浙江临海人。明代广东布政使。 ⑤"东坡"句：苏轼在《乞校正陆贽奏议进御札子》一文中，曾推崇陆贽奏疏"聚古今之精英，实治乱之通鉴"。 ⑥ 俎豆、蘋藻：均为古时祭品。 ⑦"崇韬"句：《新五代史·郭崇韬传》："当崇韬用事，自宰相豆卢革、韦悦等皆倾附之。……以其姓郭，因以为子仪之后，崇韬遂以为然。其伐蜀也，过子仪墓，下马号恸而去，闻者颇以为笑。"这里是讽刺陆炳的冒认陆贽为祖先。汾阳，指唐代名将郭子仪，封汾阳郡王。

# 六 一 泉

六一泉在孤山之南,一名竹阁,一名勤公讲堂。宋元祐六年[①],东坡先生与惠勤上人同哭欧阳公处也[②]。勤上人讲堂初构,掘地得泉,东坡为作泉铭。以两人皆列欧公门下,此泉方出,适哭公讣,名以六一,犹见公也。其徒作石屋覆泉,且刻铭其上。南渡高宗为康王时,常使金,夜行,见四巨人执殳前驱。登位后,问方士,乃言紫薇垣有四大将,曰:天蓬、天猷、翊圣、真武。帝思报之,遂废竹阁,改延祥观,以祀四巨人。至元初,世祖又废观为帝师祠[③]。泉没于二氏之居二百余年[④]。元季兵火,泉眼复见,但石屋已圮,而泉铭亦为邻僧舁去。洪武初,有僧名行升者,锄荒涤垢,图复旧观。仍树石屋,且求泉铭,复于故处。乃欲建祠堂,以奉祀东坡、勤上人,以参寥故事[⑤],力有未逮。教授徐一夔为作疏曰[⑥]:"睠兹胜地,实在名邦。勤上人于此幽栖,苏长公因之数至。迹分缁素[⑦],同登欧子之门;谊重死生,会哭孤山之下。惟精诚有感通之理,故山岳出迎劳之泉。名聿表于怀贤,忱式昭于荐菊。虽存古迹,必肇新祠。此举非为福田[⑧],实欲共成胜事。儒冠僧衲,请恢雅量以相成;山色湖光,行与高峰而共远。愿言乐助,毋诮滥竽。"

苏轼《六一泉铭》:

欧阳文忠公将老,自谓六一居士。予昔通守钱塘,别公于汝阴而南[⑨]。公曰:"西湖僧惠勤甚文而长于诗。吾昔为《山中乐》三章以赠之。子闲于民事，求人于湖山间而不可得，则往从勤乎？”予到官三日，访勤于孤山之下，抵掌而论人物，曰：“六一公，天人也。人见其暂寓人间，而不知其乘云驭风，历五岳而跨沧海也。此邦之人，以公不一来为恨。公麾斥八极，何所不至。虽江山之胜，莫适为主⑩，而奇丽秀绝之气，常为能文者用。故吾以为西湖盖公几案间一物耳。”勤语虽怪幻，而理有实然者。明年公薨，予哭于勤舍。又十八年，予为钱塘守，则勤亦化去久矣。访其旧居，则弟子二仲在焉。画公与勤像，事之如生。舍下旧无泉，予未至数月，泉出讲堂之后，孤山之趾，汪然溢流，甚白而甘。即其地凿岩架石为室。二仲谓：“师闻公来，出泉以相劳苦，公可无言乎？”乃取勤旧语，推本其意，名之曰“六一泉”。且铭之曰：“泉之出也，去公数千里，后公之没十八年，而名之曰‘六一’，不几于诞乎？曰：君子之泽，岂独五世而已⑪，盖得其人，则可至于百传。常试与子登孤山而望吴越，歌山中之乐而饮此水，则公之遗风余烈，亦或见于此泉也。”

白居易《竹阁》诗：

晚坐松檐下，宵眠竹阁间。
清虚当服药，幽独抵归山。
巧未能胜拙，忙应不及闲。
无劳事修炼，只此是玄关⑫。

① 元祐：宋哲宗年号(1086—1094)。　② 惠勤：余杭人，北宋诗僧。　欧阳公：即欧阳修。　③ 世祖：元世祖忽必烈，1260—1294年在位。　④ 二氏之居：指道观与寺院。　⑤ 以：若，如。　参

寥：即僧道潜。 ⑥ 徐一夔：字大章，浙江天台人，明初任杭州府学教授，曾因代人撰贺表事为朱元璋所忌。 ⑦ 缁素：僧俗。 ⑧ 福田：佛教谓积善行必有福报，犹如播种田亩，秋收其实。 ⑨ 汝阴：地名，在今安徽阜阳。 ⑩ 莫适为主：不知由谁主宰。 ⑪ “君子”二句：《孟子·离娄下》：“君子之泽，五世而斩。” ⑫ 玄关：佛教谓入道之门。

# 葛　岭

葛岭者，葛仙翁稚川修仙地也。仙翁名洪，号抱朴子，句容人也。从祖葛玄，学道得仙术，传其弟子郑隐。洪从隐学，尽得其秘。上党鲍玄妻以女[①]。咸和初，司徒导招补主簿[②]，干宝荐为大著作[③]，皆同辞。闻交趾出丹砂[④]，独求为勾漏令[⑤]。行至广州，刺史郑岳留之，乃炼丹于罗浮山中。如是者积年。一日，遗书岳曰：“当远游京师，克期便发。”岳得书，狼狈往别，而洪坐至日中，兀然若睡，卒年八十一。举尸入棺，轻如蝉蜕，世以为尸解仙去。智果寺西南为初阳台，在锦坞上，仙翁修炼于此。台下有投丹井，今在马氏园。宣德间大旱，马氏甃井得石匣一，石瓶四。匣固不可启。瓶中有丸药若芡实者，啖之，绝无气味，乃弃之。施渔翁独啖一枚，后年百有六岁。浚井后，水遂淤恶不可食，以石匣投之，清洌如故。

祁豸佳《葛岭》诗[⑥]：

抱朴游仙去有年，如何姓氏至今传。

钓台千古高风在[⑦]，汉鼎虽迁尚姓严。

勾漏灵砂世所稀，携来烹炼作刀圭[⑧]。
若非渔子年登百，几使还丹变井泥[⑨]。

平章甲第半湖边[⑩]，日日笙歌入画船。
循州一去如烟散[⑪]，葛岭依然还稚川。

葛岭孤山隔一丘，昔年放鹤此山头。
高飞莫出西山缺，岭外无人勿久留。

① 上党：地名，在今山西长治。　鲍玄：东晋南海太守，好道教。② 司徒导：王导(276—339)，字茂弘，临沂(今属山东)人。曾为东晋司徒。　主簿：公府内负责文书簿籍的官员。　③ 干宝：字令升，新蔡(今属河南)人。东晋时领修国史，撰《搜神记》。　大著作：著作郎别称。朝廷中负责修史的官职。　④ 交趾：州名，辖今两广大部及越南北部。　⑤ 勾漏：县名，今广西北流。　⑥ 祁豸佳：字止祥，浙江山阴人。明末文士，彪佳从弟。　⑦ 钓台：相传为东汉严光垂钓处，在今浙江桐庐富春江边。　⑧ 刀圭：古代药物计量器物，借指药物。　⑨ 还丹：古代道家炼丹之术。由水银还原为丹砂，谓人服之可白日升天。　⑩"平章"句：指宋奸相贾似道在葛岭所建之园墅。平章，官名，位同宰相。此指贾似道。　⑪"循州"句：指贾似道被罢平章、都督，籍没其家，发配循州安置。事见《宋史·贾似道传》。

# 苏 公 堤

杭州有西湖，颍上亦有西湖[①]，皆为名胜，而东坡连守二郡。其初得颍，颍人曰："内翰只消游湖中[②]，便可以了公事。"秦太虚因作一绝云[③]："十里荷花菡萏初，我公身至有西湖。欲将公事湖中了，见说官闲事亦无。"后东坡到颍，有谢执政启云："入参两禁，每玷北扉之荣[④]；出典二邦，迭为西湖之长。"故其在杭，请浚西湖，聚葑泥，筑长堤，自南之北，横截湖中，遂名苏公堤。夹植桃柳，中为六桥。南渡之后，鼓吹楼船，颇极华丽。后以湖水漱啮[⑤]，堤渐凌夷。入明，成化以前，里湖尽为民业，六桥水流如线。正德三年，郡守杨孟瑛辟之，西抵北新堤为界，增益苏堤，高二丈，阔五丈三尺，增建里湖六桥，列种万柳，顿复旧观。久之，柳败而稀，堤亦就圮。嘉靖十二年，县令王钎令犯罪轻者种桃柳为赎，红紫灿烂，错杂如锦。后以兵火，砍伐殆尽。万历二年，盐运使朱炳如复植杨柳，又复灿然。迨至崇祯初年，堤上树皆合抱。太守刘梦谦与士夫陈生甫辈时至。二月，作胜会于苏堤。城中括羊角灯、纱灯几万盏，遍挂桃柳树上，下以红毡铺地，冶童名妓，纵饮高歌。夜来万蜡齐烧，光明如昼。湖中遥望堤上万蜡，湖影倍之。箫管笙歌，沉沉昧旦[⑥]。传之京师，太守镌级。因想东坡守杭之日，春时每遇休暇，必约客湖上，早食于山水佳处。饭毕，每客一舟，令队长一人，各领数妓，任其所之。晡后鸣锣集之，复会望湖亭或竹阁，极欢而罢。至一、二鼓，夜市犹未散，列烛以归。城中士女夹道云集而观之。此真旷古风流，熙世乐事，不可复追也已。

张京元《苏堤小记》：

苏堤度六桥，堤两旁尽种桃柳，萧萧摇落。想二三月，柳叶桃花，游人阗塞，不若此时之为清胜。

李流芳《题两峰罢雾图》：

三桥龙王堂，望西湖诸山，颇尽其胜。烟林雾障，映带层叠；淡描浓抹，顷刻百态。非董、巨妙笔，不足以发其气韵。余在小筑时，呼小舟桨至堤上，纵步看山，领略最多。然动笔便不似。甚矣，气韵之难言也。予友程孟旸《湖上题画》诗云："风堤露塔欲分明，阁雨萦阴两未成。我试画君团扇上，船窗含墨信风行。"此景此诗，此人此画，俱属可想。癸丑八月清晖阁题[7]。

苏轼《筑堤》诗：

六桥横截天汉上，北山始与南屏通。
忽惊二十五万丈，老葑席卷苍烟空。

昔日珠楼拥翠钿，女墙犹在草芊芊。
东风第六桥边柳，不见黄鹂见杜鹃。

又诗：

惠勤、惠思皆居孤山。苏子倅郡[8]，以腊日访之，作诗云：

天欲雪时云满湖，楼台明灭山有无。
水清石出鱼可数，林深无人鸟相呼。
腊月不归对妻孥，名寻道人实自娱。

道人之居在何许,宝云山前路盘纡[9]。
孤山孤绝谁肯庐,道人有道山不孤。
纸窗竹屋深自暖,拥褐坐睡依团蒲。
天寒路远愁仆夫,整驾催归及未晡。
出山回望云水合,但见野鹤盘浮屠。
兹游淡泊欢有余,到家恍如梦蘧蘧。
作诗火急追亡逋,清景一失后难摹。

王世贞《泛湖度六桥堤》诗:

拂幰莺啼出谷频[10],长堤夭矫跨苍旻。
六桥天阔争虹影,五马飙开散曲尘[11]。
碧水乍摇如转盼,青山初沐竞舒颦。
莫轻杨柳无情思,谁是风流白舍人[12]?

李鉴龙《西湖》诗:

花柳曾闻暗六桥,近来游舫甚萧条。
折残画阁堤边失,倒入山光波上摇。
秋水湖心眸一点,夜潭塔影黛双描。
兰亭感慨今移此[13],痴对雷峰话寂寥。

① 颍上:县名,在今安徽。　② 内翰:苏轼曾为翰林学士,故称。　③ 秦太虚:秦观(1049—1100),字少游,号太虚,江苏高邮人。北宋词人。　④ 北扉之荣:即北门之荣。唐高宗召文士草拟诏书,许其从北门出入,其余官员则只能由南门。苏轼为翰林学士,草诏书,故有此说。　⑤ 漱啮:指水的冲蚀。　⑥ 昧旦:拂晓之时。《诗经·郑风·鸡鸣》:"女曰鸡鸣,男曰昧旦。"　⑦ 癸丑:指万历四十一年(1613)。　⑧ 倅郡:担任郡守的副职,这里指通判。　⑨ 宝云山:在西湖北面,宋时此山所产茶叶入贡。　⑩ 幰:车前帷幔,表示官

位。王世贞时任杭州太守,故曰拂嶾。 ⑪ 五马:《汉官仪》:"四马载车,此常礼也。惟太守出,则增一马,故称五马。" ⑫ 白舍人:指白居易,因其曾为杭州刺史及中书舍人。 ⑬ 兰亭感慨:指王羲之在《兰亭集序》中所发人生短暂之叹。

## 湖心亭

湖心亭旧为湖心寺,湖中三塔,此其一也。明弘治间[①],按察司佥事阴子淑秉宪甚厉[②]。寺僧怙镇守中官[③],杜门不纳官长。阴廉其奸事,毁之,并去其塔。嘉靖三十一年,太守孙孟寻遗迹,建亭其上。露台亩许,周以石栏,湖山胜概,一览无遗。数年寻圮。万历四年,佥事徐廷祼重建。二十八年,司礼监孙东瀛改为清喜阁,金碧辉煌,规模壮丽,游人望之如海市蜃楼。烟云吞吐,恐滕王阁、岳阳楼俱无甚伟观也[④]。春时,山景、睺罗、书画、古董[⑤],盈砌盈阶,喧阗扰嚷,声息不辨。夜月登此,阒寂凄凉,如入鲛宫海藏。月光晶沁,水气滃之,人稀地僻,不可久留。

张京元《湖心亭小记》:

湖心亭雄丽空阔。时晚照在山,倒射水面,新月挂东,所不满者半规,金盘玉饼,与夕阳彩翠重轮交网,不觉狂叫欲绝。恨亭中四字匾、隔句对联,填楣盈栋,安得借咸阳一炬了此业障[⑥]。

张岱《湖心亭小记》[⑦]:

崇祯五年十二月，余住西湖。大雪三日，湖中人鸟声俱绝。是日更定矣，余拏一小舟，拥毳衣炉火，独往湖心亭看雪。雾淞沆砀，天与云、与山、与水，上下一白。湖上影子，惟长堤一痕，湖心亭一点，与余舟一芥，舟中人两三粒而已。到亭上，有两人铺毡对坐，一童子烧酒，炉正沸。见余大惊喜，曰："湖中焉得更有此人！"拉余同饮。余强饮三大白而别。问其姓氏，是金陵人，客此。及下船，舟子喃喃曰："莫说相公痴，更有痴似相公者。"

胡来朝《湖心亭柱铭》[⑧]：

四季笙歌，尚有穷民悲夜月。

六桥花柳，浑无隙地种桑麻。

郑烨《湖心亭柱铭》：

亭立湖心，俨西子载扁舟，雅称雨奇晴好[⑨]。

席开水面，恍东坡游赤壁，偏宜月白风清[⑩]。

张岱《清喜阁柱对》：

如月当空，偶似微云点河汉[⑪]。

在人为目，且将秋水剪瞳神[⑫]。

① 弘治：明孝宗年号(1488—1505)。　② 佥事：官名。明代按察使下置佥事，以分领各道。　阴子淑：字宗孟。明成化八年进士。累迁江西按察使。　③ 镇守中官：朝廷派驻外地监督地方官员的太监。　④ 滕王阁：故址在今江西南昌赣江边，为唐初滕王李元婴为洪州都督时所建，王勃曾作《滕王阁序》。　岳阳楼：故址在今湖南岳阳，始建于唐，下瞰洞庭湖，历代文人多有吟咏。　⑤ 睺罗：泥塑小孩像。　⑥ 咸阳一炬：《史记·项羽本纪》："项羽引兵西屠咸阳……烧秦宫室，火三月不灭。"　业障：佛家称有碍修行的举动。　⑦《湖

心亭小记》：即《湖心亭看雪》，见《陶庵梦忆》卷三注，此略。 ⑧ 胡来朝：明代直隶赞皇（今属河北）人。万历进士。 ⑨ 雨奇晴好：苏轼《饮湖上初晴后雨》："湖光潋滟晴方好，山色空濛雨亦奇。" ⑩ 月白风清：苏轼《后赤壁赋》："有客无酒，有酒无肴，月白风清，如此良夜何。" ⑪ "如月"二句：《世说新语·言语》："于时天月明净，都无纤翳，太傅叹以为佳。谢景重在坐，答曰：意谓乃不如微云点缀。" ⑫ "且将"句：李贺《唐儿歌》："一双瞳人剪秋水。"

# 放 生 池

宋时有放生碑，在宝石山下。盖天禧四年，王钦若请以西湖为放生池[1]，禁民网捕，郡守王随为之立碑也[2]。今之放生池，在湖心亭之南。外有重堤，朱栏屈曲，桥跨如虹，草树蓊翳，尤更岑寂。古云三潭印月，即其地也。春时游舫如鹜，至其地者，百不得一。其中佛舍甚精，复阁重楼，迷禽暗日，威仪肃洁，器钵无声。但恨鱼牢幽闭，涨腻不流，刿鬐缺鳞，头大尾瘠，鱼若能言，其苦万状。以理揆之，孰若纵壑开樊，听其游泳，则物性自遂，深恨俗僧难与解释耳。昔年余到云栖，见鸡鹅豚羖，共牢饥饿，日夕挨挤，堕水死者不计其数。余向莲池师再四疏说，亦谓未能免俗，聊复尔尔[3]。后见兔鹿猢狲亦受禁锁，余曰："鸡凫豚羖，皆藉食于人，若兔鹿猢狲，放之山林，皆能自食，何苦锁禁，待以胥縻[4]。"莲师大笑，悉为撤禁，听其所之，见者大快。

陶望龄《放生池》诗：

介卢晓牛鸣[5]，冶长识雀哕[6]。
吾愿天耳通[7]，达此音声类。
群鱼泣妻妾，鸡鹜呼弟妹。
不独死可哀，生离亦可慨。
闽语既嘤咿，吴听了难会。
宁闻闽人肉，忍作吴人脍。
可怜登陆鱼，唫喁向人诉。
人曰鱼口喑，鱼言人耳背。
何当破网罗，施之以无畏。

昔有二勇者，操刀相与酤。
曰子我肉也，奚更求食乎[8]。
互割还互啖，彼尽我亦屠。
食彼同自食，举世嗤其愚。
还语血食人[9]，有以异此无？

吴越王钱镠于西湖上税渔，名"使宅渔"。一日，罗隐入谒，壁有磻溪垂钓图[10]，王命题之。题云："吕望当年展庙谟[11]，直钩钓国又何如？假令身住西湖上，也是应供使宅鱼。"王即罢渔税。

放生池柱对：

天地一网罟，欲度众生谁解脱；
飞潜皆性命，但存此念即菩提。

① 王钦若(962—1025)：字定国，北宋新喻(今江西新余)人。曾三度为相。　② 王随：字子正，北宋河南人。曾任杭州知府。

③ 未能免俗,聊复尔尔:语出《世说新语·任诞》。 ④ 胥縻:同“胥靡”。《庄子·庚桑楚》:“胥靡登高而不惧。”陆德明《释文》:“胥靡,刑徒人也。” ⑤ 介卢:即介葛卢,春秋时介国君主,相传懂兽语。 ⑥ 冶长:公冶长,春秋时齐国人,孔门弟子,据说通鸟语。 ⑦ 天耳通:佛教六通之一。《俱舍光记》二七:“修天耳者,若于深禅定中发得色界四大清净造色,住耳根中,即能闻六道众生语言及世间种种音声,是如天耳通。” ⑧ “昔有”四句:《吕氏春秋·当务》:“齐之好勇者,其一人居东郭,其一人居西郭,卒然相遇于涂,曰:‘姑相饮乎?’觞数行,曰:‘姑求肉乎?’一人曰:‘子肉也,我肉也,尚胡革求肉而为?’于是具染而已。” ⑨ 血食:《汉书·高帝纪》注:“祭者尚血腥,故曰血食也。”此指茹荤之人。 ⑩ 磻溪垂钓:磻溪,在陕西宝鸡。据说商朝末年,吕望在此垂钓而遇周文王,同载而归,后佐武王灭商。 ⑪ 吕望:姜姓,名尚。文王立为师,武王尊为师尚父。商灭,封于齐。

## 醉白楼

杭州刺史白乐天啸傲湖山时,有野客赵羽者,湖楼最畅,乐天常过其家,痛饮竟日,绝不分官民体。羽得与乐天通往来,索其题楼。乐天即颜之曰“醉白”。在茅家埠,今改吴庄。一松苍翠,飞带如虬,大有古色,真数百年物。当日白公,想定盘礴其下。

倪元璐《醉白楼》诗:

金沙深处白公堤①,太守行春信马蹄。
冶艳桃花供祇应②,迷离烟柳藉提携。

闲时风月为常主，到处鸥凫是小傒。
野老偶然同一醉，山楼何必更留题。

① 金沙：金沙港，位于曲院旁，有涧入湖，其港沙皆金色。
② 祗应：侍奉，当差。

## 小 青 佛 舍

小青[①]，广陵人[②]。十岁时遇老尼，口授《心经》[③]，一过成诵。尼曰："是儿早慧福薄，乞付我作弟子。"母不许。长好读书，解音律，善弈棋。误落武林富人，为其小妇。大妇奇妒，凌逼万状。一日携小青往天竺，大妇曰："西方佛无量，乃世独礼大士[④]，何耶？"小青曰："以慈悲故耳。"大妇笑曰："我亦慈悲若。"乃匿之孤山佛舍，令一尼与俱。小青无事，辄临池自照，好与影语，絮絮如问答，人见辄止。故其诗有"瘦影自临春水照，卿须怜我我怜卿"之句。后病瘵，绝粒，日饮梨汁少许，奄奄待尽。乃呼画师写照，更换再三，都不谓似。后画师注视良久，匠意妖纤。乃曰："是矣。"以梨酒供之榻前，连呼："小青！小青！"一恸而绝，年仅十八。遗诗一帙。大妇闻其死，立至佛舍，索其图并诗焚之，遽去。

小青《拜慈云阁》诗：

稽首慈云大士前，莫生西土莫生天。
愿将一滴杨枝水[⑤]，洒作人间并蒂莲。

又《拜苏小小墓》诗：

西泠芳草绮粼粼，内信传来唤踏青。

杯酒自浇苏小墓，可知妾是意中人。

① 小青：相传为明代万历年间人，名冯玄玄，其墓在孤山。 ② 广陵：即今江苏扬州。 ③《心经》：佛经名，即《般若波罗蜜多心经》。 ④ 大士：指观世音菩萨。 ⑤ 杨枝水：佛教谓能为人消灾、使万物复苏的甘露。张翥《送谟侍者还江阴》诗："杨枝偏洒瓶中水，贝叶时缮茇内经。"

# 卷　四

## 西湖南路

### 柳　洲　亭

柳洲亭，宋初为丰乐楼[①]。高宗移汴民居杭地嘉、湖诸郡，时岁丰稔，建此楼以与民同乐，故名。门以左，孙东瀛建问水亭[②]。高柳长堤，楼船画舫会合亭前，雁次相缀。朝则解维，暮则收缆。车马喧阗，驺从嘈杂，一派人声，扰嚷不已。堤之东尽为三义庙。过小桥折而北，则吾大父之寄园、铨部戴斐君之别墅[③]。折而南，则钱麟武阁学、商等轩冢宰、祁世培柱史、余武贞殿撰、陈襄范掌科各家园亭[④]，鳞集于此。过此，则孝廉黄元辰之池上轩、富春周中翰之芙蓉园，比间皆是。今当兵燹之后，半椽不剩，瓦砾齐肩，蓬蒿满目。李文叔作《洛阳名园记》[⑤]，谓以名园之兴废，卜洛阳之盛衰；以洛阳之盛衰，卜天下之治乱。诚哉言也！余于甲午年[⑥]，偶涉于此，故宫离黍[⑦]，荆棘铜驼[⑧]，感慨悲伤，几效桑苎翁之游苕溪[⑨]，夜必恸哭而返。

张杰《柳洲亭》诗[⑩]：

谁为鸿濛凿此陂，涌金门外即瑶池。
平沙水月三千顷，画舫笙歌十二时。
今古有诗难绝唱，乾坤无地可争奇。
溶溶漾漾年年绿，销尽黄金总不知。

王思任《问水亭》诗：

我来一清步，犹未拾寒烟。
灯外兼星外，沙边更槛边。
孤山供好月，高雁语空天。
辛苦西湖水，人还即熟眠。

赵汝愚《丰乐楼柳梢青》词⑪：

水月光中，烟霞影里，涌出楼台。空外笙箫，云间笑语，人在蓬莱。　天香暗逐风回，正十里荷花盛开。买个小舟，山南游遍，山北归来。

① 宋初：应为南宋初。　丰乐楼：在涌金门外，甚为宏丽，凡朝绅聚会皆在此。　② 问水亭：在柳洲亭左，为游人上船、归泊之处，后改名"听水亭"。　③ 铨部：即吏部。　④ 钱麟武：钱象坤，字弘毅，号麟武，明代会稽(今浙江绍兴)人。曾为东阁大学士(即"阁学")。商等轩：商周祚，明代吏部尚书(即"冢宰")。　祁世培：见《陶庵梦忆》卷一《木犹龙》注。　柱史：指祁世培曾担任的佥都御史。　余武贞：余煌，字武贞，明末会稽人。曾任翰林院修撰(即"殿撰")。　掌科：指各科都给事中，为负责监察六部的官职。　⑤ 李文叔：李格非，字文叔，北宋济南人。李清照父，累官礼部员外郎。　《洛阳名园记》：一卷，记洛阳园林及景物、草木等。　⑥ 甲午：指清顺治十一年即1654年。⑦ 故宫离黍：意为昔日宫殿，今已荒芜，即亡国。典出《诗经·王风·黍离》。　⑧ 荆棘铜驼：宫门前铜驼被弃于荆棘之中，喻亡国。《晋书·索靖传》："靖有先识远量，知天下将乱，指洛阳宫门铜驼叹曰：'会见汝在

荆棘中耳。'" ⑨ 桑苎翁：唐代陆羽隐居苕溪，自称桑苎翁。苕溪：在今浙江，出天目山入太湖。 ⑩ 张杰：字子兴，号平洲生，明正德年间仁和人。 ⑪ 赵汝愚(1140—1196)：字子直，江西余干人。南宋丞相。

## 灵芝寺

灵芝寺，钱武肃王之故苑也。地产灵芝，舍以为寺。至宋而规制寖宏，高、孝两朝四临幸焉。内有浮碧轩、依光堂，为新进士题名之所。元末毁，明永乐初僧竺源再造，万历二十二年重修。余幼时至其中看牡丹，干高丈余，而花蕊烂熳，开至数千余朵，湖中夸为盛事。寺畔有显应观，高宗以祀崔府君也①。崔名子玉，唐贞观间为磁州鉴阳令②，有异政，民生祠之，既卒，为神。高宗为康王时，避金兵，走钜鹿③，马毙，冒雨独行，路值三岐，莫知所往。忽有白马在道，鞚驭乘之，驰至崔祠，马忽不见。但见祠马赭汗如雨，遂避宿祠中。梦神以杖击地，促其行。趋出门，马复在户，乘至斜桥，会耿仲南来迎，策马过涧，见水即化。视之，乃崔府君祠中泥马也。及即位，立祠报德，累朝崇奉异常。六月六日是其生辰，游人阗塞。

张岱《灵芝寺》诗：

项羽曾悲骓不逝④，活马犹然如泥塑。
焉有泥马去如飞，等闲直至黄河渡。
一堆龙骨蜕厓前⑤，迢递芒砀迷云路⑥。

茕茕一介走亡人，身陷柏人脱然过[7]。

建炎尚是小朝廷，百灵亦复加呵护。

① 府君：对神的尊称。 ② 贞观：唐太宗年号(627—649)。鉴阳：在今河北磁县。 ③ 钜鹿：即今河北巨鹿。 ④ “项羽”句：《史记·项羽本纪》载，项羽兵败被围陔下，歌曰：“力拔山兮气盖世，时不利兮骓不逝，骓不逝兮可奈何？虞兮虞兮奈若何！” ⑤ 龙骨：指马骨。 ⑥ 芒砀：二山名，在今安徽砀山县。《汉书·高祖纪》：“高祖隐于芒、砀山泽间。” ⑦ 柏人：地名，在今河北隆尧。《史记·张耳陈馀列传》：汉高祖路过该地，问知地名，曰：“柏人者，迫于人也！”即离去。

## 钱王祠

钱镠，临安石鉴乡人，骁勇有谋略。壮而微，贩盐自活。唐僖宗时[1]，平浙寇王仙芝[2]，拒黄巢[3]，灭董昌[4]，积功自显。梁开平元年[5]，封镠为吴越王。有讽镠拒梁命者，镠笑曰：“吾岂失一孙仲谋耶[6]！”遂受之。改其乡为临安县，军为锦衣军。是年，省茔垄，延故老，旌钺鼓吹，振耀山谷。自昔游钓之所，尽蒙以锦绣，或树石至有封官爵者，旧贸盐担，亦裁锦韬之。一邻媪九十余，携壶泉迎于道左，镠下车亟拜。媪抚其背，以小字呼之曰：“钱婆留，喜汝长成。”盖初生时，光怪满室，父惧，将沉于了溪，此媪苦留之，遂字焉。为牛酒大陈，以饮乡人；别张蜀锦为广幄，以饮乡妇。年上八十者饮金爵，百岁者饮玉爵。镠起劝酒，自唱还乡歌以娱宾，曰："玉节还乡兮挂锦衣，父老远近来相随。斗牛光起天无欺，吴越一王驷马归。"时将筑宫殿，望气者言："因故府大之，不过百年；填西湖之半，可得千年。"武肃笑曰："焉有千年而其中不出真主者乎？奈何困吾民为！"遂弗改造。宋熙宁间[7]，苏子瞻守郡，请以龙山废祠妙音院者，改为表忠观以祀之。今废。明嘉靖三十九年，督抚胡宗宪建祠于灵芝寺址[8]，塑三世五王像[9]，春秋致祭，令其十九世孙德洪者守之。郡守陈柯重镌表忠观碑记于祠。

苏轼《表忠观碑记》：

熙宁十年十月戊子，资政殿大学士、右谏议大夫、知杭州军事臣抃言[10]："故越国王钱氏坟庙，及其父、祖、妃、夫人、子孙之坟，在钱塘者二十有六，在临安者十有一，皆芜秽不治，父老过之，有流涕者。谨按：故武肃王镠，始以乡兵破走黄巢，名闻江淮。复以八都兵讨刘汉宏[11]，并越州以奉董昌，而自居于杭。及昌以越叛，则诛昌而并越，尽有浙东西之地，传其子文穆王元瓘。至其孙忠献王仁佐[12]，遂破李景兵而取福州[13]。而仁佐之弟忠懿王俶又大出兵攻景，以迎周世宗之师[14]，其后，卒以国入觐。三世四王，与五代相为终始。天下大乱，豪杰蜂起，方是时，以数州之地盗名字者不可胜数，既覆其族，延及于无辜之民，罔有孑遗。而吴越地方千里，带甲十万，铸山煮海，象犀珠玉之富甲于天下，然终不失臣节，贡献相望于道。是以其民至于老死不识兵革，四时嬉游，歌舞之声相闻，至于今不废。其有德于斯民甚厚。皇帝受命，四方僭乱，以次削平。西蜀江南[15]，负其险远，兵至城下，力屈势穷，然后束手。而河东刘氏百战守死[16],以抗王师,积骸为城,洒血为池,竭天下之力,仅乃克之。独吴越不待告命[17],封府库,籍郡县,请吏于朝,视去国如传舍,其有功于朝廷甚大。昔窦融以河西归汉[18],光武诏右扶风修其父祖坟茔[19],祀以太牢。今钱氏功德殆过于融,而未及百年,坟庙不治,行道伤嗟,甚非所以劝奖忠臣、慰答民心之义也。臣愿以龙山废佛寺曰妙音院者为观,使钱氏之孙为道士曰自然者居之。凡坟庙之在钱塘者,以付自然。其在临安者,以付其县之净土寺僧曰道微。岁各度其徒一人[20],使世掌之。籍其地之所入,以时修其祠宇,封植其草木。有不治者,县令亟察之,甚者,易其人,庶几永终不堕,以称朝廷待钱氏之意。臣抃昧死以闻。"制曰:可。其妙音院赐改名表忠观。

铭曰:天目之山,苕水出焉。龙飞凤舞,萃于临安[21]。笃生异人,绝类离群。奋挺大呼,从者如云。仰天誓江,月星晦蒙。强弩射潮[22],江海为东。杀宏诛昌,奄有吴越。金券玉册,虎符龙节[23]。大城其居,包络山川。左江右湖,控引岛蛮。岁时归休,以燕父老。晔如神人,玉带球马[24]。四十一年,寅畏小心。厥篚相望[25],大贝南金[26]。五胡昏乱,罔堪托国。三王相承,以符有德。既获所归,弗谋弗咨。先王之志,我维行之。天祚忠孝,世有爵邑。允文允武,子孙千亿。帝谓守臣,治其祠坟。毋俾樵牧,愧其后昆。龙山之阳,岿焉斯宫。匪私于钱,惟以劝忠。非忠无君,非孝无亲。凡百有位,视此刻文。

张岱《钱王祠》诗:

扼定东南十四州,五王并不事兜鍪。

英雄球马朝天子，带砺山河拥冕旒。

大树千株被锦绂，钱塘万弩射潮头。

五胡纷扰中华地，歌舞西湖近百秋。

又《钱王祠柱铭》：

力能分土，提乡兵杀宏诛昌，一十四州，鸡犬桑麻，撑住东南半壁；

志在顺天，求真主迎周归宋，九十八年㉗，象犀筐篚，混同吴越一家。

① 唐僖宗：唐朝皇帝李儇，874—888 年在位。 ② 王仙芝（？—878）：濮洲（今河南范县）人，874 年起义，为唐末农民义军领袖。 ③ 黄巢（？—884）：冤句（今山东菏泽）人，唐末农民义军领袖，自称齐帝，后兵败死。 ④ 董昌：临安（今属浙江）人，因功拜相，后叛唐称王，被钱镠消灭。 ⑤ 开平：后梁太祖朱温年号（907—911）。 ⑥ 孙仲谋：孙权，字仲谋，三国时吴国国君，表面接受汉封号，实则割据江东。 ⑦ 熙宁：宋神宗年号（1068—1077）。 ⑧ 胡宗宪（？—1565）：字汝贞，明代安徽绩溪人，曾为浙江巡抚、兵部右侍郎总督军务。 ⑨ 三世五王：吴越传国三代，先后有五个国君，即钱镠、钱元瓘、钱弘佐、钱弘倧、钱弘俶。 ⑩ 抃：即赵抃。 ⑪ 都：晚唐以后军队编制单位。八都兵约八千兵力。 刘汉宏：唐越州观察使，与钱镠等交战，兵败被杀。 ⑫ 忠献王仁佐：即钱弘佐，谥忠献。 ⑬ 李景：即南唐中主李璟，943—961 年在位，曾割地向后周称臣。 ⑭ 周世宗：即后周皇帝柴荣，邢州龙冈（今河北邢台西南）人。955—959 年在位。其间多有政绩，为北宋统一奠定了基础。 ⑮ 西蜀：指后蜀。 江南：即南唐。 ⑯ 河东刘氏：指刘崇建立的北汉政权。 ⑰ 告命：指北宋命令吴越归降的文告。 ⑱ 窦融（前 16—62）：字周公，扶风平陵（今陕西咸阳西北）人。新莽末期割据河西，后归汉光武帝。

⑲ 右扶风：汉郡名，在今陕西长安以西，与京兆、左冯翊为三辅。此当为官名。 ⑳ 度：官府为僧尼发给证明其身份的文牒。 ㉑“天目”四句：语见《西湖游览志余·帝王都会》。 ㉒“强弩”句：后梁开平四年(910)，钱镠筑海塘，为镇波涛，曾以强弩射潮。 ㉓“金券”二句：金券，又称铁券，朝廷颁发给功臣的授予其免死特权的证书。玉册，赐封王位的诏册。虎符，虎形铜符，为调动军队凭证。龙节，使者代表朝廷的节杖。钱镠曾先后获得以上诸物。 ㉔ 玉带球马：《新五代史·吴越世家》：“(梁)太祖尝问吴越进奏吏曰：‘钱镠平生有所好乎？’吏曰：‘好玉带、名马。’太祖笑曰：‘真英雄也。’乃以玉带一匣、打毬御马十匹赐之。” ㉕ 厥篚：《书·禹贡》：“厥篚织文。”篚，圆形竹器。 ㉖ 大贝：贝类。 南金：南方出产的铜。二者常用作贡品。 ㉗ 九十八年：大约指吴越享国年限，但数字不确。

# 净 慈 寺

净慈寺，周显德元年钱王俶建[①]，号慧日永明院，迎衢州道潜禅师居之[②]。潜尝欲向王求金铸十八阿罗汉[③]，未白也。王忽夜梦十八巨人随行。翌日，道潜以请，王异而许之，始作罗汉堂。宋建隆初[④]，禅师延寿以佛祖大意，经纶正宗，撰《宗镜录》一百卷，遂作宗镜堂。熙宁中，郡守陈襄延僧宗本居之[⑤]。岁旱，湖水尽涸。寺西隅甘泉出，有金色鳗鱼游焉，因凿井，寺僧千余人饮之不竭，名曰圆照井。南渡时，毁而复建，僧道容鸠工五岁始成。塑五百阿罗汉，以田字殿贮之。绍兴九年，改赐净慈报恩光化寺额。复毁。孝宗时[⑥]，一僧募缘修殿，日餍酒肉而返，寺僧问其所募钱几何，曰：“尽饱腹中矣。”募化三年,簿上布施金钱,一一开载明白。一日,大喊街头曰:“吾造殿矣。”复置酒肴,大醉市中,握喉大呕,撒地皆成黄金,众缘自是毕集,而寺遂落成。僧名济颠。识者曰:“是即永明后身也。”嘉泰间[7],复毁,再建于嘉定三年。寺故闳大,甲于湖山。翰林程珌记之[8],有“湿红映地,飞翠侵霄,檐转鸾翎,阶排雁齿。星垂珠网,宝殿洞乎琉璃;日耀璇题,金椽耸乎玳瑁”之语。时宰官建议,以京辅佛寺推次甲乙,尊表五山[9],为诸刹纲领,而净慈与焉。先是,寺僧艰汲,担水湖滨。绍定四年[10],僧法薰以锡杖扣殿前地,出泉二派,甃为双井,水得无缺。淳祐十年,建千佛阁,理宗书“华严法界正偏知阁”八字赐之。元季,湖寺尽毁,而兹寺独存。明洪武间毁,僧法净重建。正统间复毁,僧宗妙复建。万历二十年,司礼监孙隆重修,铸铁鼎,葺钟楼,构井亭,架棹楔[11]。永乐间,建文帝隐遁于此[12],寺中有其遗像,状貌魁伟,迥异常人。

袁宏道《莲花洞小记》:

莲花洞之前为居然亭。亭轩豁可望,每一登览,则湖光献碧,须眉形影,如落镜中。六桥杨柳,一路牵风引浪,萧疏可爱。晴雨烟月,风景互异,净慈之绝胜处也。洞石玲珑若生,巧逾雕镂。余常谓吴山南屏一派皆石骨土肤,中空四达,愈搜愈出。近若宋氏园亭,皆搜得者。又紫阳宫石,为孙内使搜出者甚多。噫,安得五丁神将,挽钱塘江水,将尘泥洗尽,出其奇奥,当何如哉!

王思任《净慈寺》诗:

净寺何年出,西湖长翠微。
佛雄香较细,云饱绿交肥。

岩竹支僧阁，泉花蹴客衣。
酒家莲叶上[13]，鸥鹭往来飞。

① 显德：周世宗柴荣年号(954—960)。　② 道潜：后周僧人，本居衢州(今属浙江)，后奉诏署慈化定惠禅师。　③ 阿罗汉：又称罗汉，释迦牟尼弟子，原本十六人，后增至十八、一百八，乃至五百。④ 建隆：宋太祖年号(960—963)。　⑤ 陈襄(1017—1080)：字述古，曾为杭州知府。　⑥ 孝宗：南宋皇帝赵昚，1163—1189年在位。⑦ 嘉泰：宋宁宗年号(1201—1204)。　⑧ 程珌：(1164—1242)：字怀古，南宋徽州休宁(今属安徽)人，官至礼部尚书。　⑨"以京辅"二句：田汝成《西湖游览志余·方外玄踪》："嘉定间，品第江南诸寺，以余杭径山寺，钱塘灵隐寺、净慈寺，宁波天童寺、育王寺，为禅院五山。"⑩ 绍定：宋理宗年号(1228—1233)。　⑪ 棹楔：即绰楔，立于正门两旁、用于表彰或纪念的木柱。　⑫ 建文帝：即朱允炆，明太祖长孙，1399—1402年在位。明太祖第四子燕王朱棣率军攻入南京，建文帝下落不明，民间传说其隐于寺中。　⑬"酒家"句：明初净慈僧广衍于湖滨建藕花居，夏日荷花满湖，至明末废为酒肆。见《西湖游览志·南山胜迹》。

## 小　蓬　莱

小蓬莱在雷峰塔右，宋内侍甘升园也[1]。奇峰如云，古木蓊蔚，理宗常临幸。有御爱松，盖数百年物也。自古称为小蓬莱。石上有宋刻"青云岩"、"鳌峰"等字。今为黄贞父先生读书之地[2]，改名"寓林"，题其石为"奔云"。余谓"奔云"得其情，未得其理。石如滇茶一朵，风雨落之，半入泥土，花瓣棱棱，三四层摺。人走其中，如蝶入花心，无须不缀。色黝黑如英石，而苔藓之古，如商彝周鼎入土千年，青绿彻骨也。贞父先生为文章宗匠，门人数百人。一时知名士，无不出其门下者。余幼时从大父访先生。先生面黧黑，多髭须，毛颊，河目海口，眉棱鼻梁，张口多笑。交际酬酢，八面应之。耳聆客言，目睹来牍，手书回札，口嘱傒奴，杂沓于前，未尝少错。客至，无贵贱，便肉、便饭食之，夜即与同榻。余一书记往，颇秽恶，先生寝食之无异也。天启丙寅[3]，余至寓林，亭榭倾圮，堂中窀先生遗蜕，不胜人琴之感[4]。今当丁酉[5]，再至其地，墙围俱倒，竟成瓦砾之场。余欲筑室于此，以为东坡先生专祠，往鬻其地，而主人不肯。但林木俱无，苔藓尽剥。"奔云"一石，亦残缺失次，十去其五。数年之后，必鞠为茂草，荡为冷烟矣。菊水桃源[6]，付之一想。

张岱《小蓬莱奔云石》诗：

滇茶初着花，忽为风雨落。
簇簇起波棱，层层界轮廓。
如蝶缀花心，步步堪咀嚼。
薜萝杂松楸，阴翳罩轻幕。
色同黑漆古，苔斑解竹箨。
土绣鼎彝文，翡翠兼丹雘。
雕琢真鬼工，仍然归浑朴。
须得十年许，解衣恣盘礴。
况遇主人贤，胸中有丘壑。
此石是寒山，吾语尔能诺。

① 甘升：宋孝宗时太监，任内侍省押班。 ② 黄贞父：即黄汝亨，见《陶庵梦忆》卷一《奔云石》注。 ③ 天启丙寅：天启六年(1626)。 ④ "不胜"句：伤叹人琴俱亡，恸悼死者。典出《世说新语·伤逝》。 ⑤ 丁酉：指清顺治十四年(1657)。 ⑥ 菊水桃源：谓胜景仙境。菊水，《水经注·湍水》云，菊水为湍水支流，其"源傍悉生菊草，潭涧滋液，极成甘美。"桃源，指陶潜《桃花源记》中的理想境界。

## 雷峰塔

雷峰者，南屏山之支麓也[①]。穹窿回映，旧名中峰，亦名回峰。宋有雷就者居之，故名雷峰。吴越王于此建塔，始以十三级为准，拟高千尺。后财力不敷，止建七级。古称王妃塔。元末失火，仅存塔心。雷峰夕照，遂为西湖十景之一。曾见李长蘅题画有云[②]："吾友闻子将尝言[③]：'湖上两浮屠，保俶如美人，雷峰如老衲。'予极赏之。辛亥在小筑[④]，与沈方回池上看荷花，辄作一诗，中有句云：'雷峰倚天如醉翁'。严印持见之[⑤]，跃然曰：'子将老衲不如子醉翁，尤得其情态也。'盖余在湖上山楼，朝夕与雷峰相对，而暮山紫气，此翁颓然其间[⑥]，尤为醉心。然予诗落句云：'此翁情淡如烟水。'则未尝不以子将老衲之言为宗耳。癸丑十月醉后题[⑦]。"

林逋《雷峰》诗：

中峰一径分，盘折上幽云。

夕照前林见，秋涛隔岸闻。
长松标古翠，疏竹动微薰。
自爱苏门啸[⑧]，怀贤事不群[⑨]。

张岱《雷峰塔》诗：

闻子状雷峰，老僧挂偏裻。
日日看西湖，一生看不足。

时有薰风至，西湖是酒床。
醉翁潦倒立，一口吸西江。

惨淡一雷峰，如何擅夕照。
遍体是烟霞，掀髯复长啸。

怪石集南屏，寓林为其窟。
岂是米襄阳，端严具袍笏[⑩]。

① 南屏山：见卷一《西湖总记·明圣二湖》注。　② 李长蘅：即李流芳，见卷一《西湖北路·西泠桥》注。　③ 闻子将：闻起祥，字子将，明代杭州人，入复社。　④ 辛亥：指万历三十九年(1611)。　⑤ 严印持：严调御，字印持，明代杭州人，通经术、书法。　⑥"此翁"句：描述雷峰塔，语出欧阳修《醉翁亭记》。　⑦ 癸丑：指万历四十一年(1613)。　⑧ 苏门啸：苏门，山名。《世说新语·栖逸》载：阮籍曾在苏门长啸，声闻数百步。　⑨"怀贤"句：曹植《薤露行》："怀此王佐才，慷慨独不群。"　⑩"岂是"二句：米襄阳，即北宋画家米芾，平生嗜石，曾具袍笏拜奇石，呼为石丈。

# 包衙庄[①]

西湖之船有楼，实包副使涵所创为之。大小三号：头号置歌筵，储歌童；次载书画；再次侑美人。涵老以声伎非侍妾比，仿石季伦、宋子京家法，都令见客。常靓妆走马，媻姗勃窣，穿柳过之，以为笑乐。明槛绮疏，曼讴其下，擫籥弹筝，声如莺试。客至，则歌童演剧，队舞鼓吹，无不绝伦。乘兴一出，住必浃旬，观者相逐，问其所止。南园在雷峰塔下，北园在飞来峰下。两地皆石薮，积牒磊砢，无非奇峭。但亦借作溪涧桥梁，不于山上叠山，大有文理。大厅以拱斗抬梁，偷其中间四柱，队舞狮子甚畅。北园作八卦房，园亭如规，分作八格，形如扇面。当其狭处，横亘一床，帐前后开合，下里帐则床向外，下外帐则床向内。涵老据其中，扃上开明窗，焚香倚枕，则八床面面皆出。穷奢极欲，老于西湖者二十年。金谷、郿坞，着一毫寒俭不得，索性繁华到底，亦杭州人所谓"左右是左右"也。西湖大家何所不有，西子有时亦贮金屋。咄咄书空，则穷措大耳。

陈函辉《南屏包庄》诗[②]：

独创楼船水上行，一天夜气识金银[③]。
歌喉裂石惊鱼鸟，灯火分光入藻蘋。
潇洒西园出声妓[④]，豪华金谷集文人[⑤]。
自来寂寞皆唐突，虽是逋仙亦恨贫。

① 此文即《陶庵梦忆》卷三《包涵所》,已注。 ② 陈函辉：字木叔,明末浙江临海人。后归鲁王。 ③ “一天”句：语出杜甫《题张氏隐居二首》诗：“不贪夜识金银气。”此处谓包涵所之富奢。 ④ 西园：指曹操在邺都所建之园墅。为君臣宴游之所。 ⑤ “豪华”句：晋石崇曾邀集众多文人墨客在金谷园中诗酒作乐。

## 南高峰

南高峰在南北诸山之界,羊肠佶屈,松篁葱蒨,非芒鞋布袜,努策支筇,不可陟也。塔居峰顶,晋天福间建,崇宁、乾道两度重修[①]。元季毁。旧七级,今存三级。塔中四望,则东瞰平芜,烟销日出,尽湖中之景。南俯大江,波涛洄洑,舟楫隐见杳霭间。西接岩窦,怪石翔舞,洞穴邃密。其侧有瑞应像,巧若鬼工。北瞩陵阜,陂陀曼延,箭栝丛出,麰麦连云。山椒巨石屹如峨冠者,名先照坛,相传道者镇魔处。峰顶有钵盂潭、颍川泉,大旱不涸,大雨不盈。潭侧有白龙洞。

道隐《南高峰》诗：

南北高峰两郁葱,朝朝滃渤海烟封。
极颠螺髻飞云栈,半岭峨冠怪石供。
三级浮屠巢老鹘,一泓清水豢痴龙。
倘思济胜烦携具,布袜芒鞋策短筇。

① 崇宁：宋徽宗年号(1102—1106)。

# 烟霞石屋

由太子湾南折而上为石屋岭[①]。过岭为大仁禅寺[②]，寺左为烟霞石屋。屋高厂虚明，行迤二丈六尺，状如轩榭，可布几筵。洞上周镌罗汉五百十六身。其底邃窄通幽，阴翳杳霭。侧有蝙蝠洞，蝙蝠大者如鸦，挂搭连牵，互衔其尾。粪作奇臭，古庙高梁，多受其累。会稽禹庙亦然[③]。由山椒右旋为新庵，王子安亹、陈章侯洪绶尝读书其中[④]。余往访之，见石如飞来峰，初经洗出，洁不去肤，隽不伤骨，一洗杨髡凿佛之惨。峭壁奇峰，忽露生面，为之大快。建炎间，里人避兵其内，数千人皆获免。岭下有水乐洞，嘉泰间为杨郡王别圃[⑤]。垒石筑亭，结构精雅。年久芜秽不治，水乐绝响。贾秋壑以厚直得之，命寺僧深求水乐所以兴废者，不得其说。一日，秋壑往游，俯睨旁听，悠然有会，曰："谷虚而后能应，水激而后能响，今水潴其中，土壅其外，欲其发响，得乎？"亟命疏壅导潴，有声从洞涧出，节奏自然。二百年胜概，一日始复。乃筑亭，以所得东坡真迹，刻置其上。

苏轼《水乐洞小记》：

钱塘东南有水乐洞，泉流岩中，皆自然宫商。又自灵隐、下天竺而上，至上天竺，溪行两山间，巨石磊磊如牛羊，其声空砻然，真若钟鼓，乃知庄生所谓天籁[⑥]，盖无在不有也。

袁宏道《烟霞洞小记》：

烟霞洞，亦古亦幽，凉沁入骨，乳汁涔涔下。石屋虚明开朗，如一片云，欹侧而立，又如轩榭，可布几筵。余凡两过石屋，为佣奴所据，嘈杂若市，俱不得意而归。

张京元《石屋小记》：

石屋寺，寺卑下无可观。岩下石龛，方广十笏，遂以屋称。屋内，好事者置一石榻，可坐。四旁刻石像如傀儡，殊不雅驯。想以幽僻得名耳。出石屋西，上下山坡夹道皆丛桂，秋时着花，香闻数十里，堪称金粟世界。

又《烟霞寺小记》：

烟霞寺在山上，亦荒落，系中贵孙隆易创，颇新整。殿后开宕取土，石骨尽出，巉峭可观。由殿右稍上两三盘，经象鼻峰东折数十武，为烟霞洞。洞外小亭踞之，望钱塘如带。

李流芳《题烟霞春洞画》：

从烟霞寺山门下眺，林壑窈窕，非复人境。李花时尤奇，真琼林瑶岛也。犹记与闲孟、无际，自法相寺至烟霞洞，小憩亭子，渴甚，无从得酒。见两伧父携榼至，闲孟口流涎，遽从乞饮，伧父不顾。予辈大怪。偶见梁间恶诗书一板上，乃抉而掷之。伧父跄踉而走。念此辄喷饭不已也。

① 太子湾：地名，在西湖南，九曜山西，为南宋庄文、景献二太子攒园(停放棺木处)，故名。　石屋岭：以石屋洞得名，岭上有苏轼题字。② 大仁禅寺：即大仁寺，吴越王建，明成化间重建，有丘濬为记。③ 禹庙：在今浙江绍兴东南禹陵旁。　④ 王子安亹：王亹字子安，绍兴人，晚明名士。　陈章侯洪绶：陈洪绶，明末清初画家。　⑤ 杨

郡王：指杨存中，字正甫，代州崞县（今属山西）人。南宋初年将领，因功封同安郡王。　⑥ 庄生所谓天籁：见《庄子·齐物论》。

## 高丽寺

高丽寺本名慧因寺，后唐天成二年①，吴越钱武肃王建也。宋元丰八年②，高丽国王子僧统义天入贡，因请净源法师学贤首教③。元祐二年，以金书汉译《华严经》三百部入寺，施金建华严大阁藏塔以尊崇之。元祐四年，统义天以祭奠净源为名，兼进金塔二座。杭州刺史苏轼疏言："外夷不可使屡入中国，以疏边防，金塔宜却弗受。"神宗从之。元延祐四年④，高丽沈王奉诏进香幡经于此。至正末毁，洪武初重葺。俗称高丽寺。础石精工，藏轮宏丽⑤，两山所无。万历间，僧如通重修。余少时从先宜人至寺烧香⑥，出钱三百，命舆人推转轮藏，轮转呀呀，如鼓吹初作。后旋转熟滑，藏轮如飞，推者莫及。

① 后唐：五代沙陀人李存勖建立的政权（923—936）。天成二年：公元927年。　② 元丰：宋神宗年号（1078—1085）。　③ 贤首教：即华严宗，佛教派别名，出现于南朝陈、隋之际。法藏贤首法师为其三祖，并著《华严经略疏》，确立教旨，故名。　④ 延祐：元仁宗年号（1314—1320）。　⑤ 藏轮：寺中贮经的柱状物，八面，能旋转。相传若推动此轮，与持诵诸经无异。　⑥ 先宜人：指作者已故母亲。明代五品命妇封赠宜人。

# 法相寺

法相寺俗称长耳相[1]。后唐时,有僧法真,有异相,耳长九寸,上过于顶,下可结颐,号长耳和尚。天成二年,自天台国清寒岩来游,钱武肃王待以宾礼,居法相院。至宋乾祐四年正月六日[2],无疾,坐方丈,集徒众,沐浴,趺跏而逝[3]。弟子辈漆其真身,供佛龛,谓是定光佛后身。妇女祈求子嗣者,悬幡设供无虚日。以此法相名著一时。寺后有锡杖泉,水盆活石。僧厨香洁,斋供精良。寺前茭白笋,其嫩如玉,其香如兰,入口甘芳,天下无比。然须在新秋八月,余时不能也。

袁宏道《法相寺拜长耳和尚肉身戏题》:

轮相居然足[4],漆光与鉴新。
神魂知也未,爪齿幻耶真。
古董休疑客,庄严不待人。
饶他金与石,到此亦成尘。

徐渭《法相寺看活石》:

莲花不在水,分叶簇青山。
径折虽能入,峰迷不待还。
取蒲量石长,问竹到溪湾。
莫怪掩斜日,明朝恐未闲。

张京元《法相寺小记》:

法相寺不甚丽,而香火骈集。定光禅师长耳遗蜕,妇人谒之，以为宜男，争摩顶腹，漆光可鉴。寺右数十武，度小桥，折而上，为锡杖泉。涓涓细流，虽大旱不竭。经流处，僧置一砂缸，挹注供爨。久之，水土锈结，蒲生其上，厚几数寸，竟不见缸质，因名蒲缸。倘可铲置研池炉足，古董家不秦汉不道矣。

李流芳《题法相山亭画》：

去年在法相，有送友人诗云："十年法相松间寺，此日淹留却共君。忽忽送君无长物，半间亭子一溪云。"时与方回、孟旸避暑竹阁，连夜风雨，泉声轰轰不绝。又有题扇头小景一诗："夜半溪阁响，不知风雨歇。起视杳霭间，悠然见微月。"一时会心，不知作何语。今日展此，亦自可思也。壬子十月大佛寺倚醉楼灯下题[5]。

① 长耳相：应为"长耳寺"。 ② 乾祐：疑为乾德之误，因宋无乾祐年号。宋太祖乾德四年，即966年。 ③ 趺跏：修禅者双足交叠而坐。 ④ 轮相：指佛足掌纹如千辐轮。 ⑤ 壬子：即万历四十年(1612)。

## 于　坟

于坟。于少保公以再造功[1]，受冤身死，被刑之日，阴霾翳天，行路踊叹。夫人流山海关，梦公曰："吾形殊而魂不乱，独目无光明，借汝眼光见形于皇帝。"翌日，夫人丧其明。会奉天门灾[2]，英庙临视[3]，公形见火光中。上悯然念其忠，乃诏贷夫人归。又梦公还眼光,目复明也。公遗骸,都督陈逵密嘱瘗藏。继子冕请葬钱塘祖茔,得旨奉葬于此。成化二年,廷议始白。上遣行人马璇谕祭[4]。其词略曰:“当国家之多难,保社稷以无虞;惟公道以自持,为权奸之所害。先帝已知其枉,而朕心实怜其忠。”弘治七年赐谥曰“肃愍”,建祠曰“旌功”。万历十八年,改谥“忠肃”。四十二年,御使杨鹤为公增廓祠宇,庙貌巍焕,属云间陈继儒作碑记之[5]。碑曰:“大抵忠臣为国,不惜死,亦不惜名。不惜死,然后有豪杰之敢;不惜名,然后有圣贤之闷。黄河之排山倒海,是其敢也;即能伏流地中万三千里,又能千里一曲,是其闷也。昔者土木之变,裕陵北狩,公痛哭抗疏,止南迁之议,召勤王之师。卤拥帝至大同[6],至宣府[7],至京城下,皆登城谢曰:‘赖天地宗社之灵,国有君矣。’此一见《左传》[8]:楚人伏兵车,执宋公以伐宋。公子目夷令宋人应之曰:赖社稷之灵,国已有君矣。楚人知虽执宋公,犹不得宋国,于是释宋公。又一见《廉颇传》[9]:秦王逼赵王会渑池[10]。廉颇送至境曰:‘王行,度道里会遇礼毕还,不过三十日,不还,则请立太子为王,以绝秦望。’又再见《王旦传》[11]:契丹犯边,帝幸澶州[12]。旦曰:‘十日之内,未有捷报,当何如?’帝默然良久,曰:‘立皇太子。’三者,公读书得力处也。由前言之,公为宋之目夷;由后言之,公不为廉颇、旦,何也?呜呼!茂陵之立而复废[13],废而后当立,谁不知之?公之识,岂出王直、李侃、朱英下[14]?又岂出钟同、章纶下[15]?盖公相时度势,有不当言者,有不必言者。当裕陵在卤,茂陵在储,拒父则卫辄[16],迎父则高宗[17],战不可,和不可,无一而可。为制卤地,此不当言也。裕陵既返,见济薨[18],郕王病,天人攸归,非裕陵而谁?又非茂陵而谁?明率百官,朝请复辟,直以遵晦待时耳,此不必言也。

若徐有贞、曹、石夺门之举[19]，乃变局，非正局；乃劫局，非迟局；乃纵横家局，非社稷大臣局也。或曰：盍去诸？呜呼！公何可去也。公在则裕陵安，而茂陵亦安。若公诤之，而公去之，则南宫之锢[20]，不将烛影斧声乎[21]？东宫之废后[22]，不将宋之德昭乎[23]？公虽欲调郕王之兄弟，而实密护吾君之父子，乃知回銮，公功；其他日得以复辟，公功也；复储亦公功也。人能见所见，而不能见所不见。能见者，豪杰之敢；不能见者，圣贤之闷。敢于任死，而闷于暴君，公真古大臣之用心也哉！"公祠既盛，而四方之祈梦至者接踵，而答如响。

王思任《吊于忠肃祠》诗：

涕割西湖水，于坟望岳坟。
孤烟埋碧血，太白黯妖氛。
社稷留还我，头颅掷与君。
南城得意骨，何处暮杨闻[24]。

一派笙歌地，千秋寒食朝。
白云心浩浩，黄叶泪萧萧。
天柱擎鸿社[25]，人生付鹿蕉[26]。
北邙今古讳[27]，几突丽山椒。

张溥《吊于忠肃》诗[28]：

栝柏风严辞月明，至今两袖识书生[29]。
青山魂魄分夷夏，白日须眉见太平。
一死钱塘潮尚怒，孤坟岳渚水同清。
莫言软美人如土[30]，夜夜天河望帝京。

张岱《于少保祠》诗：

平生有力济危川，百二山河去复旋[31]。
宗泽死心援北狩[32]，李纲痛哭止南迁[33]。
渑池立子还无日，社稷呼君别有天。
复辟南宫岂是夺，借公一死取貂蝉[34]。

社稷存亡股掌中，反因罪案见精忠。
以君孤注忧王旦[35]，分我杯羹归太公[36]。
但使庐陵存外邸[37]，自知冕服返桐宫[38]。
属镂赐死非君意[39]，曾道于谦实有功。

杨鹤《于坟华表柱铭》[40]：

赤手挽银河，君自大名垂宇宙[41]；
青山埋白骨，我来何处哭英雄。

又《正祠柱铭》：

千古痛钱塘，并楚国孤臣，白马江边，怒卷千堆夜雪[42]；

两朝冤少保[43]，同岳家父子，夕阳亭里，伤心两地风波。

董其昌《于少保祠柱铭》：

赖社稷之灵，国已有君，自分一腔抛热血；
竭股肱之力，继之以死，独留青白在人间[44]。

张岱《于少保柱铭》：

宋室无谋，岁输卤数万币[45]，和议既成，安得两宫归朔漠[46]；

汉家斗智，幸分我一杯羹，挟求非计，不劳三寸返新丰[47]。

张岱《定香桥小记》[48]：

甲戌十月,携楚生住不系园看红叶。至定香桥,客不期而至者八人:南京曾波臣,东阳赵纯卿,金坛彭天锡,诸暨陈章侯,杭州杨与民、陆九、罗三,女伶陈素芝。余留饮。章侯携缣素为纯卿画古佛,波臣为纯卿写照,杨与民弹三弦子,罗三唱曲,陆九吹箫。与民复出寸许紫檀界尺,据小梧,用北调说《金瓶梅》一剧,使人绝倒。是夜,彭天锡与罗三、与民串本腔戏,妙绝;与楚生、素芝串调腔戏,又复妙绝。章侯唱村落小歌,余取琴和之,牙牙如语。纯卿笑曰:"恨弟无一长,以侑兄辈酒。"余曰:"唐裴将军旻居丧,请吴道子画天宫壁度亡母。道子曰:'将军为我舞剑一回,庶因猛厉以通幽冥。'旻脱缞衣,缠结,上马驰骤,挥剑入云,高十数丈,若电光下射,执鞘承之,剑透室而入,观者惊栗。道子奋袂如风,画壁立就。章侯为纯卿画佛,而纯卿舞剑,正今日事也。"纯卿跳身起,取其竹节鞭,重三十斤,作胡旋舞数缠,大噱而罢。

① 于少保公:于谦(1398—1457),字延益,钱塘人。明英宗时任兵部右侍郎。正统十四年(1449),英宗在太监王振挟持下仓促亲征,在土木堡(今河北怀来东)被瓦剌首领也先所俘,史称土木之变。谦等拥郕王即帝位,是为景帝。谦任兵部尚书,力驳南迁之议,坚守京师,击退也先。英宗回归后复辟,谦受诬被杀。 ② 奉天门:皇城城门。 ③ 英庙:即英宗,下文"裕陵"同。 ④ 行人:朝廷中掌传旨、册封的官职。 ⑤ 陈继儒:即陈眉公,见卷一《西湖北路·六贤祠》注。 ⑥ 大同:在今山西。 ⑦ 宣府:今河北宣化。 ⑧《左传》:应为《公羊传·僖公二十一年》,此系误记。 ⑨《廉颇传》:指《史记·廉颇蔺相如列传》。廉颇,战国时赵国大将。 ⑩ 渑池:在今河南。 ⑪《王旦传》:指《宋史·王旦传》。王旦,字子明,时以工部侍郎参知政事,留守东

京。 ⑫ 澶州：在今河南濮阳西南。北宋景德五年(1004)，契丹入侵，宰相寇准力促真宗亲征至澶州，后与契丹立盟，史称“澶渊之盟”。⑬ 茂陵：指明宪宗朱见深，英宗长子，曾因英宗被俘而废皇太子位。⑭ 王直：吏部尚书。 李侃：都给事中。 朱英：监察御史。以上为当时不赞成废皇太子的朝臣。 ⑮ 钟同：监察御史。 章纶：仪制郎中。以上为主张复立英宗长子为皇太子的朝臣。 ⑯ 卫辄：《史记·卫康叔世家》载，卫太子荆聩因罪奔宋，卫人立荆聩子辄为君，是为出公。荆聩欲入国，“卫人闻之，发兵击荆聩”，乃不得入。 ⑰ 高宗：指宋高宗赵构，其偏安江南，并不真想迎回徽、钦二帝。 ⑱ 见济：景帝子朱见济，景帝时一度被立为皇太子。 ⑲ 徐有贞、曹、石夺门之举：徐有贞，副都御史；曹吉祥，太监；石亨，武清侯。三人拥英宗复辟，废景帝，史称夺门之变。 ⑳ 南宫：英宗返京后暂住处。㉑ 烛影斧声：指帝位更替时的疑案，出自宋太祖赵匡胤召其弟赵光义入内、于烛光下对饮，次晨太祖暴亡、光义继位的传说。明英宗与明景帝为兄弟，故有此说。 ㉒“东宫”句：指景帝立，废原来的皇太子朱见深。 ㉓ 宋之德昭：德昭，宋太祖子。太宗出征，有谋立德昭者，太宗斥之，德昭自刎。 ㉔“南城”二句：指英宗回归后阴谋复辟的行为。当时有人曾向景帝指出：“城南多树，事叵测。”南城，即城南，英宗所居的南宫一带。 ㉕ 天柱：于谦墓所在的杭州三台山。 社，指于谦祠。 ㉖ 鹿蕉：指梦。典出《列子·周穆王》。 ㉗ 北邙：洛阳北郊的公卿墓地。 ㉘ 张溥(1602—1641)：字天如，江苏太仓人，明末文学家，复社领袖。 ㉙“至今”句：于谦诗：“清风两袖朝天去。”㉚ 软美：《新唐书·李泌传》：“严太苦劲，然萧软美可喜。” ㉛ 百二山河：极言地形险峻。百二，意为二万人可抵百万之众。语出《史记·高祖本纪》。 ㉜ 宗泽(1059—1128)：字汝霖，婺州义乌(今属浙江)人，宋将，力主抗金迎还二帝。 ㉝ 李纲(1083—1140)：字伯纪，邵武(今属福建)人，北宋末宰相，谏阻钦宗南迁。 ㉞ 貂蝉：汉代高官的一种冠饰，借指权势。 ㉟“以君”句：澶渊之盟前，寇准力主真宗出征，大臣王钦若认为这是将皇帝作赌注，孤注一掷，见《宋史·寇准传》。忧王旦，见本篇正文。 ㊱“分我”句：借用楚汉战争中项羽声称欲烹刘邦父亲、刘邦答以“必欲烹而翁，则幸分我一杯羹”，项羽无奈，只好将其父放回的故事，说明于谦不惧也先以人质要挟，迫使其放回英宗。㊲“庐陵”句：李显系唐高宗与武则天子，高宗死后继位。武则天称制，显被废为庐陵王。神龙元年(705)，武则天被迫让位，显再次登基。㊳桐宫：在今河北临漳，为商汤墓地。商王太甲暴虐，被伊尹放于桐宫。三年后，太甲悔悟，伊尹将其迎回。以上均说明英宗应该等待时机返宫，而不应以武力夺门。 ㊴属镂：古剑名。春秋时，大夫伍子胥被吴王赐以属镂自尽。下文“楚国孤臣”，亦指伍子胥。 非君意：据说英宗说过“于谦曾有功”的话，并不想杀他。在左右的撺掇下，乃杀之。㊵杨鹤：湖广武陵(今属湖南)人，万历进士。 ㊶“君自”句：杜甫《咏怀古迹》诗：“诸葛大名垂宇宙。” ㊷“白马”二句：用伍子胥乘素车白马怒卷钱塘潮事。 ㊸“两朝”句：宋代岳飞、明代于谦均封太子少保而被谗害。 ㊹“独留”句：于谦《石灰吟》：“粉身碎骨全不惜，要留清白在人间。” ㊺“岁输”句：指绍兴十一年(1141)宋金和议，规定宋向金称臣，岁纳银绢二十五万匹。 ㊻“安得”句：宋金和议成，金国仅归还徽宗灵柩，因此徽、钦二宫实际上均未生还。㊼新丰：在今陕西临潼附近，刘邦安置其父太公居此。 ㊽《定香桥小记》：即《陶庵梦忆》卷四《不系园》，已注。

# 风 篁 岭

风篁岭，多苍筤筿簜①，风韵凄清。至此，林壑深沉，迥出尘表。流淙活活，自龙井而下，四时不绝。岭故丛薄荒密。元丰中，僧辨才淬治洁楚，名曰“风篁岭”。苏子瞻访辨才于龙井，送至岭上，左右惊曰：“远公过虎溪矣[②]。”辨才笑曰：“杜子有云：‘与子成二老，来往亦风流[③]。’”遂造亭岭上，名曰“过溪”，亦曰“二老”。子瞻记之，诗云：“日月转双毂，古今同一丘[④]。惟此鹤骨老，凛然不知秋。去住两无碍，人土争挽留。去如龙出水，雷雨卷潭秋。来如珠还浦[⑤]，鱼鳖争骈头。此生暂寄寓，常恐名实浮。我比陶令愧[⑥]，师为远公优。送我过虎溪，溪水当逆流。聊使此山人，永记二老游。”

李流芳《风篁岭》诗：

林壑深沉处，全凭筿簜迷。
片云藏屋里，二老到云栖。
学士留龙井，远公过虎溪。
烹来石岩白，翠色映玻璃。

① 苍筤：青色。　筿簜：小竹和大竹。《书·禹贡》：“筿簜既敷。”
② “远公”句：远公，指慧远（334—416），雁门楼烦（在今山西）人。东晋高僧。于庐山结白莲社，被推为净土宗始祖。虎溪，位于庐山东林寺前，慧远送客不过虎溪，否则必有虎吼。此处指辨才送苏轼出风篁岭。
③ “与子”二句：见杜甫《寄赞上人》诗。二老，语出《孟子·离娄上》：“二老者，天下之大老也。”杜甫用以指自己与赞上人。　④ “古今”句：《汉书·杨恽传》：“古与今如一丘之貉。”　⑤ “来如”句：据《后汉书·循吏传》载，汉合浦郡多产珠宝，原先郡守大肆搜刮，遂使珠宝移向别处。后孟尝为合浦太守，革除旧弊，珠宝复还。这里指辨才一度移居南屏，后仍归龙井。　⑥ 陶令：指东晋陶潜，曾任彭泽令。一日，慧远送陶潜等不觉过溪，虎大吼，主客笑别。

## 龙　井

南山上下有两龙井。上为老龙井，一泓寒碧，清冽异常，弃之丛薄间，无有过而问之者。其地产茶，遂为两山绝品。再上为天门，可通三竺。南为九溪，路通徐村，水出江干。其西为十八涧，路通月轮山，水出六和塔。下龙井本名延恩衍庆寺。唐乾祐二年[①]，居民募缘改造为报国看经院。宋熙宁中，改寿圣院，东坡书额。绍兴三十一年，改广福院。淳祐六年，改龙井寺。元丰二年，辨才师自天竺归老于此，不复出，与苏子瞻、赵阅道友善。后人建三贤阁祀之，岁久寺圮。万历二十三年，司礼孙公重修，构亭轩，筑桥，锹浴龙池，创霖雨阁，焕然一新，游人骈集。

① 乾祐：当为乾封，唐高宗年号(666—668)。

## 一　片　云

神运石在龙井寺中，高六尺许，奇怪突兀，特立檐下。有木香一架，穿绕窍窦，蟠若龙蛇。正统十三年，中贵李德驻龙井。天旱，令力士淘之。初得铁牌二十四、玉佛一座、金银一锭，凿大宋元丰年号。后得此石，以八十人舁起之。上有“神运"二字，旁多款识，漶漫不可读，不知何代所镌，大约皆投龙以祈雨者也。风篁岭上有一片云石，高可丈许，青润玲珑，巧若镂刻。松磴盘屈，草莽间有石洞，堆砌工致巉岩。石后有片云亭，司礼孙公所构，设石棋枰于前，上镌"兴来临水敲残月，谈罢吟风倚片云"之句。游人倚徙，不忍遽去。

秦观《龙井题名记》：

元丰二年，中秋后一日，余自吴兴来杭，东还会稽。龙井有辨才大师，以书邀余入山。比出郭，日已夕，航湖至普宁[1]，遇道人参寥[2]，问龙井所遣篮舆，则曰："以不时至，去矣。"是夕，天宇开霁，林间月明，可数毫发。遂弃舟，从参寥策杖并湖而行。出雷峰，度南屏，濯足于惠因涧，入灵石坞，得支径上风篁岭，憩于龙井亭，酌泉据石而饮之。自普宁凡经佛寺十五，皆寂不闻人声。道旁庐舍，灯火隐显，草木深郁，流水激激悲鸣，殆非人间之境。行二鼓，始至寿圣院[3]，谒辨才于朝音堂[4]，明日乃还。

张京元《龙井小记》：

过风篁岭，是为龙井，即苏端明、米海岳与辨才往来处也[5]。寺北向，门内外修竹琅琅。井在殿左，泉出石罅，甃小园池，下复为方池承之。池中各有巨鱼，而水无腥气。池淙淙下泻，绕寺门而出。小坐，与惜亭玩一片云石。山僧汲水供茗，泉味色俱清。僧容亦枯寂，视诸山迥异。

王稚登《龙井诗》：

深谷盘回入，灵泉觱沸流。
隔林先作雨，到寺不胜秋。
古殿龙王在，空林鹿女游[6]。

一尊斜日下，独为古人留。

袁宏道《龙井》诗：

都说今龙井，幽奇逾昔时。
路迂迷旧处，树古失名儿。
渴仰鸡苏佛[⑦]，乱参玉版师[⑧]。
破筒分谷水，芟草出秦碑。
数盘行井上，百计引泉飞。
画壁屯云族，红栏蚀水衣[⑨]。
路香茶叶长，畦小药苗肥。
宏也学苏子，辨才君是非。

张岱《龙井柱铭》：

夜壑泉归，渥洼能致千岩雨；
晓堂龙出，崖石皆为一片云。

① 普宁：寺名，又名白莲院，在雷峰之北，白莲洲上，内有铁塔一、石塔二。　② 道人：这里指僧人。　参寥：见卷一《西湖北路·智果寺》注。　③ 寿圣院：唐人凌霄建，名报国看经院，宋熙宁中改寿圣院。　④ 朝音堂：即潮音堂，为寿圣院讲堂。杨杰《潮音堂》诗："潮来音颇闻，潮平音亦歇。孰若此山堂，潮音未尝绝。""朝"当作"潮"。⑤ 苏端明：即苏轼，曾为端明殿学士。米海岳：即米芾，别号海岳外史。⑥ 鹿女：佛经有鹿生之女举步生莲花的故事。见《杂宝藏经》卷二。⑦ 鸡苏佛：茶之别称。见陶穀《清异录·荈茗》。　⑧ 玉版师：笋名。惠洪《冷斋夜话》卷七："器之觉笋味胜，问此笋何名，东坡曰：'即玉版也，此老师善说法，要能令人得禅悦之味。'"　⑨ 水衣：谓苍苔。

# 九溪十八涧

九溪在烟霞岭西，龙井山南。其水屈曲洄环，九折而出，故称九溪。其地径路崎岖，草木蔚秀，人烟旷绝，幽阒静悄，别有天地，自非人间①。溪下为十八涧，地故深邃，即缁流非遗世绝俗者，不能久居。按志，涧内有李岩寺、宋阳和王梅园、梅花径等迹②，今都湮没无存。而地复辽远，僻处江干，老于西湖者③，各名胜地寻讨无遗，问及九溪十八涧，皆茫然不能置对。

李流芳《十八涧》诗：

己酉始至十八涧④，与孟旸、无际同到徐村第一桥，饭于桥上。溪流淙然，山势回合，坐久不能去。予有诗云："溪九涧十八，到处流活活。我来三月中，春山雨初歇。奔雷与飞霰，耳目两奇绝。悠然向溪坐，况对山嵯嵲⑤。我欲参云栖，此中解脱法。善哉汪子言，闲心随水灭。"无际亦有和余诗，忘之矣。

① "别有"二句：李白《山中问答》诗："桃花流水杳然去，别有天地非人间。"　② 李岩寺：或当为"理安寺"，音近而讹。在十八涧古浦泉院后，吴越王建，原名法雨寺，宋理宗时以祝国泰民安，改名理安寺。阳和王：当为杨和王，即杨存中，死后追封和王，见本卷《烟霞石屋》注。③ 老于：这里意为熟悉。　④ 己酉：指万历三十七年(1609)。⑤ 嵯嵲：山势高峻貌。

# 卷 五

## 西湖外景

### 西 溪

粟山高六十二丈,周回十八里二百步。山下有石人岭,峭拔凝立,形如人状,双髻耸然。过岭为西溪,居民数百家,聚为村市。相传宋南渡时,高宗初至武林,以其地丰厚,欲都之。后得凤凰山,乃云:"西溪且留下。"后人遂以名。地甚幽僻,多古梅,梅格短小,屈曲槎桠,大似黄山松。好事者至其地,买得极小者,列之盆池,以作小景。其地有秋雪庵,一片芦花,明月映之,白如积雪,大是奇景。余谓西湖真江南锦绣之地,入其中者,目厌绮丽,耳厌笙歌,欲寻深溪盘谷可以避世如桃源、菊水者,当以西溪为最。余友江道闇有精舍在西溪,招余同隐。余以鹿鹿风尘,未能赴之,至今犹有遗恨。

王稚登《西溪寄彭钦之书》:

留武林十日许,未尝一至湖上,然遂穷西溪之胜。舟车程并十八里,皆行山云竹霭中,衣袂尽绿。桂树大者,两人围之不尽。树下花覆地如黄金,山中人缚帚扫花售市上,每担仅当脱粟之半耳。往岁行山阴道上,大叹其佳,此行似胜。

李流芳《题西溪画》:

壬子正月晦日,同仲锡、子与自云栖翻白沙岭至西溪。夹路修篁。行两山间,凡十里,至永兴寺。永兴山下夷旷,平畴远村,幽泉老树,点缀各各成致。自永兴至岳庙又十里,梅花绵亘村落,弥望如雪,一似余家西碛山中。是日饭永兴,登楼啸咏。夜还湖上小筑,同孟旸、印持、子将痛饮。翼日出册子画此。癸丑十月乌镇舟中题。

杨蟠《西溪》诗:

为爱西溪好,长忧溪水穷。
山源春更落,散入野田中。

王思任《西溪》诗:

一岭透天目,千溪叫雨头。
石云开绣壁,山骨洗寒流。
鸟道苔衣滑,人家竹语幽。
此行不作路,半武百年游。

张岱《秋雪庵》诗:

古宕西溪天下闻[1],辋川诗是纪游文[2]。
庵前老荻飞秋雪,林外奇峰耸夏云。
怪石棱层皆露骨,古梅结屈止留筋。
溪山步步堪盘礴,植杖听泉到夕曛。

① 古宕:即古荡,地名,在杭州郊外。 ② 辋川诗:指唐诗人王维咏辋川风景诗。辋川,水名。在陕西蓝田县南。川口即峣山之口。两

山夹峙,川水从此流过。过此豁然开朗,山峦掩映,风景优美,唐王维曾筑别业于此。

## 虎 跑 泉

虎跑寺本名定慧寺,唐元和十四年性空师所建[①]。宪宗赐号曰广福院。大中八年改大慈寺[②],僖宗乾符三年加"定慧"二字[③]。宋末毁。元大德七年重建[④]。又毁。明正德十四年,宝掌禅师重建。嘉靖十九年又毁。二十四年,山西僧永果再造。今人皆以泉名其寺云。先是,性空师为蒲坂卢氏子,得法于百丈海[⑤],来游此山,乐其灵气郁盘,栖禅其中。苦于无水,意欲他徙。梦神人语曰:"师毋患水,南岳有童子泉,当遣二虎驱来。"翼日,果见二虎跑地出泉[⑥],清香甘冽。大师遂留。明洪武十一年,学士宋濂朝京,道山下。主僧邀濂观泉,寺僧披衣同举梵咒,泉觱沸而出,空中雪舞。濂心异之,为作铭以记。城中好事者取以烹茶,日去千担。寺中有调水符[⑦],取以为验。

苏轼《虎跑泉》诗:

亭亭石榻东峰上,此老初来百神仰。
虎移泉眼趁行脚[⑧],龙作浪花供抚掌[⑨]。
至今游人灌濯罢,卧听空阶环玦响。
故知此老如此泉,莫作人间去来想。

袁宏道《虎跑泉》诗:

竹林松涧净无尘,僧老当知寺亦贫。

饥鸟共分香积米[10]，枯枝常足道人薪[11]。
碑头字识开山偈，炉里灰寒护法神。
汲取清泉三四盏，芽茶烹得与尝新。

①元和：唐宪宗年号(806—820)。　②大中：唐宣宗年号(847—859)。　③乾符：唐僖宗年号(874—879)。　④大德：元成宗年号(1297—1307)。　⑤百丈海：唐代僧人怀海居江西泰新百丈寺，故名百丈海。　⑥跑：同刨，以足扒土。　⑦调水符：吴聿《观林诗话》："东坡爱玉女洞中水，既致两瓶，恐后复取而为使者见绐，因破竹为契，使寺僧藏其一，以为往来之信，戏谓调水符。"　⑧行脚：指云游四方的僧人。　⑨"龙作"句：僧昙起说法于玉泉寺，龙王来听，为之抚掌出泉。参见卷二《西湖西路·玉泉寺》。　⑩香积：指寺厨。　⑪道人：这里指寺院仆役。

## 凤　凰　山

唐宋以来，州治皆在凤凰山麓。南渡驻辇，遂为行宫。东坡云"龙飞凤舞入钱塘"，兹盖其右翅也。自吴越以逮南宋，俱于此建都，佳气扶舆[1]，萃于一脉。元时惑于杨髡之说，即故宫建立五寺，筑镇南塔以厌之，而兹山到今落寞。今之州治，即宋之开元故宫，乃凤凰之左翅也。明朝因之，而官司藩臬皆列左方[2]，为东南雄会。岂非王气移易，发泄有时也。故山川坛、八卦田、御教场、万松书院、天真书院，皆在凤凰山之左右焉。

苏轼《题万松岭惠明院壁》：

余去此十七年，复与彭城张圣途、丹阳陈辅之同来。院僧梵英，葺治堂宇，比旧加严洁。茗饮芳烈，问："此新茶耶？"英曰："茶性，新旧交则香味复。"余尝见知琴者，言琴不百年，则桐之生意不尽，缓急清浊，常与雨旸寒暑相应。此理与茶相近，故并记之。

徐渭《八仙台》诗：

南山佳处有仙台，台畔风光绝素埃。
嬴女只教迎风入[3]，桃花莫去引人来[4]。
能令大药飞鸡犬[5]，欲傍中央剪草莱。
旧伴自应寻不见，湖中无此最深隈。

袁宏道《天真书院》诗：

百尺颓墙在[6]，三千旧事闻[7]。
野花粘壁粉，山鸟煽炉温。
江亦学之字[8]，田犹画卦文[9]。
儿孙空满眼，谁与荐荒芹[10]？

① 扶舆：即"扶摇"。　② 藩臬：藩司(布政使)与臬司(按察使)，明代省级主要官员。　③"嬴女"句：用秦穆公女嫁萧史，有凤凰来栖其屋、两人随凤凰飞去的故事。见《列女传》。　④"桃花"句：用陶渊明《桃花源记》故事。　⑤"能令"句：相传西汉淮南王刘安学道，招致天下方士各献仙药，刘安举家乃至鸡犬皆得升天。见王充《论衡·道虚》。　⑥ 百尺颓墙：指衰破的书院。《论语·子张》："夫子之墙数仞。"　⑦ 三千：指孔子的三千弟子。　⑧"江亦"句：钱塘江弯曲如"之"字，一名之江。　⑨"田犹"句：田地呈八卦形。⑩"谁与"句：谁向孔子像进献祭品？这是极言书院之荒芜。

# 宋大内

《宋元拾遗记》：高宗好耽山水，于大内中更造别院，曰小西湖。自逊位后，退居是地，奇花异卉，金碧辉煌，妇寺宫娥充斥其内，享年八十有一。按钱武肃王年亦八十一，而高宗与之同寿，或曰高宗即武肃后身也。《南渡史》又云：徽宗在汴时[①]，梦钱王索还其地，是日即生高宗，后果南渡，钱王所辖之地，尽属版图。畴昔之梦，盖不爽矣。元兴，杨琏真伽坏大内以建五寺，曰报国，曰兴元，曰般若，曰仙林，曰尊胜，皆元时所建。按志，报国寺即垂拱殿，兴元即芙蓉殿，般若即和宁门，仙林即延和殿，尊胜即福宁殿。雕梁画栋，尚有存者。白塔计高二百丈，内藏佛经数十万卷，佛像数千，整饰华靡。取宋南渡诸宗骨殖，杂以牛马之骼，压于塔下，名以镇南。未几，为雷所击，张士诚寻毁之[②]。

谢皋羽《吊宋内》诗[③]：

复道垂杨草乱交[④]，武林无树是前朝。
野猿引子移来宿[⑤]，搅尽花间翡翠巢。

隔江风雨动诸陵，无主园林草自春。
闻说光尧皆堕泪[⑥]，女官犹是旧宫人。

紫宫楼阁逼流霞，今日凄凉佛子家。

寒照下山花雾散，万年枝上挂袈裟[7]。

禾黍何人为守阍[8]，落花台殿暗销魂。

朝元阁下归来燕[9]，不见当时鹦鹉言[10]。

黄晋卿《吊宋内》诗[11]：

沧海桑田事渺茫，行逢遗老叹荒凉。

为言故国游麋鹿[12]，漫指空山号凤凰[13]。

春尽绿莎迷辇道，雨多苍翠上宫墙。

遥知汴水东流畔，更有平芜与夕阳。

赵孟頫《宋内》诗：

东南都会帝王州，三月莺花非旧游。

故国金人愁别汉[14]，当年玉马去朝周[15]。

湖山靡靡今犹在，江水茫茫只自流。

千古兴亡尽如此，春风麦秀使人愁。

刘基《宋大内》诗[16]：

泽国繁华地，前朝此建都。

青山弥百粤[17]，白水入三吴。

艮岳销王气[18]，坤灵肇帝图[19]。

两宫千里恨，九子一身孤[20]。

设险凭天堑，偷安负海隅。

云霞行殿起，荆棘寝园芜。

币帛敦和议，弓刀抑武夫。

但闻当宁奏，不见立廷呼[21]。

鬼蜮昭华衮，忠良赐属镂。

何劳问社稷，且自作欢娱。

秔稻来吴会，龟鼋出巨区[22]。

至尊巍北阙，多士乐西湖[23]。
鹢首驰文舫[24]，龙鳞舞绣襦。
暖波摇襞积，凉月浸氍毹。
紫桂秋风老，红莲晓露濡。
巨鳌擎拥剑[25]，香饭漉雕胡[26]。
蜗角乾坤大[27]，鳌头气势殊[28]。
秦庭迷指鹿[29]，周室叹瞻乌[30]。
玉马违京辇[31]，铜驼掷路衢。
含容天地广，养育羽毛俱。
橘柚驰包贡，涂泥赋上腴[32]。
断犀埋越棘，照乘走隋珠[33]。
吊古江山在，怀今岁月逾。
鲸鲵空渤澥[34]，歌咏已唐虞。
鸱革愁何极[35]，羊裘钓不迂[36]。
征鸿暮南去，回首忆莼鲈[37]。

① 徽宗：宋徽宗赵佶，1101—1125在位。　② 张士诚（1321—1367）：元末泰州（今属江苏）人，起兵反元而失败。　③ 谢皋羽：谢翱（1249—1295），字皋羽，福安（今属福建）人，宋末文士。　④ 复道：指皇宫中道路。　⑤ 野猿：咒元朝之语。“猿”谐音“元”。　⑥ 光尧：指宋高宗。　⑦ 万年枝：冬青树。　⑧ 禾黍：指亡国。《诗经·王风·黍离》序曰：“周大夫行役至于宗周，过故宗庙宫室，尽为禾黍。”下文“麦秀”意同。　⑨ 朝元阁：唐宫，这里借指宋故宫。　⑩“不见”句：传说南宋时有江北鹦鹉飞至建康行在，口呼万岁，高宗见而伤感。事见袁褧《枫窗小牍》卷下。　⑪ 黄晋卿：黄溍字晋卿，浙江义乌人。元代侍讲学士。　⑫ 游麋鹿：《史记·淮南衡山列传》：“王坐东宫，召伍被与谋，曰：‘将军上。’被怅然曰：‘上宽赦大王，王复安得此亡

国之语乎！臣闻子胥谏吴王，吴王不用，乃曰“臣今见麋鹿游姑苏之台也”。今臣亦见宫中生荆棘，露沾衣也。’” ⑬ 号凤凰：《诗·大雅·卷阿》：“凤凰鸣矣，于彼高岗。” ⑭ “故国”句：用金铜仙人辞汉事。参见李贺《金铜仙人辞汉歌·序》。 ⑮ 朝周：诸侯朝见天子，这里指宋徽宗、钦宗被金兵掳去见金主的耻辱。 ⑯ 刘基（1311—1375）：字伯温，浙江青田人。早年为元官，参加元末起义。明初任御史中丞，封诚意伯。 ⑰ 百粤：即百越，泛指江浙闽粤之地。 ⑱ 艮岳：宋徽宗政和七年于汴京景龙山侧筑土山，广罗天下奇花异草，珍禽奇兽。以其在都城之艮方（东北方），故名艮岳。 ⑲ “坤灵”句：意为获神灵护祐，得以再建南宋。坤灵，地神。 ⑳ “九子”句：《国语·晋语四》谓晋献公“同出九人，唯重耳在”。这里借指宋徽宗诸子均被金人所掳，唯康王一人逃脱，得以继承帝位。 ㉑ 立廷呼：用吴王夫差要左右于廷中呼“夫差，而忘越王杀而父乎”、以不忘报仇事。见《左传·定公十四年》。 ㉒ 巨区：同具区，《尔雅·释地》谓“吴越之间有具区”，指太湖。 ㉓ 多士：谓百官。 ㉔ 鹢首：饰有鹢鸟图案的船头。 文舫：画舫。 ㉕ 拥剑：蟛蜞。《文选》左思《吴都赋》注：“拥剑，蟹属也。”因其螯锋利得名。 ㉖ 雕胡：菰米，可食。 ㉗ 蜗角：极言地方之小。此处喻南宋偏安于江南一隅。 ㉘ “鳌头”句：《列子·汤问》载巨鳌被钓、所负仙山沉没事，这里喻南宋兴起气象不凡，但终摆脱不了灭亡的命运。 ㉙ 迷指鹿：用《史记·秦始皇本纪》中赵高指鹿为马事，喻南宋朝廷的昏暗。 ㉚ “周室”句：语出《诗经·小雅·正月》。谓南宋将亡，百姓命运多蹇。瞻乌，喻乱世漂泊无依的生民。 ㉛ “玉马”句：指恭帝赵㬎与金太后被掳北去事。 ㉜ 上腴：上等肥沃之地。 ㉝ 照乘：《史记·田敬仲完世家》：“若寡人国小也，尚有径寸之珠照车前后各十二乘者十枚”。隋珠：隋侯之珠。见《淮南子·览冥训》。 ㉞ “鲸鲵”句：形容国内恶人已经绝迹。渤澥，即渤海。按，诗中对元朝的赞颂，是刘基不得不说的应景之语。 ㉟ 鸱革：或作鸱夷革，皮袋。《史记·伍子胥列传》：吴国功臣伍子胥被赐死后，吴王

"取子胥尸盛以鸱夷革,浮之江中"。 ㊱ 羊裘:严光垂钓时所披羊皮衣,借指隐居。 ㊲ 莼鲈:莼菜与鲈鱼,为江南特产。西晋张翰在洛阳为官,见秋风起而想到家乡的莼鲈,遂辞官回乡。按,以上四句,刘基表达了不为元朝效力而隐居的意念。

# 梵天寺

梵天寺在山川坛后,宋乾德四年钱吴越王建,名南塔。治平十年,改梵天寺。元元统中毁[①],明永乐十五年重建。有石塔二、灵鳗井、金井。先是,四明阿育王寺有灵鳗井[②]。武肃王迎阿育王舍利归梵天寺奉之,凿井南廊,灵鳗忽见,僧赞有记。东坡倅杭时,寺僧守诠住此。东坡过访,见其壁间诗有:"落日寒蝉鸣,独归林下寺。柴扉夜未掩,片月随行履。惟闻犬吠声,又入青萝去。"东坡援笔和之曰:"但闻烟外钟,不见烟中寺。幽人行未已,草露湿芒履。惟应山头月,夜夜照来去。"清远幽深,其气味自合。

苏轼《梵天寺题名》:

余十五年前,杖藜芒履,往来南北山。此间鱼鸟皆相识,况诸道人乎!再至惘然,皆晚生,相对但有怆恨。子瞻书。 元祐四年十月十七日,与曹晦之、晁子庄、徐得之、王元直、秦少章同来[③],时主僧皆去,庭户寂然,徙倚久之。东坡书。

① 元统：元顺帝年号(1333—1335)。　② 四明：山名，在今浙江宁波西南。　阿育王寺：在浙江鄞县，晋人得古印度国王阿育王舍利，建塔于此，并建广利寺，至梁武帝改名阿育王寺。　③ 徐得之：字思叔，临江(在今江西清江)人。宋淳熙进士，任通直郎。

## 胜　果　寺

胜果寺，唐乾宁间[1]，无着禅师建。其地松径盘纡，涧淙潺潺。罗刹石在其前，凤凰山列其后，江景之胜无过此。出南塔而上，即其地也。宋熙宁间，在寺僧清顺住此[2]。顺约介寡交，无大故不入城市。士夫有以米粟馈者，受不过数斗，盎贮几上，日取二三合啖之，蔬笋之供，恒缺乏也。一日，东坡至胜果，见壁间有小诗云："竹暗不通日，泉声落如雨。春风自有期，桃李乱深坞。"问谁所作，或以清顺对。东坡即与接谈，声名顿起。

僧圆净《胜果寺》诗：

深林容鸟道，古洞隐春萝。
天迥闻潮早，江空得月多。
冰霜丛草木，舟楫玩风波。
岩下幽栖处，时闻白石歌[3]。

僧处默《胜果寺》诗：

路自中峰上，盘回出薜萝。
到江吴地尽，隔岸越山多。

古木丛青蔼，遥天浸白波。

下方城郭近，钟磬杂笙歌。

① 乾宁：唐昭宗年号(894—898)。 ② 清顺：宋僧，曾为灵岩禅寺主持。 ③ 白石歌：春秋时宁戚所唱《饭牛歌》，因其有“白石”之语而得名。见《史记·鲁仲连邹阳列传》集解。这里借指农人的歌声。

## 五 云 山

五云山去城南二十里，冈阜深秀，林峦蔚起，高千丈，周回十五里。沿江自徐村进路，绕山盘曲而上，凡六里，有七十二湾，石磴千级。山中有伏虎亭，梯以石堿，以便往来。至顶半，冈名月轮山，上有天井，大旱不竭。东为大湾，北为马鞍，西为云坞，南为高丽，又东为排山。五峰森列，驾轶云霞，俯视南北两峰，若锥朋立。长江带绕[1]，西湖镜开，江上帆樯，小若鸥凫，出没烟波，真奇观也。宋时每岁腊前，僧必捧雪表进[2]，黎明入城中，霰犹未集，盖其地高寒，见雪独早也。山顶有真际寺[3]，供五福神[4]，贸易者必到神前借本，持其所挂楮镪去[5]，获利则加倍还之。借乞甚多，楮镪恒缺。即尊神放债，亦未免穷愁。为之掀髯一笑。

袁宏道《御教场小记》：

余始慕五云之胜，刻期欲登，将以次登南高峰。及一观御教场，游心顿尽。石篑尝以余不登保俶塔为笑。余谓西湖之景，愈下愈胜，高则树薄山瘦，草髡石秃，千顷湖光，缩为杯子。北高峰、御教场是其样也。虽眼界稍阔，然此躯长不逾六尺，穷目不见十里，安用许大地方为哉！石篑无以难。

① 长江：这里指钱塘江。　② 雪表：臣民向皇帝庆贺瑞雪的表文。　③ 真际寺：又称真际院，吴越将领凌超所建，曰静虑庵。宋大中祥符间，改赐庵额曰真际院。　④ 五福神：民间所祠招财、进宝等五路财神。　⑤ 楮镪：纸币。

## 云　栖

云栖，宋熙宁间有僧志逢者居此，能伏虎，世称伏虎禅师。天僖中，赐真济院额。明弘治间为洪水所圮。隆庆五年，莲池大师名袾宏，字佛慧，仁和沈氏子，为博士弟子，试必高等，性好清净，出入二氏[①]。子殇妇殁。一日阅《慧灯集》，失手碎茶瓯，有省，乃视妻子为鹘臭布衫，于世相一笔尽勾。作歌寄意，弃而专事佛，虽学使者屠公力挽之[②]，不回也。从蜀师剃度受具，游方至伏牛[③]，坐炼呓语，忽现旧习，而所谓一笔勾者，更隐隐现。去经东昌府谢居士家[④]，乃更释然，作偈曰："二十年前事可疑，三千里外遇何奇。焚香执戟浑如梦，魔佛空争是与非[⑤]。"当是时，似已惑破心空，然终不自以为悟。归得古云栖寺旧址，结茅默坐，悬铛煮糜，日仅一食。胸挂铁牌，题曰："铁若开花，方与人说。"久之，檀越争为构室[⑥]，渐成丛林[⑦]，弟子日进。其说主南山戒律[8]，东林净土[9]，先行《戒疏发隐》[10]，后行《弥陀疏钞》。一时江左诸儒皆来就正。王侍郎宗沐问[11]：“夜来老鼠唧唧，说尽一部《华严经》？”师云：“猫儿突出时如何？”自代云：“走却法师，留下讲案。”又书颂云：“老鼠唧唧，《华严》历历。奇哉王侍郎，却被畜生惑。猫儿突出画堂前，床头说法无消息。大方广佛《华严经》，世主妙严品第一。”其持论严正，诂解精微。监司守相下车就语[12]，侃侃略无屈。海内名贤，望而心折。孝定皇太后绘像宫中礼焉[13]，赐蟒袈裟，不敢服，被衲敝帏，终身无改。斋惟蔬菜。有至寺者，高官舆从，一概平等，几无加豆[14]。仁和樊令问：“心杂乱，何时得静？”师曰：“置之一处，无事不办。”坐中一士人曰：“专格一物[15]，是置之一处，办得何事？”师曰：“论格物，只当依朱子豁然贯通去[16]，何事不办得？”或问：“何不贵前知？”师曰：“譬如两人观《琵琶记》[17]，一人不曾见，一人见而预道之，毕竟同看终场，能增减一出否耶？”甬东屠隆于净慈寺迎师观所著《昙花传奇》[18]，虞淳熙以师梵行素严阻之[19]。师竟偕诸绅衿临场谛观讫，无所忤。寺必设戒，绝钗钏声，而时抚琴弄箫，以乐其脾神。晚著《禅关策进》。其所述，峭似高峰、冷似冰者，庶几似之矣。喜乐天之达，选行其诗。平居笑谈谐谑，洒脱委蛇，有永公清散之风[20]。未尝一味槁木死灰[21]，若宋旭所议担板汉[22]，真不可思议人也。出家五十年，种种具嘱语中。万历乙卯六月晦日[23]，书辞诸友，还山设斋，分表施衬[24]，若将远行者。七月三日，卒仆不语，次日复醒。弟子辈问后事，举嘱语对。四日之午，命移面西向，循首开目，同无疾时，哆哪念佛，趺坐而逝。往吴有神李昙降毗山，谓师是古佛。而杨靖安万春尝见师现佛身，施食吴中。一信士窥空室，四鬼持灯至，忽列三莲座，师坐其一，佛像也。乩仙之灵者云,张果听师说《心赋》于永明。李屯部妇素不信佛[25],偏受师戒,逾年屈三指化[26],云身是梵僧阿那吉多。而僧俗将坐脱时,多请说戒、说法。然师自名凡夫,诸事恐呵责,不敢以闻。化前一日,漏语见一大莲华盖,不复能秘其往生之奇云。

袁宏道《云栖小记》:

云栖在五云山下,篮舆行竹树中,七八里始到,奥僻非常,莲池和尚栖止处也。莲池戒律精严,于道虽不大彻,然不为无所见者。至于单提念佛一门,则尤为直捷简要,六个字中[27],旋天转地,何劳捏目更趋狂解,然则虽谓莲池一无所悟可也。一无所悟,是真阿弥,请急着眼。

李流芳《云栖春雪图跋》:

余春夏秋常在西湖,但未见寒山而归。甲辰[28],同二王参云栖。时已二月,大雪盈尺。出赤山步,一路琼枝玉干,披拂照曜。望江南诸山,皑皑云端,尤可爱也。庚戌秋[29],与白民看雪两堤。余既归,白民独留,迟雪至腊尽。是岁竟无雪,怏怏而返。世间事各有缘,固不可以意求也。癸丑阳月题[30]。

又《题雪山图》:

甲子嘉平月九日大雪[31],泊舟阊门,作此图。忆往岁在西湖遇雪,雪后两山出云,上下一白,不辨其为云为雪也。余画时目中有雪,而意中有云,观者指为云山图,不知乃画雪山耳。放笔一笑。

张岱《赠莲池大师柱对》:

说法平台,生公一语石一语;

栖真斗室[32],老僧半间云半间。

① 二氏：佛、道二教。 ② 学使者：主管一省学政的提学道。 ③ 伏牛：伏牛山，在今河南西部。 ④ 东昌府：治今山东聊城。 ⑤ 魔：佛家谓操邪术惑人者，与佛相对。 ⑥ 檀越：施主。《广弘明集》卷二三："乃得七十檀越，设供果，食皆精。" ⑦ 丛林：成片的寺院。 ⑧ 南山：佛教南山宗，唐代道宣所创，提倡四分律。因其住终南山，故称。 ⑨ 东林净土：指佛教净土宗，因其始祖慧远住庐山东林寺而得名。 ⑩《戒疏发隐》：与下文《弥陀疏钞》均为莲池所著，阐发佛理。 ⑪ 王侍郎宗沐：王宗沐，字新甫，浙江临海人。晚明刑部侍郎。 ⑫ 监司：按察使。 守相：知府。 ⑬ 孝定皇太后：指明穆宗贵妃、明神宗生母李太后。 ⑭ 加豆：谓添菜。豆，一种容器。 ⑮ 专格一物：格物，推究事物原理的方式。《礼·大学》："致知在格物，物格而后知至。" ⑯ 朱子：朱熹(1130—1200)，字元晦，徽州婺源(今属江西)人。南宋理学家。尊称朱子。 ⑰《琵琶记》：明代传奇，高明撰。写蔡伯喈与赵五娘夫妻团聚故事。 ⑱《昙花传奇》：又名《昙花记》，屠隆撰。写唐代木清泰遍游东方蓬莱与西方净土修行成道、其家中昙花盛开的故事。 ⑲ 虞淳熙：字长孺，钱塘人。万历进士，官至吏部郎中。著有《孝经集灵》一卷。 ⑳ 永公：指晋僧慧永，居庐山西林寺。《莲社高僧传》："永公清散之风乃多于远师(指慧远)也。" ㉑ 槁木死灰：《庄子·齐物论》："形固可使如槁木，心固可使如死灰乎？" ㉒ 宋旭：字石门，浙江嘉兴人。晚明文士，其画有盛名。 ㉓ 万历乙卯：即万历四十三年(1615)。 ㉔ "分表"句：意为将财物平分给众僧。 ㉕ 屯部：即屯部郎中，官职名。 ㉖ 屈三指化：死时有三个指头弯曲，据说是表示信佛。 ㉗ "六个"句：佛教净土宗称只须念"南无阿弥陀佛"六字，便可往生。 ㉘ 甲辰：指万历三十二年(1604)。 ㉙ 庚戌：指万历三十八年(1610)。 ㉚ 癸丑：指万历四十一年(1613)。阳月：十月。 ㉛ 甲子：指天启四年(1624)。嘉平月：腊月。 ㉜ 栖真：坐禅。

# 六和塔

月轮峰在龙山之南。月轮者，肖其形也。宋张君房为钱塘令[①]，宿月轮山，夜见桂子下塔，雾旋穗散坠如牵牛子。峰旁有六和塔，宋开宝三年[②]，智觉禅师筑之以镇江潮。塔九级，高五十余丈，撑空突兀，跨陆府川。海船方泛者[③]，以塔灯为之向导。宣和中，毁于方腊之乱[④]。绍兴二十三年，僧智昙改造七级。明嘉靖十二年毁。中有汤思退等汇写佛说四十二章[⑤]、李伯时石刻观音大士像[⑥]。塔下为渡鱼山，隔岸剡中诸山，历历可数也。

李流芳《题六和塔晓骑图》：

燕子矶上台[⑦]，龙潭驿口路[⑧]。
昔时并马行，梦中亦同趣。
后来五云山，遥对西兴渡。
绝壁瞰江立，恍与此境遇。
人生能几何，江山幸如故。
重来复相携，此乐不可喻。
置身画图中，那复言归去。
行当寻云栖，云栖渺何处。

此予甲辰与王淑士平仲参云栖舟中为题画诗，今日展予所画《六和塔晓骑图》，此境恍然，重为题此。壬子十月六日[⑨]，定香桥舟中。

吴琚《六和塔应制》词[10]：

玉虹遥挂，望青山、隐隐如一抹。忽觉天风吹海立[11]，好似春雷初发。白马凌空[12]，琼鳌驾水，日夜朝天阙。飞龙舞凤，郁葱环拱吴越。　此景天下应无，东南形胜，伟观真奇绝。好似吴儿飞彩帜，蹴起一江秋雪[13]。黄屋天临，水犀云拥，看击中流楫。晚来波静，海门飞上明月[14]。

（右调《酹江月》）

杨维桢《观潮》诗：

八月十八睡龙死，海龟夜食罗刹水[15]。
须臾海辟龛赭门，地卷银龙薄于纸。
艮山移来天子宫，宫前一箭随西风[16]。
劫灰欲洗蛇鬼穴，婆留折铁犹争雄[17]。
望海楼头夸景好，断鳌已走金银岛。
天吴一夜海水移[18]，马蹀沙田食沙草。
厓山楼船归不归[19]，七岁呱呱啼轵道[20]。

徐渭《映江楼看潮》诗：

鱼鳞金甲屯牙帐，翻身却指潮头上。
秋风吹雪下江门，万里琼花卷层浪。
传道吴王渡越时，三千强弩射潮低[21]。
今朝筵上看传令，暂放胥涛掣水犀。

① 张君房：宋景德进士，官至尚书度支员外郎。　② 开宝：宋太祖年号（968—976）。　③ 方泛：方，疑当为“夜”。　④ 方腊（？—1121）：睦州青溪（今浙江淳安）人。于宋徽宗宣和二年（1120）率众起义，自号圣公，后失败。　⑤ 汤思退：字进之，南宋宰相，附会秦桧。　⑥ 李伯时：李公麟（1049—1106），字伯时，号龙眠山人，舒州

(今属安徽)人。北宋画家。 ⑦ 燕子矶：地名。在今南京郊外长江边,三面悬空,状如飞燕。 ⑧ 龙潭：地名。在今江苏句容附近。⑨ 壬子：指万历四十年(1612)。 ⑩ 吴琚：字居父,宋代开封(今属河南)人。工翰墨,历帅荆襄鄂三路。 ⑪ "忽觉"句：苏轼《有美堂暴雨》诗："天外黑风吹海立,浙东飞雨过江来。" ⑫ 白马：喻潮头。此用伍子胥素车白马立潮头事。见《太平广记》卷二九一。 ⑬ "好似"二句：周密《武林旧事·观潮》："吴儿善泅者数百,皆披发文身,手持十幅大彩旗,争先鼓勇,迎溯而上,出没于鲸波万仞中。" ⑭ 海门：指钱塘江两岸有龛山、赭山相对,状如海上之门。 ⑮ 罗刹水：即钱塘江。 ⑯ "宫前"句：相传宋钦宗被囚金国,监者愿射雁以卜,钦宗仰天祝祷,监者果一箭射中。见《宣和遗事》。 ⑰ 婆留：钱镠小名。⑱ 天吴：《山海经·海外东经》："朝阳之谷,神曰天吴,是为水伯。"⑲ 厓山楼船：元至元十六年(1279),南宋左相陆秀夫护幼主赵昺在厓山(今广东新会南)外海上楼船,遭元兵追击,陆秀夫负昺投海。⑳ "七岁"句：指德祐二年(1276),南宋恭帝赵㬎向元朝投降。轵道,在长安东,秦末刘邦入关,子婴于此降刘。 ㉑ "传道"二句：苏轼《八月十五日看潮五绝》："安得夫差水犀手,三千强弩射潮低。"自注："吴越王尝以弓弩射潮头,与海神战,自尔水不近城。"

## 镇　海　楼

镇海楼旧名朝天门,吴越王钱氏建。规石为门,上架危楼。楼基垒石高四丈四尺,东西五十六步,南北半之。左右石级登楼,楼连基高十有一丈。元至正中,改拱北楼。明洪武八年,更名来远楼,后以字画不祥①,乃更名镇海。火于成化十年,再造于嘉靖三十五年,是年九月又火,总制胡宗宪重建②。楼成,进幕士徐渭曰:"是当记,子为我草。"草就以进,公赏之,曰:"闻子久侨矣。"趋召掌计,廪银之两百二十为秀才庐。渭谢侈不敢。公曰:"我愧晋公,子于是文,乃遂能愧湜,倘用福先寺事数字以责我酬,我其薄矣,何侈为!"③渭感公语,乃拜赐持归。尽橐中卖文物如公数,买城东南地十亩,有屋二十有二间,小池二,以鱼以荷;木之类,果木材三种,凡数十株;长篱亘亩,护以枸杞,外有竹数十个,笋进云。客至,网鱼烧笋,佐以落果,醉而咏歌。始屋陈而无次,稍序新之,遂颜其堂曰"酬字"。

徐渭《镇海楼记》:

镇海楼相传为吴越钱氏所建,用以朝望汴京,表臣服之意。其基址、楼台、门户、栏楯,极高广壮丽,具载别志中。楼在钱氏时,名朝天门。元至正中,更名拱北楼。皇明洪武八年,更名来远。时有术者病其名之书画不祥,后果验,乃更今名。火于成化十年,再建于嘉靖三十五年,九月又火。予奉命总督直浙闽军务,开府于杭,而方移师治寇,驻嘉兴,比归,始与某官某等谋复之。人有以不急病者。予曰:"镇海楼建当府城之中,跨通衢,截吴山麓,其四面有名山大海、江湖潮汐之胜,一望苍茫,可数百里。民庐舍百万户,其间村市官私之景,不可亿计,而可以指顾得者,惟此楼为杰特之观。至于岛屿浩渺,亦宛在吾掌股间。高翥长骞,有俯压百蛮气。而东夷之以贡献过此者,亦往往瞻拜低回而始去。故四方来者,无不趋仰以为观游的。如此者累数百年,而一旦废之,使民若失所归,非所以昭太平、悦远迩。非特如此已也，其所贮钟鼓刻漏之具，四时气候之榜，令民知昏晓，时作息，寒暑启闭，桑麻种植渔佃，诸如此类，是居者之指南也。而一旦废之，使民懵然迷所往，非所以示节序，全利用。且人传钱氏以臣服宋而建，此事昭著已久。至方国珍时[④]，求缓死于我高皇，犹知借缪事以请。诚使今海上群丑而亦得知钱氏事，其祈款如珍之初词，则有补于臣道不细，顾可使其迹湮没而不章耶？予职清海徼，视今日务，莫有急于此者。公等第营之，毋浚征于民，而务先以己。”于是予与某官某等，捐于公者计银凡若干，募于民者若干。遂集工材，始事于某年月日。计所构，甃石为门，上架楼，楼基垒石，高若干丈尺。东西若干步，南北半之。左右级曲而达于楼，楼之高又若干丈。凡七楹，础百。巨钟一，鼓大小九，时序榜各有差，贮其中，悉如成化时制。盖历几年月而成。始楼未成时，剧寇满海上，予移师往讨，日不暇至。于今五年，寇剧者禽，来者遁，居者慑不敢来，海始晏然，而楼适成，故从其旧名“镇海”。

张岱《镇海楼》诗：

钱氏称臣历数传，危楼突兀署朝天。
越山吴地方隅尽，大海长江指顾连。
使到百蛮皆礼拜，潮来九折自盘旋。
成嘉到此经三火[⑤]，皆值王师靖海年。
都护当年筑废楼，文长作记此中游。
适逢困鳄来投辖，正值饥鹰自下鞲[⑥]。
严武题诗属杜甫[⑦]，曹瞒拆字忌杨修[⑧]。
而今纵有青藤笔，更讨何人数字酬[⑨]！

① 字画不祥：据说“来”、“远”二字包含“丧”、“哀”等字形，故曰不祥。 ② 胡宗宪：明人。因其曾总督闽浙军务，故称总制。本篇附张岱诗中所谓“都护”，亦指胡宗宪。 ③“我愧晋公”至“何侈为”：唐代皇甫湜为晋国公裴度作福先寺碑文，度厚谢之。见《新唐书·皇甫湜传》。湜，字持正，睦州新安（今属浙江）人。 ④ 方国珍（1319—1374）：浙江黄岩人，元末曾起事，后效法钱镠，归降朱元璋并守土一方。⑤ 成嘉：成化与嘉靖，分别为明宪宗与明世宗年号。 ⑥ 下鞲：鹰停落在人的臂套上，喻海寇被迫归顺明朝。 ⑦ 严武（726—765）：华州（今陕西华县）人。曾任西川节度使。 杜甫（712—770）：字子美，生于河南巩县。唐代大诗人。居成都时曾得到严武帮助，并有诗唱和。⑧“曹瞒”句：曹瞒，即曹操（155—220），汉末丞相。 杨修，曹操参军。曹操嫉恨屡屡猜破其心机的杨修，后寻机杀之。 ⑨“而今”二句：用胡宗宪重酬徐渭（青藤）事，感叹自己怀才不遇。

## 伍公祠

吴王既赐子胥死，乃取其尸盛以鸱夷之革，浮之江中。子胥因流扬波，依潮来往，荡激堤岸，势不可御。或有见其银铠雪狮，素车白马，立在潮头者，遂为之立庙。每岁仲秋既望，潮水极大，杭人以旗鼓迎之。弄潮之戏，盖始于此。宋大中祥符间①，赐额曰“忠靖”，封英烈王。嘉、熙间②，海潮大溢。京兆赵与权祷于神③，水患顿息，乃奏建英卫阁于庙中。元末毁，明初重建。有唐卢元辅《胥山铭序》④、宋王安石《庙碑铭》⑤。

高启《伍公祠》诗：

地大天荒霸业空，曾于青史叹遗功。
鞭尸楚墓生前孝[6]，抉眼吴门死后忠[7]。
魂压怒涛翻白浪，剑埋冤血起腥风。
我来无限伤心事，尽在吴山烟雨中。

徐渭《伍公庙》诗：

吴山东畔伍公祠，野史评多无定词。
举族何辜同刈草，后人却苦论鞭尸。
退耕始觉投吴早[8]，雪恨终嫌入郢迟。
事到此公真不幸，镯镂依旧遇夫差[9]。

张岱《伍相国祠》诗：

突兀吴山云雾迷，潮来潮去大江西。
两山吞吐成婚嫁[10]，万马奔腾应鼓鼙。
清浊溷淆天覆地，玄黄错杂血连泥。
旌幢幡盖威灵远，檄到娥江取候齐[11]。

从来潮汐有神威，鬼气阴森白日微。
隔岸越山遗恨在[12]，到江吴地故都非。
钱塘一臂鞭雷走，龛赭双颐噀雪飞。
灯火满江风雨急，素车白马相君归[13]。

① 大中祥符：宋真宗年号(1008—1016)。　② 嘉熙：嘉祐与熙宁，分别为宋仁宗与宋神宗年号。　③ 京兆：京兆尹，京城长官。　④ 卢元辅：字子望，滑州(今河南滑县)人，唐德宗时历任杭、常、绛三州刺史。　⑤ 王安石(1021—1086)：字介甫，抚州临川(今属江西)人。宋神宗熙宁年间为相，推行变法。　⑥“鞭尸”句：春秋时，伍子胥为父兄报仇，助吴伐楚，攻占郢都，掘平王墓，鞭尸三百。　⑦“抉眼”

句:《史记·伍子胥列传》: 伍子胥遭谗杀,死前要求"抉吾眼县于吴东门之上,以观越寇之入灭吴也。" ⑧"退耕"句: 伍子胥初奔吴,知公子光有大志,乃退而耕于野,以待机而动。 ⑨ 镯镂: 即属镂,剑名。夫差: 吴王名,信谗而杀伍子胥。 ⑩ 两山: 指龛、赭两山。⑪"檄到"句: 相传伍子胥死后为潮神,曾檄令曹娥江与钱塘江潮同涨同退。 ⑫ 遗恨: 指夫差不纳伍子胥忠言,允许越人媾和,导致亡国。 ⑬ 相君: 潮神伍子胥。

# 城隍庙

吴山城隍庙①,宋以前在皇山②,旧名永固,绍兴九年徙建于此。宋初,封其神,姓孙名本。永乐时,封其神,为周新。新,南海人③,初名日新。文帝常呼"新"④,遂为名。以举人为大理寺评事⑤,有疑狱,辄一语决白之。永乐初,拜监察御史,弹劾敢言,人目为"冷面寒铁"。长安中以其名止儿啼。转云南按察使,改浙江。至界,见群蚋飞马首,尾之蓁中,得一暴尸,身余一钥、一小铁识。新曰:"布贾也。"收取之。既至,使人入市市中布,一一验其端,与识同者皆留之。鞫得盗,召尸家人与布,而置盗法,家人大惊。新坐堂,有旋风吹叶至,异之。左右曰:"此本城中所无,一寺去城差远,独有之。"新曰:"其寺僧杀人乎?而冤也。"往树下,发得一妇人尸。他日,有商人自远方夜归,将抵舍,潜置金丛祠石罅中,旦取无有。商白新。新曰:"有同行者乎?"曰:"无有。""语人乎?"曰:"不也,仅语小人妻。"新立命械其妻,考之,得其盗,则其私也。则客暴至,私者在伏匿听取之者也。凡新为政,多类此。新行部,微服视属县,县官触之,收系狱,遂尽知其县中疾苦。明日,县人闻按察使来,共迓不得。新出狱曰:"我是。"县官大惊。当是时,周廉使名闻天下。锦衣卫指挥纪纲者最用事[6],使千户探事浙中[7],千户作威福受贿。会新入京,遇诸涿[8],即捕千户系涿狱。千户逸出,诉纲,纲更诬奏新。上怒,逮之,即至,抗严陛前曰:"按察使擒治奸恶,与在内都察院同,陛下所命也,臣奉诏书死,死不憾矣。"上愈怒,命戮之。临刑大呼曰:"生作直臣,死作直鬼!"是夕,太史奏文星坠,上不怿,问左右周新何许人。对曰:"南海。"上曰:"岭外乃有此人。"一日,上见绯而立者,叱之,问为谁。对曰:"臣新也。上帝谓臣刚直,使臣城隍浙江[9],为陛下治奸贪吏。"言已不见。遂封新为浙江都城隍,立庙吴山。

张岱《吴山城隍庙》诗:

宣室殷勤问贾生[10],鬼神情状不能名。
见形白日天颜动,浴血黄泉御座惊。
革伴鸱夷犹有气,身殉豺虎岂无灵。
只愁地下龙逢笑[11],笑尔奇冤遇圣明。

尚方特地出枫宸[12],反向西郊斩直臣。
思以鬼言回圣主,还将尸谏退佥人。
血诚无藉丹为色,寒铁应教金铸身[13]。
坐对江潮多冷面,至今冤气未曾伸。

又《城隍庙柱铭》:

厉鬼张巡[14],敢以血身污白日;

阎罗包老[15]，原将铁面比黄河。

① 吴山：又名胥山，在杭州城南。　② 皇山：即风篁岭。③ 南海：县名，在今广东。　④ 文帝：指明成祖朱棣。　⑤ 大理寺：古代中央审判机构。评事：大理寺官职。　⑥ 锦衣卫：明代官署，原为皇帝亲军，后兼掌刑狱。　纪纲：(？—1416)，山东临邑人。明诸生。成祖即帝位，擢锦衣卫指挥使，掌诏狱。后为内侍告谋反，伏诛。⑦ 千户：明代兵制单位千户所的长官。　⑧ 涿：今河北涿县。⑨ 城隍：这里用作动词，意为充任守护城池的城隍神。　⑩“宣室”句：指汉文帝曾在宣室接见贾谊询问鬼神之事。宣室：位于未央宫前。贾生：即贾谊(前201—前169)，洛阳人，以年少通经为大夫，所论遭旧臣忌，出为长沙王太傅，忧郁而死。　⑪ 龙逢：关龙逢，夏末大臣，直谏桀而被杀。　⑫ 枫宸：指帝居。何晏《景福殿赋》："芸芸充庭，槐枫被宸。"　⑬ 金铸身：传说越王曾以金铸范蠡像，置之座侧而与论政。　⑭ 厉鬼张巡：张巡(709—757)，邓州南阳(今属河南)人。安史之乱时以真源令坚守睢阳，城陷，向西拜曰"臣虽为鬼，誓与贼为厉，以答明恩"而死。　⑮ 阎罗包老：指包拯(999—1062)，字希仁，庐州合肥(今属安徽)人。曾任知开封府，断案神明，人称"关节不到，有阎罗包老"。

## 火德庙

火德祠在城隍庙右，内为道士精庐。北眺西泠，湖中胜概，尽作盆池小景。南北两峰如研山在案，明圣二湖如水盂在几。窗棂门棂凡见湖者，皆为一幅图画。小则斗方，长则单条，阔则横披，纵则手卷，移步换影。若遇韵人，自当解衣盘礴。画家所谓水墨丹青，淡描浓抹，无所不有。昔人言“一粒粟中藏世界，半升铛里煮山川”①，盖谓此也。火居道士能为阳羡书生，则六桥三竺，皆是其鹅笼中物矣②。

张岱《火德祠》诗：

中郎评看湖，登高不如下③。
千顷一湖光，缩为杯子大。
余爱眼界宽，大地收隙罅。
瓮牖与窗棂，到眼皆图画。

渐入亦渐佳，长康食甘蔗④。
数笔倪云林⑤，居然胜荆夏⑥。
刻画非不工，淡远长声价。
余爱道士庐，宁受中郎骂。

① 昔人：指唐道士吕洞宾，见卷二《西湖西路·韬光庵》注。 ②“火居道士”三句：火居道士，有家室的道士，因其供奉香火，又不想出世，其烦恼如火焰般炽烈而得名。阳羡，今江苏宜兴。相传东晋阳羡许彦外出，遇一书生求寄彦所携鹅笼中。彦许之。书生出笼，口吐铜盘及其他器皿，陈放酒食谢彦。酒半，复吐一女子，从女子口中又吐一男。分手时，书生将其吐出之物一一纳回口中。见《太平广记》卷二八四。六桥，苏堤六桥。三竺，上、中、下三天竺寺。 ③“中郎”二句：见本卷《五云山》附袁宏道文。 ④“渐入”二句：《晋书·文苑传》：“恺之每食甘蔗，必自尾至本，人或怪之，云‘渐入佳境’。”长康，顾恺之(346—407)，字长康，无锡(在今江苏)人。东晋画家。 ⑤ 倪云林：倪瓒(1301—1374)，字元镇，号云林子。元画家。曾自谓其画“逸笔草草，不

求形似”。　⑥ 荆夏：指五代画家荆浩及南宋画家夏圭。

# 芙　蓉　石

芙蓉石今为新安吴氏书屋。山多怪石危峦，缀以松柏，大皆合抱。阶前一石，状若芙蓉，为风雨所坠，半入泥沙。较之寓林奔云[①]，尤为茁壮。但恨主人深爱此石，置之怀抱，半步不离，楼榭逼之，反多阨塞。若得础柱相让，脱离丈许，松石间意，以淡远取之，则妙不可言矣。吴氏世居上山，主人年十八，身无寸缕，人轻之，呼为吴正官[②]。一日早起，拾得银簪一枝，重二铢，即买牛血煮之以食破落户。自此经营五十余年，由徽抵燕，为吴氏之典铺八十有三。东坡曰："一簪之资，可以致富。"观之吴氏，信有然矣。盖此地为某氏花园，先大夫以三百金折其华屋[③]，徙造寄园，而吴氏以厚值售其弃地，在当时以为得计。而今至吴园，见此怪石奇峰，古松茂柏，在怀之璧，得而复失，真一回相见，一回懊悔也。

张岱《芙蓉石》诗：

吴山为石窟，是石必玲珑。
此石但浑朴，不复起奇峰。
花瓣几层摺，堕地一芙蓉。
痴然在草际，上覆以长松。
濯磨如结铁，苍翠有苔封。
主人过珍惜，周护以墙墉。

恨无舒展地，支鹤闭韬笼[4]。

仅堪留几席，聊为怪石供。

① 寓林奔云：见《陶庵梦忆》卷一《奔云石》。 ② 正官：音近“精光”，为戏称。 ③ 先大夫：指作者已去世的父亲，曾为鲁献王右长史。 ④ 支鹤：指支遁的鹤。支遁(314—366)，字道林，陈留(在今河南)人，晋僧，平生好鹤。

## 云 居 庵

云居庵在吴山，居鄙。宋元祐间，为佛印禅师所建。圣水寺，元元贞间[1]，为中峰禅师所建。中峰又号幻住，祝发时，有故宋宫人杨妙锡者，以香盒贮发，而舍利丛生，遂建塔寺中，元末毁。明洪武二十四年，并圣水于云居，赐额曰云居圣水禅寺。岁久殿圮，成化间僧文绅修复之。寺中有中峰自写小像，上有赞云：“幻人无此相，此相非幻人。若唤作中峰，镜面添埃尘[2]。”向言六桥有千树桃柳，其红绿为春事浅深，云居有千树枫柏，其红黄为秋事浅深，今且以薪以槱，不可复问矣。曾见李长蘅题画曰：“武林城中招提之胜，当以云居为最。山门前后皆长松，参天蔽日，相传以为中峰手植，岁久，浸淫为寺僧剪伐，什不存一，见之辄有老成凋谢之感。去年五月，自小筑至清波访友寺中，落日坐长廊，沽酒小饮已，裴回城上，望凤凰南屏诸山，沿月踏影而归。翌日，遂为孟旸画此，殊可思也。”

李流芳《云居山红叶记》：

余中秋看月于湖上者三，皆不及待红叶而归。前日舟过塘栖，见数树丹黄可爱，跃然思灵隐、莲峰之约，今日始得一践。及至湖上，霜气未遍，云居山头，千树枫柏尚未有酣意，岂余与红叶缘尚悭与？因忆往岁忍公有代红叶招余诗，余亦率尔有答，聊记于此："二十日西湖，领略犹未了。一朝别尔归，此游殊草草。当我欲别时，千山秋已老。更得少日留，霜酣变林杪。子常为我言，灵隐枫叶好。千红与万紫，乱插向晴昊。烂然列锦绣，森然建旂旐。一生未得见，何异说食饱。"

高启《宿幻住栖霞台》诗：

窗白鸟声晓，残钟渡溪水。
此生幽梦回，独在空山里。
松岩留佛灯，叶地响僧履。
予心方湛寂，闲卧白云起。

夏原吉《云居庵》诗[③]：

谁辟云居境，峨峨瞰古城。
两湖晴送碧，三竺晓分青。
经锁千函妙，钟鸣万户惊。
此中真可乐，何必访蓬瀛。

徐渭《云居庵松下眺城南》诗：

夕照不曾残，城头月正团。
霞光翻鸟堕，江色上松寒。
市客屠俱集，高空醉屡看。
何妨高渐离[④]，抱却筑来弹。（城下有瞽目者善弹词。）